LIJIE RONGHE GONGSHENG
JICHU JIAOYU GUOJIHUA LILUN YU ZHENGCE YANJIU

理解 融合 共生
基础教育国际化理论与政策研究

杜新秀 ◎ 著

·广州·

图书在版编目（CIP）数据

理解·融合·共生——基础教育国际化理论与政策研究/杜新秀著. —广州：华南理工大学出版社，2022.10
　ISBN 978－7－5623－7278－3

Ⅰ. ①理⋯　Ⅱ. ①杜⋯　Ⅲ. ①基础教育－国际化－研究－中国　Ⅳ. ① G639.2

中国版本图书馆 CIP 数据核字（2022）第 239531 号

Lijie·Ronghe·Gongsheng——Jichu Jiaoyu Guojihua Lilun Yu Zhengce Yanjiu
理解·融合·共生——基础教育国际化理论与政策研究
杜新秀　著

出 版 人：柯　宁
出版发行：华南理工大学出版社
　　　　　（广州五山华南理工大学 17 号楼，邮编 510640）
　　　　　http://hg.cb.scut.edu.cn　E-mail：scutc13@scut.edu.cn
　　　　　营销部电话：020－87113487　87111048（传真）
责任编辑：李秋云
责任校对：梁樱雯
印 刷 者：广州市新怡印务股份有限公司
开　　本：787mm×1092mm　1/16　印张：17.5　字数：269 千
版　　次：2022 年 10 月第 1 版　2022 年 10 月第 1 次印刷
定　　价：68.00 元

版权所有　盗版必究　　印装差错　负责调换

前　言

　　教育国际化是使各教育要素和教育资源在国与国之间进行交流、合作、有效配置的发展过程，其目标在于培养出能立足于本国、积极主动地参与国际事务的具有国际视野和国际竞争力的高素质人才。它是经济全球化、知识经济一体化发展影响教育的必然结果，已成为当今世界发展的主要趋势之一，也成为各国政府的重要发展战略之一。在知识经济日益凸显的时代，国家综合实力的竞争归根结底是人才的竞争。因此，随着教育国际化进程的不断加快和深化，教育国际化领域逐渐从高等教育向基础教育延伸，以期为国际化人才培养奠定基础。

　　基础教育国际化是教育国际化特征与功能在基础教育阶段的集中反映。从实践来看，基础教育国际化的内容不断拓展，形式日益丰富，从接收外籍人员子女入学、师生参与国际交流与合作，到引进国际课程、设立国际学校、以国际评估理念审视教学、开展跨境教育与服务等，无不表明基础教育的组织与管理、课程与教学、学生与教师等要素的国际化发展势不可挡。以基础教育国际化或有关要素为对象的学术研究也日渐增多，尽管不同研究者对基础教育国际化的认识还存在诸多不同见解，但各国纷纷在本国的教育国际化发展战略中将基础教育纳入其中，在政策层面给予方向性指引。当然，由于基础教育阶段的特性，各国对基础教育国际化发展的政策散见于教育总体政策之中，学术研究也多聚焦于个别教育政策或某些国际化实践举措，对各国基础教育国际化发展进行系统性研究的成果不多。

　　我国基础教育国际化是随着改革开放的进程而发展起来的。与世界主要发达国家相比，我国基础教育国际化发展在理论、政策和实践等方面有何特点、优势和不足？随着经济实力的提升和教育基础的夯实，应如何正确认识中国基础教育国际化的发展？中国基础教育国际化未来发展有何路径？基于对上述问题的探索，笔者从政策分析的视角，采用文献研究法、历史研究法和比较研究法对中、日、德、美四国影响基础教育国际化发展的政策和实践举措等进行了系统梳理与分析，并撰写成书。

全书共包括六章，主要内容涵盖四个方面：一是基础教育国际化的基本理论研究，对基础教育国际化的概念、特征和发展动因进行探讨；二是对我国基础教育国际化发展历程进行回顾，探寻其发展历程中各阶段的政策背景、特征及主要举措；三是国别比较研究，系统梳理日本、美国和德国这三个主要发达国家的基础教育国际化发展政策与举措，借鉴其经验，为促进我国基础教育国际化发展提供有益启示；四是对各国基础教育国际化进程的基本规律和实践经验进行分析，进而探讨新世界格局下未来我国基础教育国际化发展的思路与路径。

本书侧重于从国家政策层面考察各国基础教育国际化发展的进程，分析在政策影响下各国推进基础教育国际化的特色举措，体现了本书的新颖性；同时将基础教育国际化发展置于教育国际化的发展进程中来考察，在系统发展和动态发展中把握基础教育不断走向开放与合作的演进特点，体现了本书的系统性。笔者希望，本书能够丰富基础教育国际化的有关研究，也希望在我国加快和扩大教育对外开放的新时期，能对推进国家基础教育国际化的发展起到积极的作用。由于笔者水平有限，书中疏漏之处在所难免，恳请读者批评指正！

杜新秀

2022 年 5 月

目 录

第一章 基础教育国际化的理论探讨

第一节 基础教育国际化概述 …………………………………… 002
一、教育国际化的基本内涵 …………………………………… 002
二、基础教育国际化的基本内涵 ……………………………… 009

第二节 基础教育国际化的动因 ………………………………… 013
一、政治因素：服务国家战略发展 …………………………… 013
二、经济因素：促进经济发展 ………………………………… 015
三、文化因素：提升国家软实力 ……………………………… 015
四、教育自身发展因素：为培养国际化人才奠基 …………… 017

第三节 基础教育国际化的有关评价 …………………………… 018
一、区域基础教育国际化的评价 ……………………………… 018
二、学校国际化水平的评价 …………………………………… 022

第二章 我国基础教育国际化发展的历程

第一节 基础教育国际化的萌芽阶段（1949—1977年）……… 029
一、吸收外国经验，编写适合本国的中小学教科书 ………… 029
二、提供教育服务，接收外籍人员子女入读 ………………… 031
三、改进外语教学，增强外事队伍 …………………………… 031
四、创建外国语中小学校，为培养高级外语人才打基础 …… 033

第二节 基础教育国际化的探索阶段（1978—2000年）……… 036
一、基本建立教育对外开放政策体系 ………………………… 036
二、普及外语教育，提高国民外语水平 ……………………… 039
三、重点建设外国语学校，引领发展 ………………………… 044

四、探索建设多样化的国际学校 …………………………………… 045
　　五、规范中小学校接收外国学生随班就读管理 …………………… 049
　　六、加强与多边组织的教育合作 …………………………………… 050
　　七、稳步扩大师生国际交流 ………………………………………… 052

第三节　基础教育国际化的全面快速发展阶段（2001—2012年）…… 054
　　一、教育对外开放的目的与要求更加明确 ………………………… 055
　　二、中外合作办学蓬勃发展 ………………………………………… 059
　　三、国际课程促进基础教育国际化内涵发展 ……………………… 061
　　四、国际教育评估明确国际位置 …………………………………… 063
　　五、汉语国际推广取得重大进展 …………………………………… 064

第四节　基础教育国际化的内涵发展阶段（2013年至今）…………… 067
　　一、统筹布局基础教育对外开放 …………………………………… 067
　　二、规范基础教育国际化发展 ……………………………………… 070
　　三、国际理解教育丰富基础教育国际化内容 ……………………… 073
　　四、善用本地国际教育资源 ………………………………………… 076
　　五、中国基础教育走向世界 ………………………………………… 079

第三章　日本基础教育国际化的发展

第一节　日本推动基础教育国际化发展的政策 ………………………… 083
　　一、《教育基本法》确立日本基础教育国际化的地位 …………… 083
　　二、五年教育规划明确日本基础教育国际化发展的内容 ………… 084
　　三、《学习指导要领》贯彻落实基础教育国际化目标 …………… 087

第二节　日本基础教育国际化发展的主要举措 ………………………… 090
　　一、分阶段、有重点地实施国际理解教育 ………………………… 090
　　二、加强以英语为主的外语教育 …………………………………… 099
　　三、着力建设超级全球化高中 ……………………………………… 106
　　四、鼓励、促进高中生的国际交流 ………………………………… 110
　　五、重视海外留学儿童、归国儿童和外国儿童的教育 …………… 114
　　六、发展、推广海外日式教育 ……………………………………… 120

第三节 日本基础教育国际化发展的启示 …………………… 124
 一、注重从国家战略高度系统推进基础教育国际化发展 …………… 124
 二、注重本土性与国际化的结合 …………………………………… 125
 三、注重引导全社会关心与支持国际化发展 ……………………… 126
 四、注重调研反馈以改进政策的制定与执行 ……………………… 127

第四章 美国基础教育国际化的发展
第一节 美国推动基础教育国际化发展的政策 ……………… 131
 一、二战以来美国推进基础教育国际化发展的政策 ……………… 131
 二、21 世纪以来美国推进基础教育国际化发展的政策 …………… 134

第二节 美国基础教育国际化发展的主要举措 ……………… 143
 一、教师交流项目促进国内外教育工作者分享最佳教育实践经验
  ……………………………………………………………………… 143
 二、资助鼓励高中生出国留学以培养全球胜任力 ………………… 147
 三、定期开展国际教育周活动营造教育国际化氛围 ……………… 150
 四、持续输出教育标准，建设全球教育网络 ……………………… 152
 五、加强以全球教育为主要特征的国际理解教育 ………………… 154

第三节 美国基础教育国际化发展的启示 …………………… 170
 一、将基础教育国际化活动纳入成熟项目中进行管理与实施 …… 170
 二、加强对新移民的教育以促进其尽快适应和融入美国生活 …… 172
 三、重视运用国际教育评估与调查结果以提升基础教育质量 …… 175
 四、加强基础教育国际援助以维持其世界地位 …………………… 176

第五章 德国基础教育国际化的发展
第一节 德国推动基础教育国际化发展的政策 ……………… 182
 一、联邦与州的教育国际化的政策目标与任务 …………………… 183
 二、基础教育国际化纳入国际化发展战略 ………………………… 185
 三、联邦州基础教育国际化发展领域要点 ………………………… 186

第二节　德国基础教育国际化的主要举措 188
一、制度规范管理和保障基础教育国际化发展 188
二、积极推动学校和师生的国际交流合作 189
三、学校教育教学中推广落实欧洲概念 193
四、跨文化教育促进多元文化融合 204
五、外语教育中加强文化多样性教育 209
六、推广双语教学提升跨文化能力 213

第三节　德国基础教育国际化发展的启示 218
一、因地制宜，充分利用本土教育国际化资源 218
二、研究利用国际评估与测试结果，以提升基础教育质量 219
三、加强移民教育，促进其与本土文化的融合 222
四、注重开展学校实验，探索各类教育议题 225

第六章　基础教育国际化发展展望
第一节　基础教育国际化的实践经验与理论基础 228
一、基础教育国际化发展的实践经验 228
二、基础教育国际化发展的理论基础 232

第二节　中国基础教育国际化面临的形势与挑战 240
一、国际形势变化对推动我国基础教育国际化发展的要求 240
二、我国在全球治理中的角色与地位对基础教育的新要求 242
三、教育需求给基础教育国际化带来的机遇与挑战 243

第三节　中国基础教育国际化发展的趋势 245
一、注重基础教育国际化发展有关规则的建立、完善和运用 245
二、注重加强与多元主体的基础教育的国际交流与合作 247
三、注重改善基础教育国际化发展环境 248

参考文献 251

第一章

基础教育国际化的理论探讨

　　教育的发展与国家的政治、经济、文化发展密不可分。教育国际化的进程随着国家外交政策、经济融入全球化和世界人文交流密切的发展变化而得以不断加快和深化，从政府和高等院校向他国派出留学生、吸引外国留学人员、开展国际合作办学或科研合作、开展国际合作交流，到基础教育接收外籍人员子女、设立国际学校、引入国际课程等，教育国际化逐步从高等教育向基础教育延伸。在实践层面，基础教育国际化发展逐渐形成一种不可逆转的趋势，关于基础教育国际化的实践内容和形式愈加多元；在理论层面，以基础教育国际化为对象的学术研究也日渐丰富。学术界对高等教育国际化的认识已基本达成共识，但是对基础教育国际化的看法还存在诸多分歧，对其进行系统性研究的成果也不多见。面对百年不遇之大变局，基础教育如何应对充满不确定性的世界新秩序带来的机遇和挑战，又应如何为培养更多具有国际视野的高素质人才奠定基石，成为各国教育领域研究的重大课题。

第一节
基础教育国际化概述

一、教育国际化的基本内涵

（一）关于"国际化"的定义

"国际化"一词译自英语名词"internationalization"，在汉语中可以作动词或名词。在英语中作为动词和名词的"国际化"均来源于"国际的"（international）一词。《韦氏新国际字典》（第三版）将形容词的"国际的"界定为"在国家或者其公民之间的；与国家间交流有关的；由两个或两个以上国家参与的；影响两个或两个以上国家的"；将动词的"国际化"界定为"使……在关系、影响或范围上成为国际性的"，将名词的"国际化"界定为（前述）"这样的活动或者过程"。因此，"国际化"可定义为在国际化交往日益发展的情况下，世界各国互相影响，具有共性的先进事物逐渐普及推广，成为通行标准的状态或趋势。

不少学者认为，国际化是在历史发展进程中，一个国家在政治、经济、文化等方面对其他国家的政治、经济和文化产生影响的相互作用的过程。一方面，被影响者主动去认识、理解进而吸收世界优秀文化成果，力求通过自身素质和内部机制的革新适应外部变化；另一方面，影响者主动让世界各国认识、理解、尊重进而吸收本国的优秀文化成果，注重通过自身力量能动地影响和改变外部世界[①]。被影响者改革自身从而适应外部国际变化的过程也被称为"内向国际化"，即"引进来"战略，是以本国为基地，通过引进产品、技术、管理经验等来提升机构的整体技术水平和竞争能力，以获得持续

---

① 刘自任. 高等教育国际化初探 [D]. 重庆：西南大学，2007.

发展的动力。而影响者能动地影响世界的过程被称为"外向国际化",即"走出去"战略,指机构向其他国家提供产品、技术、资金等要素以实现过程的国际化,它是国际化的高级阶段[①]。

总之,国际化是一个不断发展的过程,具有鲜明的历史性和时代性特点,应在具体的时代背景和特定的国际、社会环境中对其加以考察。从国际关系看,国际化是指各国之间通过加强交流和合作以增进相互理解、相互依存;从特定领域看,国际化是以国际视野综合考察本国社会、经济、政治、文化等基础后,为本领域走向世界而进行的探索;从个体发展看,国际化要求个体具有与国际化相适应的知识、能力和素养。

(二) 关于"教育国际化"的定义

对"教育国际化"的认识是界定基础教育国际化的基础。教育领域的国际化落后于政治领域和经济领域,"教育国际化"这一术语直到20世纪80年代早期才得以普遍使用。教育国际化丰富了教育的理论与实践,但是概念本身在使用中存在语义模糊现象,不同学者对其认识也存在分歧。综观有关教育国际化的概念理解,主要包含一般定义和特殊内涵两个方面,一般定义是从理论上探讨教育国际化的内涵,特殊内涵则是从政策的和实践的角度来看待教育国际化的本质特点。

1. 基于理论视角的教育国际化

欧洲国际教育协会认为,教育国际化是使教育变得较少具有国家导向、更多具有国际导向的整个过程。它是把国际的、跨文化的或者全球性的维度融入教育的目的、功能及实施中的过程[②],是教育的国际性不断增强的过程,是不同国家间教育跨越国界的交流、合作与融合的趋势不断增强的发展进程[③]。教育开放国以本民族教育现状为基础,以一系列渗透着跨文化思想和观念的国际交流与合作活动为纽带,促进本国教育向着更加国际化的方

[①] 李江帆,顾乃华. 从内向国际化到外向国际化——CEPA背景下珠三角国有服务企业国际化路径安排 [J]. 南方经济,2004 (3):65-68.

[②] KNIGHT J. Internationalization remodelled: Definition, approaches, and rationales [J]. Journal of Studies in Intenational Education,2004,8 (1):5-31.

[③] 杨启光. 教育国际化进程与发展模式 [M]. 北京:社会科学文献出版社,2011.

向发展①。教育国际化应使国内外学生和教职员能平等参与教育进程并获益于价值、信念和对知识的见解②。理论方面的探讨反映了教育国际化主题中关于文化交流与融合、本土化与国际化结合的思想内容,也从方向、目的、主体、内容等方面日益丰富完善了教育国际化的含义。

2. 基于政策视角的教育国际化

从政策视角来看,随着商品、资本、人员、技术、思想等跨境流动的日益加速,国家之间、人与人之间互相依存的程度不断增加,教育也日益全球化。上海教育出版社出版的《教育大辞典》中,界定教育国际化为第二次世界大战后国家间相互交流、研讨、协作、解决教育领域共同问题的发展趋势③。教育国际化要透过国际研究、国际教育交流与学术合作等各种有关活动、计划和服务,达成国家安全和全球利益的目的。加拿大大不列颠哥伦比亚国际教育理事会专家小组认为教育国际化就是一国为成功地参与日益相互依赖的世界而做准备的过程④。高等教育学者菲利普·阿特巴赫(Philip Altbach)认为,教育国际化是指一个国家、一个教育系统、一所大学对全球化的政策性回应,即通过学生流动、知识创造、人才培养等活动应对人类知识体系中的不平等⑤。莫景祺(2014)认为,教育国际化是指各国家及其政府部门、学校、民间组织在全球化进程中,从本国立场出发,为培养本国所需要的国际化人才,在教育的各个方面相互交流、碰撞、融合和创新的过程⑥。正如万德尔温德(1997)所归纳的,教育国际化是任何系统性地、持续性地

---

① 马勇,刘俊玮,马克力. 面向东南亚云南教育国际化人才培养途径探究[M]. 昆明:云南大学出版社,2016.

② 牛华勇,金菁华,宋阳,等. 基于软系统方法论构建教育国际化指标体系[J]. 江苏高教,2018(5):98-107.

③ 顾明远. 教育大辞典:增订合编本(上)[M]. 上海:上海教育出版社,1998.

④ 陈学飞. 高等教育国际化的宏观考察[C]// 中国未来研究会,中国管理科学研究院,北京大学教育学院. 第三届中国科学家、教育家、企业家论坛论文集,2004:79-97.

⑤ ALTBACH P. International higher education newsletter[C]. Center for International Higher Education, Boston College, 1999.

⑥ 莫景祺. 对当前基础教育国际化"热"的冷思考[J]. 人民教育,2014(10):21-26.

致力于使教育更加适应社会、经济和劳动力市场全球化相关要求与挑战的努力①。他将教育国际化分为个体流动、机构国际化以及跨国界教育体系共三个层面。他对教育国际化个体、机构、系统三个维度的区分明确了教育国际化有关政策的主体，也是本专著的重要参考。

3. 基于实践视角的教育国际化

实践层面的教育国际化主要着眼于国际化实践的内容要素、途径与策略等方面。王水发（2011）认为，教育国际化是指通过与不同国家的教育机构或国际教育组织进行合作交流、合作研究、合作办学、合作培训以及开展国际理解教育或国际援助等途径，在理念与目标、课程与教学、评价与管理等方面实现融合并有所创新，从而提高国际化人才培养能力的教育发展过程②。周南照（2013）认为，教育国际化是指在课程内容、教师发展、校本管理、教育技术、学生核心素质养成等方面有效融合其他国家或其他文化的国际元素，培养具备宽阔国际视野的人才的过程③。可见，实践角度的教育国际化更着力于从学校层面和区域层面开展研究。

（三）关于教育国际化的性质与特点

1. 教育国际化是国际化的重要组成部分

王少东和朱军文（2002）认为，国际化是用以表征人类由狭义的地域联系走向社会化普遍交往的程度和水平的范畴，是建立在经济和科技走向全球一体化基础上的政治、文化等方面在全球范围内相互渗透、相互影响、相互融合的趋势，教育国际化是这一趋势的重要组成部分④。袁利平（2007）认为，国际化是人类社会发展到一定历史阶段，由于生产力的发展与科学技术的进步，所出现的以经济起主导作用的政治、经济、文化、教育、社会生活

---

① 牛华勇，金菁华，宋阳，等. 基于软系统方法论构建教育国际化指标体系 [J]. 江苏高教，2018（5）：98.

② 王水发. 学校教育国际化的思考与实践——以广东深圳市南山区中小学教育国际化的探索为例 [J]. 中小学管理，2011（12）：14-17.

③ 周南照. 教育国际化的若干国家政策比较和世界态势反思 [J]. 世界教育信息，2013，26（4）：3-18.

④ 王少东，朱军文. 教育国际化的内涵动因与路径设计 [J]. 苏州大学学报（哲学社会科学版），2002（4）：123-125.

等诸方面在全球范围内互动的历史过程和客观趋势,教育国际化是其重要组成部分①,同时教育国际化也是一种发展趋势和历史过程。吴定初(2003)认为,教育国际化是现代人类跨越教育时空障碍,在空间范围内沟通联系、交流与互动,又在时间尺度上描绘明日世界教育图景的一种自然进程②。

2. 教育国际化强调交流与合作

《教育大辞典》中将教育国际化的特征概括为三点:一是国际教育组织出现与发展。如1948年联合国教育、科学及文化组织成立,其宗旨是推动各国在教育、科学、文化方面的合作。国际教育局、国际劳工组织、经济合作与发展组织、东南亚教育部长组织等亦相继成立,开始研讨各国共同关心的教育问题,并派遣专家开展国际援助。二是国际合作加强。如随着社会的发展融合,各国文化教育交流日益频繁,教师、研究人员交往增多,留学生增加,教材交流与协作增强。三是各国均在改革学制的封闭与孤立状况,使本国与国际上的各级各类学校发展趋向一致。未来各国教育在对象、制度、内容、形式、方法等方面的共同点将日益增多,国际化趋势将日益加强③。教育国际交流与合作可分为交流、碰撞、融合、创新四个不同的层次。

3. 教育国际化是具有鲜明的国家属性的发展战略

教育国际化是站在本国的立场上,从本国利益出发,创新性地培养本国所需要的国际化人才的发展战略,其结果是各国的教育特点越来越突出④。教育国际化不仅是教育发展战略,同时也是一些发达国家的经济发展战略。通过教育国际化战略,接收国大幅提升国际留学生比例,收取高额学费,为本国各级各类学校补充办学经费;留学生的消费也为接收国提供了更多的就业岗位和收入来源,从而提高了接收国的经济竞争力。

---

① 袁利平. 国际化语境中公民教育的愿景与策略 [J]. 外国教育研究,2007(3):21-22.

② 吴定初. 关于中国基础教育国际化与民族化的思考 [J]. 教育评论,2003(1):7-10.

③ 顾明远. 教育大辞典 [M]. 上海:上海教育出版社,1998.

④ 莫景祺. 对当前基础教育国际化"热"的冷思考 [J]. 人民教育,2014(10):21-26.

4. 教育国际化具有开放性、通用性、系统性和综合性的特点

开放性是指能够充分对外开放，与其他文化、民族进行平等的双向交流，接受不同文化背景与意识形态、思想的差异[①]。通用性是指能够被其他文化、地区、民族所认同与接受，如使用国际通用标准对教育及其各个环节进行评价认证。系统性是指教育国际化程度和水平的提升，一方面需要各级各类教育共同致力于国际化人才的培养，另一方面需要获得政治、经济和社会等方面的支持。综合性是指衡量教育国际化水平需要综合办学理念、目标、课程、教学、管理与评估等各个方面进行多维、多元的评价。

（四）关于教育国际化的内容要素与目的功能

顾明远和薛理银（1998）认为，教育国际化包括：人员要素（各类教育主体，如学生、教师和学者）在国际范围内的流动；财务要素（教育经费的来源与分配、教学与科研设施的购置）的国际化；信息要素（教育观念、教育目标、课程内容以及教育知识等）的国际化；结构要素（如学分制度、外国问题研究机构以及国际合作与交流机构等）的国际化[②]。刘贵华（2000）认为，教育国际化包含五个要素：教育观念的国际化，旨在培养面向世界的具备国际意识的开放型人才；教育内容的国际化，主要是增设有关国际教育的专业或课程以及在已有课程中添加国际性内容；开展师生互换、学者互访等国际交流；开展国际学术交流与合作研究；进行教育技术、设施等资源的国际共享[③]。综合有关研究成果可见，教育国际化的内容要素基本涵盖了教育系统的全部资源要素。

关于教育国际化的目的与功能，中央教育行政学院图书馆教育情报研究室主编的《教育动态》（1991年第2期）中早有解释。当时使用的称谓是"教育的国际化"，即把本国教育置于世界之中，用国际眼光考察本国的教育制度，培养适应国际化时代的新型人才。"教育的国际化"包含三方面内涵：一是教育政策要保证教育为国家经济和社会的发展服务，特别是为本民族、

[①] 赵璐. 英国高等教育国际化政策研究［D］. 武汉：武汉大学，2017.
[②] 顾明远，薛理银. 比较教育导论：教育与国家发展［M］. 北京：人民教育出版社，1998.
[③] 刘贵华. 教育国际化：21世纪的教育理念［J］. 教育理论与实践，2000（5）：11.

本国在国际事务中发挥更大的作用提供支撑；二是培养目标为造就关心人类共同命题、全球性问题，有国际眼光并为本国发展所需要的人才；三是教育发展的重要途径在于世界范围内的交流与合作，即加强在人才培养、教育培训、科学研究以及设施设备现代化等方面的国际交流与合作，并在这些方面努力赶上国际水平。

除上述外，其他学者也多有论述。如肖凤翔（2001）认为，教育国际化包括培养受教育者适应国际化的能力、增强学生的国际意识和促进国际理解、促进各国教育制度的开放性、加强各国教育界的合作等方面[①]。李炳煌（2006）提出，教育国际化应注重在国际事务中发挥更大作用，培养具有国际眼光并为本国发展所需要的人，开展国际交流与合作，努力达到国际先进水平[②]。孙杰夫和周浩波（2016）认为，教育国际化的功能是要使教育资源合理、优化、高效配置，目标达到最大化；要最大化提升教育质量；教育为整个社会的协调、可持续发展服务要达到最大化；世界教育共同繁荣和发展要达到最大化[③]。李什敏（2017）认为，教育国际化是在经济全球化、贸易自由化的大背景下，充分利用国内和国际两个教育市场，优化配置本国教育资源，培养出具有国际意识、国际交往能力、国际竞争能力，积极主动参与国际竞争的高素质人才，即教育国际化是用国际视野来把握和发展教育，实现互利共赢[④]。可见，教育国际化的目的和功能没有脱离教育的目的和功能，只是在环境、背景、途径和策略方面融入了国际性元素，使之比传统教育更具有创新性和开放性。

在全球化日益发展的进程中，随着推动主体、制度规则、价值追求等渐渐明晰，教育国际化的内容框架、实践层次与策略、利益主体、活动形式等

---

① 肖凤翔. 教育国际化观念探微 [J]. 教育探索，2001（12）：49-50.
② 李炳煌. 基于教育国际化的教师教育探略 [J]. 南华大学学报（社会科学版），2006（4）：101-104.
③ 孙杰夫，周浩波. 辽宁教育国际化发展思路与政策创新研究 [M]. 沈阳：辽宁人民出版社，2016.
④ 李什敏. 教育国际化趋势下高职旅游管理专业国际化发展路径探究 [J]. 旅游纵览（下半月），2017（10）：23.

方面都得到了极大拓展，总体上呈现出由小规模、单向度、浅层次向大规模、全方位、深层次转变的发展态势，且其研究和实践还在不断丰富。

二、基础教育国际化的基本内涵

基础教育是面向全体学生的国民素质教育，其根本宗旨是为提高全民族的素质打下扎实基础。基础教育对于提高民族素质、培养各级各类人才、促进社会建设与发展具有全局性、基础性和先导性的作用。基础教育（尤其是义务教育）是所有学龄儿童、少年、青年应享有的基本权利，是各国各级政府必须提供的基本公共服务。基本公共服务的属性在于它的公共性、普惠性和社会公平性。因此，尽管国际上已有世界全民基础教育共同的六大目标和各国普遍认同的教育原则，但尚未有任何国际组织或国家政府发布"基础教育国际化"的政策文件[①]。不过，对基础教育国际化的研究和实践方兴未艾。上述对教育国际化概念的界定，对教育国际化的特点、内容（元素）、目标、功能、途径的探讨，是基础教育国际化理论探讨和实践的重要基础。但基础教育由于自身阶段性的特点，其国际化又有所不同。

（一）基础教育国际化的定义

关于基础教育国际化的概念理解，不同学者从不同角度进行了诠释，比较集中的观点是从目标或性质、实现方式、发展过程及特点等角度展开的。

1. 从基础教育目标或性质的角度进行定义

高瑜（2015）认为，解决人的主体性发展的问题是基础教育国际化的重要使命，基础教育国际化的本质是提升人基于个体主体性和群体主体性的类主体性。因此，基础教育国际化不是一个孤立的过程，而是一个发展的整体。高瑜同时指出，基础教育国际化首先是一种教育理念，"多元共生""平等共享""融合发展"是各国基础教育的共同追求；其次，是一种教育视野，即我们要在全球教育发展趋势和国际化背景下探讨基础教育领域改革的各种问题；第三，是一种教育内容，即学生除了了解和掌握外国语言和文

---

① 周南照. 教育国际化的理论探究与政策反思［C］//袁振国. 中国教育政策评论·2013. 北京：教育科学出版社，2013.

化外，还要能够从全人类利益和全球视角出发思考问题；第四，是一种教育方式，即不同国家之间的国际交流与合作是基础教育国际化的重要载体；第五，是一种教育进程，应在"共时性的国际化程度与历时性的国际化进程的交汇点处"来思考基础教育国际化的水平①。

2. 从基础教育实现方式的角度进行定义

杨启光（2011）认为，基础教育国际化是根据该阶段中小学校培养目标与任务来决定其内容与重点的，主要体现为调整中小学校人才培养的素质与目标，强调以课程渗透的方式来培养中小学生面向世界、面向国际的意识，培养学生的全球相互依赖的意识，以增进国家间的理解。为此，中小学需要实现课程内容与教学方式的变革，强化外语教学，增强师生的全球意识，培养他们掌握未来在国际社会环境中生活、工作所需的知识和技能②。夏心军（2014）认为，基础教育国际化是指在全球经济一体化背景下，不同国家的教育机构和组织为了进一步拓宽青少年学生的国际视野，使他们通晓国际规则并能够参与国际事务，提高国际竞争能力，进一步加强教育合作，整合理念与目标、课程与教学、评价与管理诸方面的教育资源，积极创新而形成的一种跨文化的教育发展方式③。杨明全（2019）在分析我国基础教育国际化的动因、与他国的差异、实践框架及其对人类发展贡献的基础上，界定基础教育国际化为我国在基础教育阶段为适应国际教育服务贸易规则和深化素质教育改革、推动教育现代化而开展的有关学校教育实践探索和改革的过程，它以国际交流与合作为基础，以融合学校教育发展的世界眼光和本土情怀为追求，在国际基础教育援助、国家之间的课程借鉴、中小学生的跨境学习以及教育理念与模式的借鉴等领域开展双向互动，最终体现全球化时代人类教

---

① 高瑜. 纵深推进基础教育国际化的理性思考 [J]. 教育科学研究, 2015 (5): 16-19.

② 杨启光. 教育国际化进程与发展模式 [M]. 北京: 社会科学文献出版社, 2011.

③ 夏心军. 基础教育国际化趋向的再审视 [J]. 天津师范大学学报（基础教育版）, 2014, 15 (3): 6-11.

育发展的新趋势①。

3. 从基础教育的发展过程及其特征的角度进行定义

张军凤和王银飞（2011）认为，基础教育国际化是教育全球化的必然要求，是教育国际化的重要组成部分②。倪闽景（2011）认为，基础教育国际化的四层目标是交流、理解、融合和主导，即加强与国外教育机构的交流互访，在此基础上实施国际理解，让学生理解不同的文化价值观，再改变学生和课程结构，最后形成我国基础教育国际化的特色③。郭涵（2014）基于学校办学国际化的实践进行思考，认为基础教育国际化是指中小学校在全球化进程中，从本国立场出发，为培养本国所需要的国际化人才，在基础教育的各个方面相互交流、碰撞、融合和创新的过程④。汤佳宏（2015）认为，基础教育国际化有四个层次，即国际交流、国际理解、国际融合和国际影响⑤。项贤明（2015）认为，国际化绝不是一个单向的过程，而是国与国之间的交流与合作，国际经验的中国化和中国经验的国际化都是基础教育国际化本身的应有之义⑥。

上述定义明确了基础教育国际化不是为了国际化而国际化，不是形式上的国际化，而是必须回归到培养人这个出发点上。在培养人的过程中所实施的课程与教学的改革、教师观念的转变、所开展的国际范围的沟通与交流、合作与分享均是为了提升个体素质，使个体能够更大限度地在国内和国际范围内参与各项事务，展其所才，尽其所能。同时，基础教育国际化有鲜明的阶段性特点，如交流、理解、融合和主导（创新）是层次递进的。此外，基

---

① 杨明全. 基础教育国际化：背景、概念与实践策略 [J]. 全球教育展望，2019 (2)：55-63.

② 张军凤，王银飞. 关于基础教育国际化的几个问题 [J]. 上海教育科研，2011 (1)：9-11.

③ 倪闽景. 基础教育国际化的挑战与应对 [J]. 上海教育科研，2011 (1)：6-7.

④ 郭涵. 基础教育课程国际化发展路径的实践：以北京一〇一中学基础教育国际化发展实践为例 [J]. 世界教育信息，2014 (9)：53-56.

⑤ 汤佳宏. 提高基础教育国际化水平应把握的几个重点 [J]. 人民教育，2015 (22)：66-69.

⑥ 项贤明. 基础教育国际化的应有之义 [N]. 光明日报，2015-07-14 (14).

础教育国际化也是双向的国际化过程。

（二）基础教育国际化的特征与功能

学者们一般结合基础教育国际化的主要内容、活动形式、培养目标等方面来诠释基础教育国际化的特征与功能。刘文华（2012）认为，基础教育国际化是指基于基础教育在我国国民教育中的功能定位、基本目标和内容来认识和实践的教育国际化，其目的是为高等教育培养出高素质的国际化人才打下坚实的基础，主要包括国际理解教育、课程体系国际化、教师管理国际化、学校组织机构和管理制度的国际化、国际交流与合作、学校和教育部门的协作等内容[①]。朱括和吴玲（2013）认为基础教育国际化是平等化与多元化的共享性发展趋向。它是作为一种教育视野、一种教育改革和一种教育内容来促进和引导学生多角度地去理解和掌握思考的全球化视角，从而促进学生知识的发展[②]。钱铁峰（2014）认为基础教育国际化体现为教育观念、教育体制、学校制度、学校课程、教育方式、学校管理、办学形式和学校文化等方面的国际化[③]。刘剑青和王小飞（2015）认为基础教育国际化是世界各国为解决教育共性问题而做出的人为的、有组织的选择，促进了各国教育市场、人才资源和文化资源的共享，为人类跨国界、跨民族、跨文化交流提供了可能，其核心内容是国际理解教育[④]。

事实上，基础教育国际化的特征与功能是教育国际化特征与功能在基础教育阶段的集中反映，它强调基础性作用，即为培养国际化人才奠定基础；强调互动性形式，即一切教育活动都是一种对话实践；强调理解性价值，即主体间的交流与沟通是为了促进更广泛、更深入的理解。

---

① 刘文华. 成都市基础教育国际化路径选择研究［D］. 成都：西南交通大学，2012.

② 朱括，吴玲. 国际化教育推进对区域国际化教育发展的启示：以重庆市南岸区为例［J］. 重庆第二师范学院学报，2013，26（5）：45-47.

③ 钱铁峰. 漫谈基础教育的国际化［J］. 华夏教师，2014（3）：15-18.

④ 刘剑青，王小飞. 教育国际化内涵及政策定位［J］. 国家教育学院行政学报，2015（5）：21.

第二节
基础教育国际化的动因

简·奈特认为政治、经济、学术、社会文化是促进教育国际化的四大动因。政治动因包括外交政策、国家安全、技术援助、互相理解和世界和平、国际认同和地区认同；经济动因包括经济增长和国际竞争、劳动力市场的需求、财政激励；学术动因包括扩展学术视野、加强学科建设、提高学术声誉、提升学术质量和国际化的学术标准、教学和科研的国际化发展；社会文化动因包括国家文化认同、跨文化理解、公民发展、社会和社区发展。教育国际化的发展动因因国家、地区和文化的差异而有所不同，基础教育国际化的发展动因也不外乎于此，它同时受到外部因素与内部因素的双重驱动。推动基础教育国际化发展的外部因素主要有政治因素、经济因素、文化因素等，内部因素主要包括教育自身发展的要求。

一、政治因素：服务国家战略发展

政治领域的各种因素成为影响各国高等教育国际化发展的主导力量。尽管基础教育国际化没有那么明显地与该国的政治外交政策联系在一起，但其也是服务国家发展战略的重要组成部分。

首先，基础教育是国家参与竞争的基础和手段之一。教育强则国家强，教育兴则民族兴。基础教育是整个国民教育体系的基础，为提高国民素质打下良好的基础，为每个人的终身发展发挥重要作用。经济竞争、综合国力竞争的实力虽然取决于高级专门人才的培养，但更取决于对一代劳动力进行高标准的教育和训练。各国综合实力发展和竞争的历史充分证明，劳动力素质的高低是科学技术应用程度的决定性因素，而基础教育是提高劳动力素质的重要基础[①]。与此同时，基础教育的竞争也是各国综合国力之间的竞争。美国为了增强本国的教育国际竞争力，发起了"返回基础"教育改革运动，重视对儿童能力的培养。经济合作与发展组织（OECD）发起的国际学生评估项目PISA测试实质上也体现了基础教育的国际竞争[②]。

其次，基础教育对外援助是国家对外援助的主要内容之一。教育国际援助可以改善贫困落后国家的教育状况，提升教育质量及增加适龄儿童的入学机会，也是援助国加强与受援国的联系及与其发展友好关系的重要途径。一国开展对外教育援助的目的主要是服务于援助国的政治、经济和文化利益，同时促进受援国的经济和社会发展以及合作解决全球共同面临的问题。有关研究发现，对大多数发展中国家的初等教育援助的回报率高于其他形式的教育投资。由此，世界各国的教育援助逐渐从高等教育领域转向基础教育领域。1990年世界全民教育大会上通过的《世界全民教育宣言》《满足基本学习需求的行动纲领》，着重强调了在基础教育领域开展国际援助的重要性。我国对非洲国家、"一带一路"倡议沿线国家或地区的基础教育开展了援助。2018年9月14日，美国国际开发署也专门发布了首份基础教育援助计划——《美国政府国际基础教育战略（2019—2023财年）》。

再次，基础教育是传播政治理念、推行政治改革的工具。历史上重大的政治改革都离不开教育的变革，如普鲁士通过普及义务教育增强国家的综合实力，日本的明治维新把教育变革作为成功开展政治改革的重要保证。1983年美国高质量教育委员会发表题为《国家处在危机之中，教育改革势在必行》的报告，要求改革教育。1999年美国总统布什和美国州长协会提出了美国2000年要实现的六大目标，其中的五大目标与基础教育有关。随后，2001年美国总统布什公布《不让一个儿童落伍》的教育蓝图，次年还正式签署了《2001年不让一个儿童落伍法案》。

---

① 新华网．柳斌：充分认识基础教育的"基础"作用［EB/OL］．(2010-02-10)[2021-11-21]．https://edu.qq.com/a/20100210/000136.htm.

② 马健生．教育国际化政策及其实施效果的国际比较研究［M］．北京：北京师范大学出版社，2018.

二、经济因素:促进经济发展

基础教育国际化促进经济发展主要表现在以下两方面。

一是获得直接的经济利益。留学生教育可拓宽学校的经费来源渠道,也能够有效缓解政府教育经费投入的压力,更能够直接增加国家经济收入。澳大利亚政府自20世纪80年代以来将教育视为出口产业,大力推进教育国际化,使得澳大利亚成为世界第三大国际学生英语学习目的国和第四大高等教育目的国,教育产业已经成为澳大利亚第四大出口产业。2019年,国际教育产业为澳大利亚带来了410亿澳元的收益,支持了26万个工作岗位[①]。据《2017中美国际教育白皮书》数据,其高中阶段中国留学生占比约29%。留学人群规模的增长和低龄化趋势扩大了国际教育市场空间,为所在国扩大了教育服务范畴,提供了更多就业岗位。一些国际组织或国家在基础教育领域推行的国际课程,也为其自身带来不少的收入。

二是满足经济发展对人才的需求。经济全球化使各种生产要素如人才、资源、资本、科学技术在共同的市场规则规范下自由流动和组合。各国经济增长越来越依赖于参与世界产业分工协作和国际贸易市场的程度,对于各层次、各领域国际专业人才的需求也随之剧增,各国相应的教育人才培养体系也越来越多地融入国际理念与策略。各国基础教育通过培养各级各类人才,或为各种人才打下发展进步的基础,为国际社会提供了大量的劳动力和初级、中级技术及管理经营人才。

三、文化因素:提升国家软实力

国家软实力实际上是一个国家的文化实力,是一国综合国力的重要体现,通常包括外部软实力和内部软实力两个方面。外部软实力包括国家的创造力、思想影响力、观念文化的亲和力以及文化产品的传播能力和辐射能力

---

① 环球网. 澳大利亚高教产业跌入"至暗时刻"[EB/OL]. (2020-08-29)[2021-11-21]. https://lx.huanqiu.com/article/3zf9eHW7Hgu.

等；内部软实力包括凝聚了本国民族的民族精神和传统文化等。各级教育是国家软实力提升的助推器，其中，基础教育国际化促进国家软实力提升主要体现在以下两个方面。

一是传承和发扬本国优秀传统文化。文化自身的发展和更新是不断地与外来文化进行相互交流、吸收和扬弃的过程。世界各国中小学校是各国传统文化学习的首要场所，课程内容的安排与实施、活动设计等均反映了本国的文化传统。各国基础教育在传播和弘扬本国的优秀传统文化的同时，还要学习、借鉴和吸收他国的先进文化，使本国文化既能体现本民族特色，又能顺应国际化发展趋势，促使各国文化在交流碰撞中相互促进，共同进步。美国通过对他国进行正式或非正式的教育援助、项目资助和提供留学访问机会等方式，致力于向其他国家推行其"民主、自由、平等、博爱"的价值理念，试图通过教育这一渠道扮演其他国家和地区的启蒙者的角色[1]。

二是培养具有全球视野的文化传播者。全球视野的文化传播者需要有全球性的视野，能够尊重和理解他国或他民族的文化，同时更要具备传播文化的能力与语言基础。基础教育国际化发展促使学校加强国际理解教育，学习了解世界范围内不同文明、不同文化之间的交流、碰撞与冲突，尊重和理解不同文化和不同族群，并在跨文化交流活动中保持开放的心态和海纳百川的胸襟，初步具备全球视野和国际交流能力。同时，世界各国均重视语言政策及规划，重视在基础教育阶段加强外语的学习，除了国际通用语言如英语、法语等语言外，还加强了非通用语言或关键语言的学习。如美国白宫于2006年推出由国务院、教育部、国防部及国家情报共同体联合实施的"国家安全语言计划"，计划中指出，"使用别国的语言可以增进理解、表达尊重；提高与外国政府和人民打交道的能力；让他们有机会更多地了解美国及美国人民"[2]。该计划旨在增加美国的关键语言的使用人数，其中汉语位于最高关键

---

[1] 中华人民共和国教育部. 教育：国家软实力提升的助推器 [EB/OL]. (2013-03-18) [2021-11-21]. http://www.moe.gov.cn/jyb_xwfb/xw_zt/moe_357/s7093/s7193/s7196/s7197/201303/t20130318_148753.html.

[2] 王建勤. 美国"关键语言"战略与我国国家安全语言战略 [J]. 云南师范大学学报, 2010 (2): 7-11.

级别，随后中文学习也被纳入美国 AP 教育项目之列。

四、教育自身发展因素：为培养国际化人才奠基

基础教育国际化也是各国基础教育改革和发展自身的需要。在经济全球化的推动下，教育国际交流与合作日益频繁，教育资源日益在国际进行配置。各国教育相互影响、相互依存的程度不断提高，各国在人才培养目标的确定、教育内容的选择以及教育手段和方法的采用等方面不仅要满足来自本国、本土化的要求，而且要适应国际经济、文化交流与合作的新形势。基础教育是整个教育系统的基石。当整个教育系统受到国际化影响而进行改革并发生改变时，高等教育将率先迎来变化，基础教育要对接高等教育发展的需要，同时因应外部因素如政治因素、经济和文化因素的要求，必然要进行自身的国际化改革。学校为了提高办学水平和声誉，也需要不断学习和借鉴他国学校的教育思想、教育理论和教学管理经验。如 19 世纪末 20 世纪初，世界各国纷纷借鉴吸收杜威主张的教育思想，出现了学校教育革新的大潮。教师需要与他国同行更多地交流与分享以提升教学水平，学生渴望了解他国文化的愿望日益迫切。因此，基础教育的课程内容需要更能体现世界多元文化的内容，教学实践需要更多地参与国际合作与交流，教学评价需要参与国际评估以了解学生学业成绩在国际上的水平。总而言之，国际化是基础教育发展的内在要求，是基础教育自身发展的规律。未来，全球基础教育都聚焦于质量公平，聚焦于以学生为中心、以价值观为导向，注重从创新精神培养、信息技术应用、教育质量评估和教师素质提升等方面提高教育质量①。

---

① 陶西平. 涌动的潮流：关注当代世界教育改革的动向 [J]. 世界教育信息，2014，(2)：3-10.

第三节
基础教育国际化的有关评价

当前,我国基础教育领域形成的国际化实践类型主要分为三类:一是国际化活动类,包括国际合作与交流、姊妹学校或友好学校往来、出国留学游学、来华留学游学等;二是国际化项目类,包括开设外语课程、中外合作办学项目、校长教师境外专业研修、国际学校评估认证、民办学校国际评估认证等;三是办学类型的国际化,包括外国语学校、中外合作办学机构、国际班或国际部、外籍人员子女学校等。

对基础教育国际化的发展程度和水平,应如何进行评价或评估?这在国际上尚未有相应的评估标准或指标体系。相关国际学术组织如欧洲国际学校协会(Council of International Schools,CIS)、美国新英格兰院校协会(New England Association of Schools and Colleges,NEASC)、美国西部院校协会(Western Association of Schools and Colleges,WASC)、美国中部院校联盟(Middle States Association Commissions on Elementary and Secondary Schools,MSA-CESS)、中蒙国际学校协会(The Association of China and Mongolia International Schools,ACAMIS)等国际上的教育认证机构,对其属下的国际学校开展评估认证,具有了学校国际化评估的属性。在我国,教育部基础教育课程教材发展中心(以下简称"NCCT")与上述几大国际权威认证机构进行合作,对在华国际学校和民办学校开展了评估认证。此外,我国台湾、上海、成都等地也进行了一些探索。

一、区域基础教育国际化的评价

区域基础教育国际化评价的实践主要在成都进行,主要以地方政策的形式加以推行。其他的探索则多停留在研究层面,如广东省教育研究院谢绍熹等曾提出《广东省基础教育国际化评价指标体系》。以下分别以成都推进教育国际化工作的评价指标体系以及广东省基础教育国际化评价指标体系为例展开论述。

(一) 成都市区（市）县推进教育国际化工作的评价指标体系

区域教育国际化水平的衡量常常与城市国际化水平相联系。成都市为适应城市国际化发展需要，从2012年起将"教育国际化"设定为教育现代化水平监测中的一级指标，建立起对各区（市）县推进教育国际化发展工作的测评基础[①]。

《成都市区（市）县推进教育国际化工作评价指标体系》由"教育国际化工作政策环境""教育国际化资源配置""教育国际化发展水平""教育国际化社会贡献"4项一级指标，以及包括"发展规划""机制和制度""经费投入""师资队伍"等在内的10项二级指标和32项三级指标构成，三级指标力求从人力、财力、机制三方面为区域教育国际化发展提供保障基础。

《成都市区（市）县推进教育国际化工作评价指标体系》中关于基础教育阶段的指标的相关情况如下：

(1) "教育国际化工作政策环境"，具体如下：①"发展规划"，含"制定教育国际化专项规划""制定推进教育国际化年度工作方案"2项子指标；②"机制和制度"，含"明确有负责教育国际化工作的机构和人员""教育国际化相关政策知晓程度""对本区域及学校教育国际化水平提升实施目标管理"3项子指标。

(2) "教育国际化资源配置"，具体如下：①"经费投入"，含"设立教育国际化工作专项经费，纳入年度教育经费预算，保障年度工作需要""设立教育国际化窗口学校专项资金"2项子指标；②"师资队伍"，含"派遣基础教育阶段学校专任教师出国（境）培训人数""聘请具有合格资质外籍教师总人数""外派出国（境）任教教师人数""累计培养具有国际汉语教师资格的教师人数"4项子指标；③"环境及硬件"，含"校园环境建设融

---

① 王妍.《成都市区（市）县推进教育国际化工作评价指标体系》的研制背景、指导思想与基本特点 [J]. 科教文汇, 2015 (3)：5-7.

入国际化元素""搭建国际化教育资源共享平台"2项子指标。

（3）"教育国际化发展水平"，具体如下：①"国际交流"，含"建立友好学校的数量""教师和学生开展国际交流互访人数和增长比例"2项子指标；②"课程建设"，含"引入国际优质学前教育理念""按部颁课程计划开齐开好外语课""试点开设多语种语言教学或兴趣班""开展双语教学实验""开设国际理解教育课程的学校比例""普通中小学与国（境）外学校（机构）合作开展课程建设、教学研究等活动"6项子指标；③"中外合作办学"，含"引入国（境）外知名教育机构联合举办中外合作办学机构或项目数量""学校到国（境）外办学数量"2项子指标。

（4）"教育国际化社会贡献"，具体如下：①"国际化人才培养"，含"普通中小学接收国（境）外学生来蓉学习的人数""高中毕业生被教育部认可的国（境）外知名高等院校录取人数"2项子指标；②"社会贡献"，含"外籍人士子女入学机会保障""主办或承办国际会议"2项子指标。

（二）广东省基础教育国际化评价指标体系

谢绍熹（2018）在借鉴国内外高等教育国际化指标研究现状，并参考有关学者对中小学国际化指标的讨论的基础上，初步提出了基础教育国际化评价指标体系[①]。该指标体系包括4个一级指标和13个二级指标，具体内容如下。

（1）"制度建设"，包括3项二级指标，具体如下：①"建立交流合作保障机制"，包含以下内容：重视国际教育交流与合作，建立教育交流与合作的保障机制，明确对外教育交流工作职能；设立相应的工作部门和工作经费，配备固定的专职工作人员。②"交流合作政策体系建设"，包含以下内容：贯彻落实国家、省有关教育对外交流的政策文件，制订对外交流规划及相应的年度工作计划，政策措施落实到位，加强区域内对外交流合作统筹力度；重视中外合作办学、自费出国留学中介、外籍人员子女学校、外国学生和港澳台学生等涉外管理工作，认真执行有关管理制度，出台地方指导性意

---

① 谢绍熹. 广东省推进基础教育现代化策略与路径探索［M］. 广州：广东高等教育出版社，2018.

见或制订相应有关指引，完善交流合作工作领域的政策体系。③"培训学习"，包含以下内容：每年召开至少一次区域内教育系统对外交流合作工作或培训会议，提高教育对外交流合作工作队伍管理水平。

（2）"国际理解教育"，包括3项二级指标，具体如下：①"国际理解课程"，包含以下内容：在课程设置中注重开放性、全球性，积极引进或主动开发国际课程，发展学生的国际理解能力。②"校园文化建设"，包含以下内容：实施多元文化教育，注重本土化与国际化的共融，关注国际合作与互动。③"跨文化交流项目"，包含以下内容：开展学生涉外安全和国际礼仪教育，定期举办国际文化展览活动，出国表演、参加国际比赛、访问或交流、短期游学；通过校园环境建设、校园英语活动、校园国际文化艺术活动、建立国际理解教育网站等丰富的国际跨文化学校活动，增强学生国际文化体验。

（3）"交流与合作"，包括4项二级指标，具体如下：①"区域间交流合作"，包含以下内容：积极参与双边、多边和区域性、全球性教育交流与合作；充分利用友好省州、城市等合作平台和侨务渠道，建立高层次教育交流合作机制，积极开展学生交流、教师交流、教学研究合作等项目；建设、巩固国际交流合作平台，积极参与粤港澳台教育交流合作。②"校际合作"，包含以下内容：支持有条件的中小学校与国（境）外学校结对交流，与国（境）外优质学校缔结姊妹学校，建立校际交流长效合作机制。③"师生交流"，包含以下内容：选派校长和骨干教师到国（境）外开展交流、访问进修，积极参加国际会议、加入国际组织或学术刊物编委会；邀请一定数量的国（境）外教育专家、学者、名校长、名教师来粤交流、讲学，拓宽校长和教师的国际视野，学习、吸收、融合国（境）外先进经验，提高本区域教学水平和人才培养质量；促进本区域学校学生对外双向交流，定期或不定期举办内容丰富、形式多样、主题鲜明的学生对外交流活动，促进跨文化交流，增强学生国际文化体验。④"教学科研"，包含以下内容：促进教师教研人员与国（境）外教师教研人员开展教学、课程开发、科研等合作。

（4）"影响与成效"，包括3项二级指标，具体如下：①"深化国际合作"，包含以下内容：支持中小学在国（境）外设置分校；输出中国特色课程；提升与国（境）外合作项目的水平，做好吸收和派遣留学生、交换生工作；引进优秀外籍教师，派遣骨干教师、科研人员到国（境）外学校、研究机构进修。②"国际化人才培养"，包含以下内容：培养学生初步具备国际化思维和国际化视野以及开展国际交流合作的基本素养；做好普通中小学接收国（境）外学生工作。③"国际教育研究合作"，包含以下内容：构建国际化教育研究合作平台，加强与国（境）外研究机构、国际组织的合作，提升基础教育学术科研合作成果的数量和质量；主办或承办国际会议、教育展览。

上述两个指标体系提出的角度尽管不同，但内容大同小异，均聚焦在政府的保障制度建设、教师队伍建设水平、课程与教学和研究、国际交流合作活动等方面，同时也重视以结果成效来支持对国际化发展过程的检视和评价。

二、学校国际化水平的评价

（一）教育部基础教育课程教材发展中心"NCCT学校评估认证标准体系"

教育部基础教育课程教材发展中心认为，以体现国际先进教育理念和优秀学校教育实践的评估认证来引导中小学办学实践，是促进学校教育国际化的一种有效途径[①]。为此，教育部基础教育课程教材发展中心在对国外有关学校认证标准进行本土化修改的基础上，开发了"NCCT学校评估认证标准体系"（表1-1）。

表1-1 NCCT学校评估认证标准体系

认证类别	在华国际学校评估认证标准			民办学校评估认证标准	
标准内容	CIS/NEASC标准第七版的内容，加上"中国背景标准"	WASC"聚焦学习"的内容，加上"中国背景标准"	NCCT独立认证标准	民办学校认证标准	民办幼儿园认证标准

---

① 莫景祺. 评估认证：学校教育国际化的有效途径——以NCCT学校评估认证实践为例[J]. 中小学管理，2011（12）：4-6.

续表

认证类别	在华国际学校评估认证标准			民办学校评估认证标准	
包含细项	①办学理念与办学目标；②课程；③组织与管理；④员工；⑤学校支持服务；⑥资源；⑦学生和社区生活；⑧中国背景标准	①学生学习的组织；②课程与教学；③为学生个体和学术进步提供支持；④资源管理和发展；⑤中国背景标准	①办学理念和办学目标；②组织与管理；③课程与教学；④员工；⑤资源设施与服务；⑥沟通与社区关系	①办学理念和办学目标；②机构与管理；③课程与教学；④员工；⑤资源、设施与服务；⑥学生服务；⑦社区关系；⑧学生教育与发展	①办园理念和办园目标；②机构与管理；③员工；④教育活动；⑤卫生保健与安全；⑥资源与设施；⑦社区关系；⑧学生教育与发展

该认证体系主要基于以下准则：

（1）以办学理念和办学目标为核心。

（2）以质量为导向。学校评估认证的目的是向社会提供教育质量保证，以及给学校提供不断提升教育质量的机会。

（3）以学生为本。如 WASC 的评估认证标准名称就是"聚焦学习"。

（4）以利益相关者的共识为基础。学校评估认证标准是利益相关者形成广泛共识的标准。

（5）输入与结果相结合。即将假定影响学生学习结果的因素与学生的学习结果相结合。

（6）强调跨文化的理解。如"课程与教学"部分强调学校要利用学生文化和语言差异来丰富课程与教学，要利用学校利益相关者的差异来促进跨文化交流和国际理解。

（二）我国台湾地区学校国际化指标

2011 年，我国台湾发布《中小学国际教育白皮书——扎根培育 21 世纪国际化人才》政策报告，主要目标在于让中小学生在教育国际化过程中了解国际社会，发展国际态度，培育具备国家认同感、国际素养、全球竞合力、全球责任感的国际化人才。该政策侧重于以学校为本位推动国际教育，强调从融入课程、国际交流、教师专业成长、学校国际化四个方面同时进行。其中,学校国际化包括校园国际化、人力国际化、学习国际化、行政国际化、课程国际化、建立国际伙伴关系六个方面。2020年5月,我国台湾发布《中小学国际教育白皮书2.0》,对中小学国际教育的目标、实施策略与重点等进行了修订。其中,学校国际化在原有基础上区分为初阶、进阶及高阶三个级别,引导并鼓励各校依其各自条件及发展目标,按部就班、循序渐进,逐步改造学校国际化环境①。

台湾学校国际化的具体内容如下:

(1) 校园国际化。包含开设外文学校网站、制作学校文宣材料、制作双语告示、提供双语环境以及建立与国际接轨的校园设施等。

(2) 人力国际化。将国际教育的业务交由专责单位,通过系统性的行政支援让国际教育的推行具有完整性并可适时调整,确保学生的学习质量。此外,还培养行政人员具有国际认知与沟通能力、培养教师具有国际教育能力、聘用不同国籍的教师、善用不同文化背景的家长与社区志愿者、培养校园文化亲善大使及培训学生成为国际学生学习伙伴等。

(3) 学习国际化。更新教学法,融入科技辅助设备进行跨国学习,以培养学生的外语能力及跨文化沟通能力。

(4) 行政国际化。在学校与教室营造国际教育的学习情境与气氛,发挥潜在课程的情境教育功能,如开发行政与教学的双语表单、提升教务服务质量、建立辅导与管理系统、强化沟通机制、建立接待家庭网络,规章办法双语化、学生手册双语化、证书及奖状双语化,以及建立国际学生辅导与管理系统等。

(5) 课程国际化。建立各领域或学校国际课程研发机制及跨学科整合教学机制,组成课程研发团队,促使国际教育课程学校化。

---

① 台湾教育主管部门. 中小学国际教育白皮书2.0 [EB/OL]. (2020-10-19) [2021-11-21]. https://ws.moe.edu.tw/001/Upload/3/relfile/6315/77269/363645da-b0a9-403d-b9bb-7487a3da8e33.pdf.

（6）国际伙伴关系。和国外学校进行教育参访或文艺交流、体育交流，进而缔结姊妹学校；或是参与社区国际活动和国际组织活动或建立国际课程与学分相互承认机制等。

（三）成都、广州和杭州教育国际化窗口学校（示范学校）指标

成都市教育局（2014年12月）、杭州市教育局（2015年8月）和广州市教育局（2021年5月）先后开展了教育国际化窗口学校或示范学校的创建工作，通过创建指标体系或指南的方式引导中小学校实现教育国际化发展，主要具有以下五方面特征：

一是强调学校办学理念的国际化。在学校领导、师生、家长等利益相关者看来，学校办学定位应体现国际化办学理念，领导成员应具有国际视野和国际化教育理念。

二是强调校园氛围的国际化。学校应通过多种方式在校园建设和环境布置中融入国际化元素，通过开展多元文化活动等营造国际化校园氛围。

三是强调课程与教学的国际化。学校应通过学科渗透、校本课程开发、多语种课程开设、双语课程或国际课程探索等途径实施国际理解教育，为学生提供形式多样的参与国际学习的机会，并研究符合国际趋势的教学内容、教学方法与教学评价等。

四是强调人力资源的国际化。学校应积极支持教师和学生参与国际性的多边、双边学习和会议交流与合作活动等，以提升师生的国际素养。

五是强调国际交流实践。学校应着眼于国际化内涵发展，在"引进来"的基础上更要"走出去"，在实践中提升水平和质量。

综合三地指标可见，学校国际化的具体内容都与基础教育的基本要素直接相关，如表1-2所示。

表1-2 成都、广州和杭州三地教育国际化窗口学校（示范校）创建指标比较

地区	成都 教育国际化窗口学校 建设指标体系	广州 教育国际化窗口学校 创建指标体系	杭州 教育国际化示范校 创建指南
指标体系内容提要	①发展定位：办学理念保障机制	①理念与规划：办学理念与学校规划	①基础内容：含发展规划、组织建设、制度建设、校园氛围、外事接待、友校结对出访、接纳海外生源、聘请外籍教师、教师海外培训、国际理解教育等
	②队伍建设：教师专业发展和聘请外籍教师	②组织与保障：组织管理与制度保障	
	③课程资源：资源平台、教育合作、教学研究、教学实施	③环境与设施：校园设施与校园氛围	
	④学生素养：对外交流和素质养成	④课程与教学：课程资源、教学实践与教学研究	②特色内容：含中外合作办学、汉语国际推广、多语种外语教学、国际会议（论坛）承办、教师校长海外挂职、教科文体交流展示等
	⑤特色创新：示范作用	⑤交流与合作：人员流动与活动交流	
		⑥创新与特色：示范引领	

注：表中内容根据三地教育局官网有关内容整理。

（四）上海市普陀区高中学校（义务教育阶段学校）教育国际化工作评价指标

2018年，上海市普陀区教育局为进一步促进普陀区教育现代化和教育强区建设，推进普陀区教育"十三五"阶段"三化一强"战略实施，坚持教育对外开放，着眼国际一流标准提升学校国际化办学水平，更好地满足人民群众多样化、高质量的教育需求，编制并实施了《上海市普陀区高中学校（义务教育阶段学校）教育国际化工作评价指标体系（1.0版）》（试行稿）。

该体系分高中学校和义务教育学校两个版本，两个版本中一级指标和二级指标相同，一级指标均包括"理念目标""载体平台""保障支持"和"发展成效"4项内容；二级指标均包括"办学理念""办学目标""课程建设""课题开展""项目实施""环境创设""规划计划""组织领导""队伍建设""制度氛围""经费支持""学生发展""学校发展"和"特色创建"

等14项内容。义务教育阶段学校教育国际化评价体系的三级指标由36项子指标构成；高中学校在此基础上增加了4项内容，共计40项。增加的4项内容具体如下：①为外籍学生开设特色校本课程。学校有外籍学生参与混班就读，或者单独编班，为有跨文化背景的学生开发、设置适宜的校本课程；②学校组织教师赴国（境）外参加讲学、访学、留学、培训及国际会议等活动；③学校有取得国际汉语教师资格的教师，积极培养有资质的双语教师；④学校有参加交换生项目或普通高中被国（境）外正规高校录取的学生[①]。

对比成都、杭州、广州三市的窗口学校指标体系，上海市普陀区的学校教育国际化工作评价指标更强调学校的办学目标、课程架构和先进教学模式的运用，特别是在三级指标的表述中，使用了更加科学、更具启发性的语言来引导学校深入学习与贯彻。如其中第9条表述为："及时更新知识，积极探索基于问题解决、单元模块、跨学科等的现代教育教学方式"，第10条表述为："聚焦学习效率、质量提升，注重良好学习动机、学习习惯的养成，进一步激发学生的学习兴趣、提高学生的学习能力"。

不同国家、不同机构和不同学者对基础教育国际化水平的关注点或侧重点虽有不同，但对基本内容要素如政策与战略、组织与支持、课程与教学、学生与教师、交流与合作、跨境教育与服务等总体上达成了共识，区域基础教育国际化评价和学校国际化评价也大体相似，只是在范畴上、程度上会有所不同，特别是结合了区域、学校的历史与实际，其发展重点和表现形式也就呈现出了差异性。

---

① 上海市普陀区人民政府.关于印发《上海市普陀区学校教育国际化工作指标体系（试行）》的通知［EB/OL］.(2018-06-25)［2021-11-21］.http://www.shpt.gov.cn/shpt/gkjyj-jichu/20180625/327714.html.

第二章

我国基础教育国际化发展的历程

　　教育发展与国家政治、经济、文化的发展密不可分。教育国际化的进程随着国家外交政策、经济全球化和世界人文交流密切等的变化发展而得以不断加快和深化，从政府和高等院校向外国派出留学生、开展国际科研合作，到基础教育接收外籍人员子女入读、设立国际学校、引进国际课程等，教育国际化逐步从高等教育领域向基础教育领域延伸。中华人民共和国成立以来，基础教育国际化发展根据有关政策、历史事件的时间节点和各阶段特点，大致可以分为萌芽阶段、探索阶段、全面快速发展阶段和内涵发展阶段这四个阶段。

第一节
基础教育国际化的萌芽阶段
（1949—1977 年）

这一时期，国际和国内政治环境由起伏不定向相对稳定转变。中华人民共和国在政治上先是亲近苏联、远离以美国为首的西方国家，到 1960 年苏联政府限期召回全部在华工作的苏联专家，1964 年法国与中国建交，1971 年美国国务卿基辛格秘密访华，至 1972 年尼克松总统访华，中国政治外交格局发生了一系列转变。教育对外交流局面也相应发生了一系列变化：一是教育交流的主体发生改变，即从与苏联开展全面的教育交流、与其他人民民主国家开展一定规模的教育交流、与帝国主义国家极少交流，转向减少与苏联的教育交流，发展与民族独立国家、资本主义国家（特别是法国）的教育交流；二是教育交流的范围有所拓宽，即从高等教育向中等教育和初等教育发展；三是教育交流的载体发生改变，如第一外语由俄语转变为英语。在基础教育领域，这一时期的教育对外交流具体表现为以下四个方面。

一、吸收外国经验，编写适合本国的中小学教科书

（一）模仿苏联教材模式阶段

1949 年 12 月，教育部召开第一次全国教育工作会议，提出以老解放区新教育经验为基础，吸收旧教育中的有用经验，特别要借助苏联教育建设的先进经验来进行教育和课程改革。1951 年，教育部在第一次全国中等教育会议上提出，各科教材必须参考苏联，以苏联的中学教科书为蓝本，编写完全适合中国需要的新教科书。1953 年，教育部颁布《中学教学计划（修订草案）》，仿效苏联将生物中的"生理卫生"改为"人体解剖生理学"，将"美

术"改为"图画",历史、地理学科的称谓更是完全依照苏联的提法。人民教育出版社从 1954 年开始以苏联教学大纲及最新出版的教科书为蓝本,拟定了小学语文、算术、历史、地理、自然、唱歌、图画等 10 科的教学大纲,以及初级中学汉语、文学、中国历史、俄语、英语、教学工厂实习、政治常识等 25 科的中学教学大纲,并依据中小学教学大纲编写了新教科书,从学科分类到内容和形式几乎全面模仿苏联模式。1955 年,人民教育出版社出版了新中国第一套统编教科书,包括课本 41 种共 97 册、教学参考书 23 种共 69 册,开启了新中国中小学教科书"一纲一本"的时代,开始探索教科书"科学化"编制的规律①。

(二) 引进西方教材模式阶段

因中苏两国意见存在分歧,毛泽东在《论十大关系》中提出"不能盲目地学,不能一切照抄、机械搬运"之后,自 1957 年起,我国开始从资本主义国家引进教材。以外语教材为例,在 1963 年教育部颁发《中小学全日制十二年制新教学计划》和《全日制英语(俄语)教学大纲(草案)》后,人民教育出版社外语编辑室的英语组和俄语组依据大纲,研究比较了英国、美国、日本和苏联的外语教材,编写了十二年制学校的初中英语和俄语教材,并从 1963 年秋季起在全国普遍使用②。1977 年 7 月,邓小平在与教育部负责人谈话时提出,要进口一批外国自然科学教材,并组织一个很强的班子编写大中小学教材,要抓一批重点大中小学校建设。同年 8 月,邓小平专门指示财政部拨出 10 万美元专款,用于购买美、日、英、法、西德、苏联等发达国家的大中小学教科书,以了解发达国家中小学课程改革及教科书编写的最新进展,借鉴国外中小学教科书的编写经验。这批外国教科书先是作为内部资料使用,如日本小平邦彦等编写的《新算数》、美国中学数学课程改

---

① 吴小鸥,石鸥.新中国第一套统编教科书——1955 年人民教育出版社编撰出版的教科书研究 [J].课程·教材·教法,2010 (10):9 – 14.

② 刘道义.人教社外语教材的发展历程 [J].课程·教材·教法,2021,41 (2):11 – 18.

革研究组编写的《统一的现代数学》等,后陆续翻译出版①。

二、提供教育服务,接收外籍人员子女入读

1956年,为外交部职工子弟开办的北京芳草地小学,接收了柬埔寨西哈努克亲王的一个儿子入读,从此芳草地小学开始接收外籍学生入学,成为中华人民共和国成立后最早开展涉外教育的学校。20世纪70年代,中华人民共和国恢复在联合国的合法席位,与我国建立正式外交关系的国家迅速增多。为解决各国驻京外交官员子女的就学问题,在周恩来总理的指示下,北京市第一幼儿园从1972年起开始接收外国驻华使馆子女入托,成为北京市学前教育对外展示的一个重要窗口。芳草地小学在外交部、中共北京市委、北京市人民政府的高度重视和直接领导下,于1973年3月设立外国班,开始成规模地接收外籍学生入学,担负起为在京外交官子女提供基础教育的任务,成为一所国际小学②。北京市第五十五中学也于1975年开始招收外国驻华使馆官员和商社人员的子女入学,成为北京市第一所招收外籍学生的公立中学。

接收外籍学生随班就读在中国教育史上是一个创新之举。当时学校的大多数教师不懂外语,师资力量严重不足,也缺乏懂外事工作的干部;同时,外国学生听不懂汉语,更不会说汉语,师生难以交流。因此,这些学校基本采取"以我为主"的原则,实施"入乡随俗"的办法,让外籍学生与本土学生同用中国语言、中国教材,开始了早期国际教育的摸索。兼有国际学生和本土学生的国际化教育在这些学校中开始成型。接收驻华外交官子女入学体现了基础教育国际化服务的特征,也表明中华人民共和国成立以来基础教育开始迈出国际化发展的步伐。

三、改进外语教学,增强外事队伍

1956年初,在"向科学进军"的号召下,中央提出"我们必须为发展

---

① 吴小鸥. 复兴之路:百年中国教科书与社会变革 [M]. 北京:中国社会科学出版社,2015.

② 北京市中小学名校长工作室(第二期)第一工作室校长. 教育国际化:学校发展新探索 [M]. 北京:中国人民大学出版社,2013.

科学研究准备一切必要的条件……必须扩大外国语的教学，并且扩大外国重要书籍的翻译工作"。根据这一精神，教育部于1956年7月10日发布了《关于中学外语学科的通知》，明确指出必须扩大和加强中学外国语的教学，以适应我国社会主义经济建设和文化建设的需要；各厅、局除注意改进俄语教学之外，还必须注意扩大和改进英语教学，凡英语师资条件较好的地区，1956年秋季起从高中一年级开始增设英语课，初中一年级从1957年秋季起开始恢复外国语科。中学设置各种外国语课程的比例，大体上按照1/3的学校教俄语、2/3的学校教英语及其他外国语的比例配置。1958年起，全国高考恢复了外语考试，但考试成绩不作为正式分数，只作为录取时的参考。从1962年起，高考外语的成绩作为正式分数被纳入考核体系。20世纪60年代初期我国部分大中城市在个别基础较好的小学也开设了外语课程[①]。

1964年初，国务院外事办公室和高教部党组向中央递交《关于解决当前外语干部严重不足问题的应急措施的报告》。为从根本上扭转外语干部供不应求的被动局面，1964年11月，中共中央、国务院做出"关于外语教育七年规划两个文件的批示"。该批示指出：一方面，当前国际国内的形势都很好，我国和我党在国际上的威望日益增高，在世界革命运动中和国际事务中所起的作用越来越大，所承担的国际主义义务也越来越重。为了把世界革命运动继续向前推进，我们必须利用国际国内的大好形势，积极主动、广泛深入地开展各方面的对外工作，这就要求迅速培养出大批外语干部来增强外事队伍。另一方面，我国目前科学技术水平还比较低，离世界先进水平还有一定距离。为了迎头赶上，也需要迅速培养出大批既有专业知识又懂得外语的干部，以便吸收世界各国先进科学技术的成果和经验，为加速我国社会主义现代化建设服务。基于上述两方面的考虑，千方百计地实现《外语教育七年规划纲要》，培养出一支外语干部队伍是一项具有战略意义的任务，必须引起全党重视，并且保证切实完成[②]。

《外语教育七年规划纲要》（下称《纲要》）由国务院外事办公室、国务院文教办公室、国家计划委员会、高等教育部、教育部和外交部等部门组成

---

① 谢倩. 外语教育政策的国际比较研究 [D]. 上海：华东师范大学，2011.
② 中共中央、国务院关于外语教育七年规划两个文件的批示 [EB/OL]. (2007-06-13) [2021-06-26]. http：//www.ce.cn/xwzx/gnsz/szyw/200706/13/t20070613_11731293.shtml.

的外语教育规划小组编制,第一次比较系统地提出了我国外语教育规划的方针、事业发展指标和主要措施。《纲要》提出了发展外语教育的两个目标,一是要发展外国语学校(即从小学三年级开始开设外语课的十年制外语学校)和高等外语院系,以培养一支专业外语干部队伍;二是要大力发展和提高普通中学和高等学校的外语教育水平,以培养一支人数众多的既掌握某一方面文化科学知识,又具备一定外语水平的干部队伍。关于外语学习的语种,《纲要》提出,在学校教育中要确定英语为第一外语,大力调整高等学校和中等学校开设外语课的语种比例,即英语学习人数要大量增加,法语、西班牙语、阿拉伯语、日语和德语的学习人数要适当增加,其他非通用语种的学习人数也要占一定比例。此外,《纲要》提出了发展外语教育的具体措施,如新建和扩建一批高等外语院校,培植外事翻译培养基地,聘请外籍教师,招收符合出国政治条件的学生,以及大力改革外语教学,等等。

《纲要》受"文革"影响未能很好地实施和完成,但1972年中美建交后,全国各地掀起了一股小学开设外语课的热潮,不但开设英语课,有些学校还开设了日、俄、法、德、阿等国的其他语种,反映了外语教育政策与规划服务于国家国民经济与社会发展需要的社会现象,一定程度上促进了学生、师资和外语课程的对外交流。

四、创建外国语中小学校,为培养高级外语人才打下基础

20世纪60年代初,在中苏交恶、中国与西方国家以及亚非拉第三世界国家建立了更多外交经贸关系的大背景下,中国亟需大量外语外交人才,周恩来总理和陈毅外长决定创办一批外国语学校。1963年7月,教育部发布《关于开办外国语学校的通知》(下称《通知》),指出我国国际交往日益扩大和社会主义建设各项事业迅速发展,迫切需要培养一批高级外语人才。培养高级外国语人才的途径,一是要努力办好现有外国语院系,大力加强普通中学的外国语教学;二是在师资条件具备的情况下,有计划、有步骤地在全日制小学高年级开设外语课;三是有计划、有重点地开办一些从小学三年级开始教授外语的外国语学校[①]。《通知》要求,外国语学校采用与普通中

---

① 张治国. 新中国成立初期外语教育政策研究及其启示 [J]. 外语界, 2017 (2): 53-60, 66.

小学校相同的学制,即小学六年,初中和高中各三年,从1963年秋季起在上海、南京、长春、广州、重庆、西安六个城市各新建一所外国语学校,1964年或1965年秋季在上海和武汉再各增建一所外国语学校,加上原有的北京市外国语学院附属外国语学校和北京市外国语学校,使全国外国语学校总数达到10所。《通知》还对外国语学校的培养目标、学制和课程、外国语课的教学要求、语种设置、学校规模、招生、学生的升学和转学、与高等学校的衔接、教材、领导干部和教师、生活管理、经费、领导关系等做出了具体规定。此后,各地纷纷按此通知要求建设外国语学校。到1966年,教育部在全国共建设了11所外国语学校(表2-1),为高校外语专业提供了高质量、稳定的生源,为外语院系培养高水平外语人才夯实了基础[①]。

表2-1 20世纪60年代我国创建的外国语学校名单

成立时间	学校数量	学校名称
1959年	1所	北京市外国语学院附属外国语学校
1960年	1所	原北京市外国语学校(非现同名学校,经多次变革现已与其他学校合并为首都师范大学外国语学院)
1963年	6所	长春外国语学校、西安外国语学校(西安外国语大学附属西安外国语学校)、南京外国语学校、上海外国语学校(上海外国语大学附属外国语学校)、重庆外国语学校(四川外国语大学附属外国语学校)、广州外国语学校
1964年	3所	天津外国语学校(天津外国语大学附属外国语学校)、武汉外国语学校、杭州外国语学校

注:此表根据各外国语学校成立时间整理。

这批外国语学校为我国开展对外交流储备了人才,同时也是我国基础教育走向国际化的序曲。如北京外国语学院附属中学(原北京市外国语学院附属外国语学校)成立于1959年,学校开设英语、俄语、西班牙语、法语、德语5个语种的教学,第一批学生从北京全市初中毕业生中挑选,共有251名高一新生入学,其中有126名学生高中毕业后直接升入北京外国语学院本科学习。1963年,按照文件要求,该校增设初中部和小学部,并更名为

---

① 束定芳. 中国外语战略研究 [M]. 上海: 上海外语教育出版社, 2012.

"北京外国语学院附属外国语学校",直至1988年学校停办①,完成了历史性任务。

1972年美国总统尼克松应邀访华时,中美两国领导人就两国关系正常化及双方关心的问题进行了广泛讨论,同意扩大两国人民的了解,增进科学、技术、文化、体育方面的联系与交流。中美两国的正常建交,为中国教育发展翻开了新的篇章,客观上为我国教育领域加强与西方国家的联系,进而走向国际化创造了条件。与此同时,英语作为第一外语地位的确立、外国语中小学校培养的外语人才使基础教育走出国门、走向世界成为可能,为基础教育国际化奠定了初步的基础。

---

① 北京外国语大学附属外国语学校. 学校简介 [EB/OL]. [2021-06-26]. http://www.bwfx.com.cn/xxjj1/xxjj.htm.

第二节
基础教育国际化的探索阶段
（1978—2000年）

1978年，党的第十一届三中全会确立了党和国家的工作重点转移到社会主义现代化建设和实行改革开放上来的重大战略。在发展方向上，国家明确了毛泽东同志《论十大关系》中关于"为什么要向外国学习、向外国学习什么、怎么学"的论述，并以此来指导经济发展和社会发展，也为对外开放指明了发展方向。在经济上，国家采取了一系列新的重大措施和改革，在自力更生的基础上积极发展同世界各国平等互利的经济合作，努力采用世界先进技术和先进设备，大力加强实现现代化所必需的科学和教育工作的建设。这一阶段，教育管理体制实行简政放权，把发展基础教育的责任交给地方，并引入市场机制探索教育体制的改革。政治、经济、国际关系和教育改革共同促使教育国际交流与合作得以全方位拓展，我国教育对外开放在全面恢复的基础上积极探索，一方面是国家颁发了一系列政策来引导教育对外开放，另一方面是学校积极实践，如引进国外教材、聘请外籍教师、提供出国留学机会等，历经了"移植引进"到探索具有中国特色的教育发展之路，我国基础教育国际化形成了蓬勃向上的良好态势，也获得了长足发展。

一、基本建立教育对外开放政策体系

党的十一届三中全会以来，我国政治、经济和文化等各个领域广泛地与世界各国开展交流与合作。在政治方面，至1982年底，我国已与125个国

家建立了正式的外交关系，其中包括欧美的主要资本主义国家[①]；在经济方面，1982年全国进出口总额达到772亿元，比1981年增长5%，扣除价格与汇率变动因素，实际增长3.4%；在人文交流方面，该年全国共接待来自164个国家和地区的旅游、参观、探亲、访友以及从事贸易、体育、科学文化交流活动的人士共792.4万人，其中有外国友人76.4万人，华侨、港澳同胞716万人[②]。随着我国对外交流战略地位的逐步确立，教育对外交流的政策陆续出台，虽然多数政策针对的是高等教育，但如出国留学、接收外国留学生、聘请外国专家、对外汉语教学、民间对外教育交流等工作领域的经验也被基础教育领域借鉴和参考。

1983年9月7日，"文革"后的北京景山学校逐步恢复教学工作，进入了开创社会主义现代化建设新局面的时期，并请邓小平同志为学校题词指明教改方向。同年9月9日，邓小平同志为景山学校题词："教育要面向现代化，面向世界，面向未来。""三个面向"被写进中共中央于1985年5月27日颁布的《中共中央关于教育体制改革的决定》[③]，成为教育改革开放的重要里程碑，标志着教育对外开放进入了新的战略高度。从当时中国社会发展面临的社会形势和政策语境来看，"面向世界"不仅是指教育战略上要有开放的意识，要能够从国际社会政治、经济、科技、文化变革的大格局、大趋势来审视教育改革与发展，使我国教育能自立于世界教育之林，让我国的人才能够凭借其整体的优良素质主动参与日益激烈的国际竞争，也是指教育工作要有国际视野，注重博采众长，了解和吸收世界先进的科学技术，努力学习、吸收和借鉴世界各国教育改革、发展和管理的成功经验，努力创立具有中国特色的社会主义教育理论和教育实践[④]。"三个面向"针对基础教育阶段

[①] 于富增，江波，朱小玉. 教育合作交流史 [M]. 海南：海南出版社，2001：124.
[②] 中华人民共和国国家统计局关于一九八二年国民经济和社会发展计划执行结果的公报 [EB/OL]. (2002 - 01 - 11) [2021 - 06 - 25]. http://www.stats.gov.cn/tjsj/tjgb/ndtjgb/qgndtjgb/200203/t20020331_29995.html.
[③] 中华人民共和国教育部. 中共中央关于教育体制改革的决定 [EB/OL]. (1985 - 05 - 27) [2021 - 06 - 25]. http://www.moe.gov.cn/jyb_sjzl/moe_177/tnull_2482.html.
[④] 石中英. "三个面向"与中国教育改革 [J]. 中国教育学刊，2013 (10)：2.

学校提出，重塑了基础教育的发展目标与发展方向，反映了教育要从基础抓起，要从小培养学生的国际意识和国际视野，从而为未来参与国际事务、参与国际规则制定和竞争打下基础。

1993年2月13日，中共中央、国务院印发《中国教育改革和发展纲要》，在教育事业发展的目标、战略和指导方针中指出，要进一步扩大教育对外开放，加强国际教育交流与合作①。这一文件指导着20世纪90年代至21世纪初教育的改革和发展。次年，实施意见中进一步提出了加强国际教育交流与合作的具体举措②：一是积极开拓对外交流渠道，争取与我国发展教育相关的资助与合作项目，支持和发展学校及科研机构的国际学术交流与合作，加强与国外学校或专家联合培养人才和联合开展科学研究，大胆吸收和借鉴世界各国发展和管理教育的成功经验。二是继续扩大派遣自费留学生，对公费派遣留学人员要优先考虑国家的重点学科、重点建设项目人才培养的需要，切实改进选拔和管理工作；对留学人员继续实行"支持留学，鼓励回国，来去自由"的政策，鼓励他们学成回国或采取多种形式为祖国服务。三是改革来华留学生的招生和管理办法，建立国家留学基金管理委员会，使来华与出国留学生的招生、选拔和管理工作走上法治化轨道。四是欢迎港澳台同胞、海外侨胞与外国友好机构和人士按照我国法律和教育法规，来华捐资办学或合作办学。此外，还大力加强对外汉语教学等工作。

教育对外开放也被写入国家法律。1995年3月18日，中华人民共和国主席令第四十五号公布《中华人民共和国教育法》，其中第八章用专门章节（第六十七条至第七十条）明确了教育对外交流与合作的原则和有关规定：①国家鼓励开展教育对外交流与合作。②教育对外交流与合作坚持独立自主、平等互利、相互尊重的原则，不得违反中国法律，不得损害国家主权、安全和社会公共利益。③中国境内公民出国留学、研究、进行学术交流或者

---

① 中华人民共和国教育部. 中国教育改革和发展纲要［EB/OL］.（1993-02-13）［2021-06-25］. http://www.moe.gov.cn/jyb_sjzl/moe_177/tnull_2484.html.

② 中华人民共和国教育部. 国务院关于《中国教育改革和发展纲要》的实施意见［EB/OL］.（1994-07-03）［2021-06-25］. http://www.moe.gov.cn/jyb_sjzl/moe_177/tnull_2483.html.

任教,依照国家有关规定办理。④中国境外个人符合国家规定的条件并办理有关手续后,可以进入中国境内学校及其他教育机构学习、研究、进行学术交流或者任教,其合法权益受国家保护。⑤中国对境外教育机构颁发的学位证书、学历证书及其他学业证书的认证,依照中华人民共和国缔结或者加入的国际条约办理,或者按照国家有关规定办理①。《中华人民共和国教育法》从法律层面明确了对外开放的教育政策。至此,我国基本建立了一整套相对完整的教育对外开放政策②。

二、普及外语教育,提高国民外语水平

改革开放初期,外语教育领域面临一无大纲、二无计划、三无教材的"三无"局面。为扭转这种局面,国家召开了三次外语教育工作会议,开展了一项重大调研,编制了四份教学大纲,推动中外合编教材工作。一系列改革提升了外语学科在我国教育中的地位,更加明确了外语学科改革的方向与路径,有力提升了当时外语人才培养的质量,加快推进了教育改革开放的进程。

我国的外语教育规划逐步从以政治导向为主转向服务于社会经济发展大局,"经世致用"成为新的规划范式。在这一范式下,中国开始全面普及外语教育并逐步提高国民外语水平,外语人才培养的规模与质量不断提高,我国迅速发展成为一个外语教育大国。外语教育规划有力推动着国家开放、社会进步和教育改革的不断前行③。

(一) 三次外语教育工作会议及时反思改进外语教育质量④

1. 全国外语教育座谈会

1978年8月28日至9月10日,教育部在北京召开了全国外语教育座谈会。出席会议的代表共有235人,分别来自62个高等外语院系和高等学校

---

① 中华人民共和国教育部. 中华人民共和国教育法 [EB/OL]. (2005-05-25) [2021-06-25]. http://www.gov.cn/banshi/2005-05/25/content_918.htm.

② 黄忠敬. 基础教育发展的中国之路 [M]. 上海:华东师范大学出版社,2016.

③ 沈骑. 新中国外语教育规划70年——范式变迁与战略转型 [J]. 新疆师范大学学报(哲学社会科学版),2019,40 (5):68-77.

④ 付克. 中国外语教育史 [M]. 上海:外语教育出版社,1988.

公共外语教研室、11 所外国语学校、10 所重点中小学校，以及各省市教育行政部门和中央各有关部委。代表们认真学习毛泽东主席和周恩来总理关于学习外语的重要指示以及邓小平同志关于教育工作的一系列重要指示，深入总结了中华人民共和国成立以来举办外语教育正反两方面的经验教训；讨论了加强外语教育、提高外语教育水平，为早日实现"四个现代化"培养各领域外语人才的办法和措施，还就外语师资队伍建议、教材编写、电化教学、科学研究等方面的规划进行了初步讨论，提出了《加强外语教育的几点意见》。该意见由教育部于 1979 年 3 月 29 日印发，明确指出了加强外语教育的迫切性，即加强外语教育有利于我国实现四个现代化，有利于加强我国与世界各国人民的友好往来，有利于建立国际反霸统一战线，有利于培养大批又红又专的外语人才；高水平外语教育也是提高整个中华民族科学文化水平的重要组成部分，是一个先进国家、先进民族所必须具备的条件之一。该意见还呼吁，"战斗在外语教学工作岗位上的教师和干部要充分看到当前的紧迫形势，努力在三五年内改变外语教育的落后面貌，为把我国建设成为社会主义现代化强国做出贡献"[①]。这次会议明确了外语教育的重要性，自此之后，外语教育以史无前例的速度向纵深发展。

2. 全国中学外语教育工作会

1982 年，教育部召开全国中学外语教育工作会议。会议提出，应着眼于战略眼光和长远打算来设置外语语种课程：一是全国范围内应以英语为主，俄语占一定比例，有合格师资条件的学校可以再适当开设日语语种课程；二是各地语种课程的设置应由省、市、自治区教育厅统一安排，一经确定不宜轻易更改；三是开设俄语和日语课程的学校和班级应配备较强的师资，做好初中与高中的衔接；四是贯彻让高等院校和其他部门教师到中学、师范学校和教师进修学校担任教师工作的措施，坚决制止外语骨干教师的外流，力争稳定基础教育阶段外语师资的队伍。这次会议还促进了中学日语课程的开设。会后，人民教育出版社在全国考察和调研的基础上，草拟了《中学日语教学纲

---

① 张同冰，丁俊华. 新中国外语教育的发展过程 [EB/OL]. (2007 - 05 - 30) [2021 - 07 - 14]. https://wyxy.scun.edu.cn/info/1021/1542.htm.

要（征求意见稿）》，并编制出版了第一套全国通用的中学日语教材①。

3. 全国中学外语教育改革会

1986年10月，教育部在大连召开全国中学外语教育改革会议，提出了《关于改革和加强中学外语教学的几点意见》，就加强外语教学科研、改进外语教学方法提出了三项要求：一是要"立足当前，着眼未来；区分层次，分类指导；讲求实效，保证质量"，分期分批地提高中学外语教学水平；二是强调外语教学要学以致用，明确学生听说读写的能力运用是检验教学质量的重要标准；三是允许发达地区根据自身的特点单独编制符合当地学生实际需要的外语课程和教材等。这些措施建议极大地促进了具有我国特色的外语教育实践的发展。依据"上不封顶，下要保底"的原则，教学大纲设定了初中和高中的分级要求；教材不但有以小学和初中为起点的，还设有从高中起始的；课程设置了多级要求和必修课、选修课要求。如上海市充分发挥沿海发达地区优势，单独编制课程和教材，创建外语学校，起到外语教学的龙头作用。此外，具有外语特色的学校和民办培训学校如雨后春笋般出现，其中不少学校成为培养杰出外语人才的摇篮。

（二）一项重大调研明确了外语教育的问题及方向②

1985—1986年，为科学研制外语课程大纲，国家教委高教一司与中学教育司联合组织开展了15个省、市、自治区的全国中学英语教学调查。调查涉及105所重点中学、35所普通中学的5.8万名学生和1000多名教师。调查结果表明，中学英语教学水平逐年有所提高，但学生的应用能力较差，英语总体水平还是偏低。这次调查获得的大量数据和信息为九年义务教育初中英语教学大纲的研制提供了科学的依据，确立了交际语言教学的目的，促进了英语教学方法、教学手段、师资培训、测试和评价、科学研究等一系列内容的改革，从而也促进了教育的对外交流。

（三）四份外语教学大纲指引外语的教学实践③

1981年，教育部将教育的十年学制恢复为"六三三"的十二年学制。

---

① 刘道义. 人教社外语教材的发展历程［J］. 课程·教材·教法，2021（2）：11-18.
②③ 刘道义，郑旺全. 改革开放40年中国基础英语教育发展报告［J］. 课程·教材·教法，2018（12）：12-20.

由于初中英语教师奇缺且小学英语教学质量低下,教育部动员全国小学外语课程下马,个别有条件开设英语的城市小学英语课程仅保留在五六年级开设,以便集中师资加强中学外语教学。同年,人教社依据教育部发布的《全日制六年制重点中学教学计划试行草案》,草拟了《全日制六年制重点中学英语教学大纲(征求意见稿)》,要求学生从初中一年级起开始学习英语,学生中学六年学习的词汇量需达到2700~3000个。原本应在重点学校实施的大纲和教材拟在全国学校中实施,被认为"深、难、重",引起了教学一线人员的强烈反对,故而最终没有被正式颁布。

1986年,教育部组织力量修订形成了《全日制中学英语教学大纲》。大纲框架结构与1978年和1980年(十年制)的大纲基本相同,但没有涉及小学部分,而是增加了全日制中学高中一年级起英语课的教学目的、要求和安排,附上中学阶段要求掌握的2000个词汇。该教学大纲明确提出外语教学要"遵循语言教学规律,寓思想教育于语言教学之中;精讲语言基础知识,着重培养学生运用语言进行交际的能力;综合训练,阶段侧重;教学尽量使用英语,适当使用母语;发挥教师的主导作用,调动学生的积极性"等教学原则,目的和要求更加符合实际,极具改革的思想。

1990年,鉴于普通高中学生学科内容偏多、教学要求偏高,造成学生课业负担过重,教育部要求减少英语学科课时。《全日制中学英语教学大纲(修订版)》降低了教学要求,规定初一开始学英语的学生应在高二(必修)结束时学会1800个词,高三(选修)结束时学会2000个词;高一开始学英语的学生应在三年内学会1800个词。依据此大纲培养出来的高中生进入高等院校时具备了一定的英语基础,从而结束了大学英语要从英文26个字母学起的状况。

1993年,为解决初高中教学衔接问题,教育部编制了《高中英语单科教学大纲(初审稿)》,与义务教育初中教学大纲相衔接,保证了中学英语课程改革得以完整顺利地进行。这份中学英语教学大纲,提出英语教育的目标是提高中华民族的思想道德素质、文化科学素质和身体心理素质;英语教学的要求是培养学生运用语言进行交际的能力,而不是教授有关英语的知识;英语教育的任务是以"下要保底,上不封顶"的方式开设必修、选修课程,培养在不同程度上通晓或掌握一些外国语的各领域人才。

(四) 中外合编外语教材,培养语言运用能力①

邓小平同志非常重视各级学校教材的编写,认为"教材非从中小学抓起不可,教书非教最先进的内容不可,当然也不能脱离我国的实际情况"。教育部除了组织人教社的编写人员外,还从全国各地借调了200多位教师和干部负责各学科教材的编写。1978年秋季,全国中小学开始使用新编教材。人教社和课程教材研究所外语室为提高外语教学质量,改革外语(主要是英语)教材和教法,创新性地推进中外合作教材的编写工作。

1987年,由联合国计划开发署资助,人教社与英国朗文出版公司合作编写了初中英语教材,这套教材成为我国首套与外国合作编写的中学英语教材。该套教材坚持以我为主、洋为中用、中外互补的编写原则,首次引入了交际教学思想,对我国外语教学起到很大的推动作用。教材从理论和实践两个方面较好地处理了语言结构、语言功能以及语言技能培养之间的关系,让学生的语言运用能力,特别是听、说能力明显提高,改变了过去"聋哑英语"的局面。教材内容适合青少年的心理和生理发展特征,以情景故事的形式来编排教学内容,切合学生的生活实际,易于学生理解和记忆,激发了学生学习英语的兴趣。

从1992年开始,人教社和英国朗文出版公司又合作编写了高中英语教材全套五册书。该套教材首次采用话题、结构和功能相结合的编排模式,综合训练听、说、读、写技能,重视学生语言运用能力、思想情感的培养和文化素养的提高,体现了素质教育的思想。

1991—1995年,人教社和新加坡泛太平洋出版有限公司合作,编写了《小学英语教科书》(Primary English for China)共四册,供小学五、六年级使用。该套教材特别重视语音教学,侧重培养学生良好的语音习惯和语言能力,发展学生的自主学习能力。语言知识的安排循序渐进,与技能训练相互结合,同时教材的"教案式"设计有利于教师的课堂教学,版式设计新颖活

---

① 张献臣. 中小学英语教材编写60年回望[N]. 中华读书报,2010-10-27(08).

泼，全彩色印刷，受到了师生的广泛好评。

三、重点建设外国语学校，引领发展

改革开放后外国语学校迎来了新的发展契机，教育部多次指示办好外国语学校。

1979年，教育部发布的《关于办好外国语学校的几点意见》指出，我国各条战线都迫切需要外语人才，尤其是外语水平较高的翻译、研究人员、教师和工程技术人员。培养高级外国语人才是实现四个现代化和开展国际交往活动的一项刻不容缓的战略任务，因此有必要整顿、恢复和办好现有的外国语学校，并逐步发展一批新的外国语学校[1]。

1982年，教育部再次发布《关于办好外国语学校若干问题的通知》，希望尚未被列入重点行列的外国语学校能尽快正式列为省、市首批办好的重点中学。外国语学校在招生时应进行严格的挑选，包括面向全市进行单独考试、增加口试等环节。

1997年，教育部在《全国中学外语教学座谈会纪要》中指出，办好一批外国语学校，作为中学外语教学的龙头，有利于中学外语教学总体水平的提高，也有利于为培养外语高级人才打好坚实的基础。外国语学校须具备一定的条件，各地教育行政部门对所辖地区的外国语学校要进行必要的评估认定，一般学校不宜随意定名为外国语学校。

总体来说，外国语学校的办学具有以下特征：一是成立之初就采用"多语种、高质量、一条龙"的培养模式，即从小学开设英语课程，另开设第二外语、第三外语课程，从小学到大学至研究生阶段，实行"一条龙"培养模式；二是外国语学校立足本国、面向世界，培养具有国际视野的高素质外语人才；三是实施多元化课程，将国家课程与校本课程结合，必修课程与选修课程结合，既有国际班，也有国学班，如经典文学班、翰墨班、国画班等；四是在保证课堂教学的基础上开展丰富多彩的课外活动，如模拟联合国培训

---

[1] 袁桂林. 中国教育改革开放40年（高中教育卷）[M]. 北京：北京师范大学出版社，2019.

营、夏令营、双语节、辩论会、戏剧表演、志愿者活动等；五是营造良好的语言学习环境，举办大量中外交流活动，建立姊妹学校定期与国外学校开展师生交流，从丰富的国内外教学资源中选编合适的教材，吸收高水平的国内外师资和优越的外语教学技术，开办国际班吸引外国学生接受中国特色教育等。外国语学校建设为我国规范办学、高质量办学探索出了一条具有中国特色的高级外语人才培养途径。

改革开放以来的实践也证明，外国语学校带动了外语教学整体水平的提高，是培养外语人才的摇篮。从有关统计资料来看，1964年建立后延续至今的上海、长春、南京、重庆、武汉、天津、杭州等地的7所外国语学校，每所学校都为国家培养了万名以上的高水平外语人才。外国语学校的毕业生中，不少人已经成为国家外事、外交、外贸、教育等诸多领域的中坚力量。此外，全国各地还兴起了建设示范性的中小学校外语实验班、外语特色民办学校等突出外语教学的办学模式，也为国家补充了大量的外语教育资源和后备外语人才资源。

四、探索建设多样化的国际学校

中华人民共和国扩大外交后，为满足驻华使领馆人员子女的就读需求，一批外籍人员子女学校纷纷设立起来。1980年，美国、英国、澳大利亚、加拿大和新西兰等国大使馆共同开办了北京顺义国际学校。该校是中国第一所完全采用国外教学体系和管理体系的国际学校。建校之初，学校只接收使馆人员子女就读；至2002年，北京顺义国际学校经批准后，也开始接收除使馆人员子女以外的外籍人员子女。改革开放以来，随着驻中国外交人员数量的增多，外资企业与资本的流入，外籍人员也随之进入中国工作。为满足这些人员子女的教育需求，除开办更多外籍人员子女学校外，其他类型的国际学校也应运而生。例如1988年在深圳特区设立的蛇口国际学校，就是为了解决到蛇口工作的外籍人员子女的受教育问题而设立的。

至20世纪90年代，到中国投资的欧美企业进一步增多，外籍人员子女受教育的需求进一步扩大。1993年6月30日，国家教育委员会发布《关于境外机构和个人来华合作办学问题的通知》，对合作办学的原则、审批、资格等提出了具体要求。这是第一个较为全面规范合作办学的政策性文件。1995年4月5日，国家教育委员会发布《关于开办外籍人员子女学校的暂行管理办法》，明确在中国境内合法设立的外国机构、外资企业、国际组织的驻华机构和合法居留的外国人，可以依照该办法申请开办外籍人员子女学校。该办法为给外籍人员子女在中国境内接受教育提供了方便，也完善与规范了对外籍人员子女学校的管理，同时鼓励并支持学校开设汉语和中国文化课程，以增进和加深学生对中国文化的了解，有助于促进我国的对外开放[①]。这一时期，一批外籍人员子女学校陆续开办。20世纪90年代，经教育部批准设立的外籍人员子女学校共有46所，分设在全国十省（直辖市）的16个城市。其中以1996年设立的数量最多，有16所，表明政策的出台为学校开办提供了明确指引，促进了规范管理与建设（表2-2）。相比20世纪70年代接收外籍人员子女的普通公立学校，这一时期开办的外籍人员子女学校在学校管理、课程设置、教材和教学计划等方面多沿用其本国学校特征，是相对独立的所在。部分学校的招生对象逐步扩大，不再局限于招收外国使领馆工作人员的子女，也接受居住在中国的外籍人员子女及港澳台人员子女入读。

表2-2 1990—2000年教育部批准设立的外籍人员子女学校名单[②]

序号	学校名称	批准时间
1	北京韩国幼儿园（1998年8月1日更名为北京韩国国际学校，2000年12月19日批准增设高中部）	1996年12月19日
2	北京大韩学校	1998年5月28日

[①] 中华人民共和国教育部. 中华人民共和国国家教育委员会关于开办外籍人员子女学校的暂行管理办法[EB/OL]. (1995-04-05)[2021-06-27]. http://www.moe.gov.cn/s78/A02/zfs_left/s5911/moe_621/tnull_4261.html.

[②] 中华人民共和国教育部. 教育部批准设立的外籍人员子女学校名单[EB/OL]. (2007-10-25)[2021-06-27]. http://www.moe.gov.cn/srcsite/A20/moe_862/200710/t20071025_78110.html.

续表

序号	学校名称	批准时间
3	北京蒙台梭利国际幼儿园	1996年6月11日
4	北京京西学校	1996年6月11日
5	北京BISS国际学校	1996年6月11日
6	北京协力国际学校	1996年5月7日
7	北京顺义国际学校	1997年12月29日
8	北京耀中国际学校（2007年3月16日批准增设高中部）	1996年6月11日
9	北京龙学国际学校	2000年2月24日
10	上海新加坡国际学校	1996年7月24日
11	上海长宁国际学校	1996年11月5日
12	上海泰宁国际幼儿园	1998年3月25日
13	上海虹桥幼儿园	1997年7月7日
14	上海法国学校	1996年3月29日
15	上海德国学校	1995年7月31日
16	上海美丘第一幼儿园	1996年4月8日
17	上海奥伊斯嘉日本语幼儿园	1996年4月8日
18	上海协和国际学校	1998年7月30日
19	上海恩吉尔幼儿园	1998年10月27日
20	上海韩国学校（2006年6月2日批准增设高中部）	1999年10月27日
21	（上海）幼儿天地国际幼儿园	2000年5月23日
22	上海东进日本人幼儿园	2000年2月4日
23	天津日本人补习学校（1999年10月19日更名为天津日本人学校）	1998年5月12日
24	天津MTI国际学校	1999年1月28日
25	天津爱华幼儿园	1999年11月15日
26	天津瑞金国际学校	2000年3月21日
27	天津韩国国际学校	2000年5月23日
28	广州奥伊斯嘉日本语幼儿园	1997年7月7日

续表

序号	学校名称	批准时间
29	广州恩慧学校	1996 年 4 月 15 日
30	广州美国人国际学校	1996 年 8 月 27 日
31	广州日本人学校	1995 年 6 月 13 日
32	广州裕达隆国际学校	1998 年 7 月 14 日
33	广东蛇口国际学校	1997 年 11 月 25 日
34	珠海科爱赛国际学校	2000 年 6 月 20 日
35	南京国际学校	1996 年 3 月 29 日
36	苏州新加坡国际学校	1996 年 6 月 5 日
37	无锡新区国际学校	1995 年 8 月 24 日
38	青岛 MTI 国际学校	1996 年 9 月 18 日
39	青岛国际学校	1998 年 9 月 3 日
40	济南国际学校	1999 年 9 月 9 日
41	延边外籍人员子女学校	1998 年 5 月 6 日
42	厦门国际学校	1997 年 8 月 1 日
43	岷厦国际学校	1998 年 7 月 21 日
44	福州国际学校	2000 年 10 月 20 日
45	西安国际学校	1999 年 4 月 19 日
46	大连日本人学校	2000 年 5 月 23 日

除外籍人员子女学校外，中国的国际学校还增加了新成员，包括公立学校国际部（班）、民办国际学校和中外合作办学的学校。例如，北京第五十五中学国际学生部、北京师范大学附属实验中学国际部、上海中学国际部、华东师范大学第二附属中学国际部、广东碧桂园学校、昆山经济技术开发区国际学校、北京京西学校、北京耀中国际学校、上海长宁国际学校等有影响的国际学校或公立学校国际部（班）都是在这个时期建立的。社会力量参与国际学校办学也逐渐成为趋势，民办学校中开始涌现出足以与外籍人员子女

学校、公立学校国际部（班）媲美的精品学校①。北京中加学校是1997年由北京师范大学附属实验中学和加拿大加皇国际教育集团（AKD International Inc.）国际集团合办的第一所中外合作普通高中教育的新型学校，这也是《中外合作办学暂行规定》出台后中国第一所中外合作办学的学校。这些国际学校较好地满足了在华外籍适龄儿童、青少年的教育需求和我国部分中小学生接受国际教育的需求。

五、规范中小学校接收外国学生随班就读管理

随着我国改革开放的深入发展，越来越多的外国人来华投资、就业或定居，许多外国人希望其子女在我国接受基础教育。为适应形势发展的需要，方便外国学生在我国中小学校就读，促进我国中小学的国际交流，同时规范中小学接受外国学生来华学习的管理，教育部与外交部和公安部磋商后，于1999年7月21日颁布《中小学接受外国学生管理暂行办法》。该办法明确中小学校经审批获得接受外国学生的资格后，可接受适龄外国学生入校学习，也可以接受以团组形式短期（六个月以内）来华学习的外国学生。申请接受外国学生资格的中小学校应具有较好的教学条件及较高的教学水平和管理水平。民办中小学校和中外合作举办的高中学校接受外国学生的资格申请应适当从严审批。获得接受外国学生资格的中小学校，应建立有关规章制度，并指定专人负责外国学生的学习、生活、安全及其他日常指导和管理工作。针对办法实施后存在的问题，教育部明确了有关事项，如对来华学习的外国中小学生应使用"外国学生"或"外籍学生"的称谓以便于分类管理；除安排必要的汉语补习外，一般不为外国学生单独编班。学校可按课程方案的要求组织其参加公益劳动等社会实践活动②。

办法的出台更好地保证了我国对外教育的质量，能够赢得更好的声誉。

---

① 鲁育宗. 国际学校在中国——培养具备全球竞争力的学生［M］. 北京：中国人民大学出版社，2018.
② 教育部基础教育司. 新编基础教育文件汇编［M］. 北京：北方交通大学出版社，2003.

外国中小学生来我国学习,表明我国教育对外影响不断扩大,体现了我国国际地位的提高。各省市先后也出台了相关的管理办法。如北京市教育委员会、北京市人民政府外事办公室、北京市公安局联合制定并印发了《北京市中小学接受外国学生管理工作的若干规定》,明确接受外国学生的学校必须是国家正式批准的具备接受外国学生条件的全日制中小学,并且原则上至少有 10 年的办学历史;学校接受外国学生的人数原则上不得超过在校生总数的 10%;从事教学的教师中具有高级技术职称的比例不应少于 30%,具有初级技术职称的比例不应高于 25%。申请接受外国学生的学校须经学校所在区、县教育主管部门向北京市教育委员会提交书面申请[①]。到 2000 年,北京市共有 19 所学校获得北京市教委批准,可接收在京常驻外籍人员子女入读,同时这些学校也可到境外招生。

六、加强与多边组织的教育合作

改革开放以来,我国以重视与多边智力组织的合作来促进基础教育事业的发展。以 1992 年为例,国家教委利用联合国开发计划署、联合国儿童基金会、联合国人口基金会的援助总额达 785 万美元,国内各级政府为合作项目提供配套投入约 4000 万元人民币。根据项目协议,国家教委组织各项目单位派出 20 个团组共 89 人次出国考察和参加方向性培训,22 人次出国进修;接待了 5 个代表团共 30 人次,来华专家 17 人次,招收长、短期外国留学生 36 人次[②]。

我国与国际组织合作开展的基础教育领域的项目包括以下四个方面。

一是与联合国开发计划署和联合国人口基金会合作,先后开展了初中英语教材编写项目、西南地区中学英语师资培训项目、中小学校长培训项目、中小学师资培训项目、中学现代化教学手段项目、高中英语教材项目、高中

---

① 北京市教育委员会. 关于印发北京市中小学接受外国学生管理工作若干规定的通知 [EB/OL]. (2007-09-02)[2021-07-17]. http://jw.beijing.gov.cn/xxgk/zxxxgk/201901/t20190124_1446387.html.

② 《中国教育年鉴》编辑部. 中国教育年鉴·1993 [M]. 北京:人民教育出版社,1994.

人口教育项目和初中人口教育项目等。各项目为期 1～3 年不等，资金援助对改善我国基础教育师资、教材等发挥了重要作用。

二是与联合国儿童基金会合作，先后开展了加强贫困地区小学教育项目、远距离电化教育项目、教材编写与印刷项目、教具研制与开发项目以及小学、幼儿园教育衔接研究项目等，之后又实施了促进贫困地区女童教育项目、家庭－社区－教育机构共同促进学前儿童发展项目和基础教育目标监测项目。为缩小贫困县男女儿童在入学率和辍学率上的差距，普及初等教育，合作双方采取了系列措施，如成立项目管理机构、开展宣传教育活动、培训乡村小学校长和女教师、增加投入改善办学设施、实施正规教育与非正规教育相结合的多形式办学和进行教材教法改革以适应女童需要、积极发展灵活多样的非正规学前教育等。

三是向世界银行贷款，先后实施了中学在职教师培训项目、教材建设项目和第二个贫困地区基础教育发展项目。到 1993 年底项目结束时，中学在职教师培训项目共派出 205 名教师出国进修学习，已回国 115 人，国内培训人数达 6454 人。教材建设项目于 1995 年执行完毕时，共完成各种国内培训每月约 19 970 人，聘请 23 位外国专家来华举办讲习班或研讨班，参加培训班的学员达 875 人，选派 6 个团组共 54 人出国访问和进修，还派出 10 个国外考察组[①]。

四是着力加强与联合国教科文组织的教育合作。为加强工作联系，中国联合国教科文组织全国委员会秘书处于 1979 年 2 月 19 日正式成立。中国与联合国教科文组织在教育领域的合作，重点放在基础教育、成人教育和扫盲教育、农村教育、高等教育和教育研究等领域。1986—1993 年，联合国教科文组织在甘肃实施了"提高小学教育质量联合革新计划"（JIP 计划），从 9 个地区的 100 所小学扩展到 1200 多所学校，涵盖 10 万多名小学生，成效明显，有重要的应用价值和学术价值[②]。我国还与联合国教科文组织国际教育局和教育规划研究所等合作，在我国举办了以"中小学科学教育课程改革"

[①②] 《中国教育年鉴》编辑部. 中国教育年鉴·1996 [M]. 北京：人民教育出版社，1997.

和"校长在学校管理中的作用"等为主题的国际研讨会,这些研讨会为中外教育工作者提供了良好的交流与学习机会。2000年,在教科文全委会的建议下,教科文组织驻京办事处利用预算外资金,在四川、河北、黑龙江的贫困地区和灾区修建了若干所教科文组织"希望学校"①。

七、稳步扩大师生国际交流

改革开放以后师生参与国际交流与合作日益频繁,除不定期互访之外,基础教育领域还主要依托国际友好学校、民间团体(学术)组织形成了比较稳定、持续的交流与合作。其中比较突出的民间团体是中国教育国际交流协会。该协会于1981年经国务院批准,于1984年正式成立,是中国教育界开展对外教育交流的全国性民间团体。除了承接教育部境外考察和出席国际会议团组和培训团组、接待来华讲学和研修团组、组织开展国际教育展、出版教育出版物等对外交流与合作相关工作外,该协会还承接相关师生国际交流项目。在其带动下,不少省份也成立了省级教育国际交流协会,致力于推进本省的教育对外开放工作。师生国际交流合作状况通过该协会组织的相关项目活动可见一斑②。

(一)中澳音乐教育实验项目

1994年,协会启动与澳大利亚音乐集团公司的合作,在北京及天津地区开展了小学音乐教学项目。第一批项目学校共有30所,由澳大利亚方面向项目学校无偿提供1500台高档次卡西欧电子琴,由协会配备琴桌和相关附属设备,项目学校使用澳方提供的音乐教材。到2000年,全国共有10个省市的近160所项目学校、近10万名小学生学习此实验课程。

(二)美国国际文化交流组织项目

1981年,美国国际文化交流组织与原国家教委外事局展开合作。次年,原国家教委外事局委托中国教育国际交流协会负责执行该项目(称为"AFS

---

①② 中华人民共和国教育部. 中国教育年鉴·2001——国际交流及与港、澳、台交流合作(中国教科文组织活动)[EB/OL]. (2001-06-01)[2021-07-04]. http://www.moe.gov.cn/jyb_sjzl/moe_364/moe_369/moe_389/tnull_4543.html.

项目")。项目合作内容主要如下：①中学教师年度交流项目。1982年以来，项目共派出近1000名中学教师赴亚洲、大洋洲、北美洲和欧洲国家参加为期一年的文化交流活动。回国教师继续从事英语教学工作，成为各单位的骨干力量。②高中学生年度派出项目。自1997年起第一次向国外派出年度学生；2000年共派出中学生55人，分赴12个国家学习；截至2005年，协会共向近30个国家派出约740名学生参加为期一年的文化交流活动。该项目通过"住家计划"使中国师生直接感受外国文化，学习先进的教学方式。他们成为中美和平友好使者，为加强中国与世界上其他国家的非官方交流发挥了积极的作用。

（三）暑期英语教师培训和"中华营"项目

这是该协会与美国英语学会（ELI）合作的一个英语师资培训项目。该项目利用暑期聘请北美教师对中国中小学英语教师进行英语培训。2000年，有138名北美教师来华进行暑期英语教师培训，近2000名中国英语教师参加了培训。另有10名中国教师首次接受美国英语学会奖学金赴美接受四周的教学法培训。此外，协会和美国英语学会还合作举办了中学生英语培训"中华营"项目。同年，有237名北美辅导员来华，在23所中学指导参加"中华营"活动的中学生。暑期英语教师培训和"中华营"项目对于促进民间国际教育交流，增进中美两国人民之间的友谊有特别的积极意义。

（四）中美中学教师交换项目

这是该协会与美国人文理事会（ACLS）的合作项目。项目每年选拔一批优秀中学教师赴美国公立学校担任中国文化课教师，并负责定期向所在社区介绍中国的情况。2000年，中方共有21名教师赴美国中小学任教，美方共有12名教师及2名教师配偶来华，在北京、南京等地的中学从事英语教学。此项目锻炼了一批中国中学骨干教师，并积极宣传了中国。

在常规项目之外，该协会还组织了其他形式的交流活动。以2000年为例，该协会与全日本家长教师联合会（PTA）共同组织了"少男少女友好之翼访华团"活动，共有130余名日本学生与中国中学生进行形式多样的交流活动。在首届"2000年中国教育国际论坛"中，协会组织召开了几次影响较大的国际会议，吸引了国内外代表4630人参会，扩大了我国教育的影响力。

第三节
基础教育国际化的全面快速发展阶段
(2001—2012 年)

"十五"期间,我国对外投资、承包工程、劳务合作等对外经济合作业务遍及世界 200 多个国家和地区,基本形成"亚洲为主,发展非洲,拓展欧美、拉美和南太"的多元化市场格局①。"十一五"期间,面对复杂多变的国内外形势,我国坚持扩大内需与稳定外需相结合,充分利用两个市场和两种资源,克服国际金融危机带来的巨大冲击,继续推进对外开放,积极参与全球化进程,对外贸易规模迅速扩大,吸收外资水平不断提高,对外经济合作步伐明显加快,开放环境日趋优化,对外开放再上新台阶②。经济对外开放水平的提升为教育对外开放提供了坚实的经济基础,同时,教育对外开放水平的提升也进一步促进了经济的对外开放。

2001 年 12 月,中国加入世界贸易组织。加入世界贸易组织让中国更紧密地融入了经济全球化浪潮,给我国改革发展带来了难得的机遇,也提出了严峻的挑战。为此,我国确立了这一阶段国家发展的总体战略思想,即适应经济全球化趋势的新发展和我国改革发展的新形势,进一步树立全球战略意识,积极参与国际经济技术合作和竞争,全面提高对外开放水平。教育领域为适应国家总体战略要求,政策方面表现为系统规划教育对外开放发展的格

---

① 中华人民共和国中央人民政府."十五"期间我国的对外开放水平得到全面提高[EB/OL].(2006-01-16)[2021-07-18].http://www.gov.cn/jrzg/2006-01/16/content_160101.htm.

② 中华人民共和国中央人民政府."十一五"发展成就报告二:对外开放再上新台阶[EB/OL].(2011-03-02)[2021-07-18].http://www.gov.cn/gzdt/2011-03/02/content_1814683.htm.

局，使教育国际化的目标、要求和内容更加清晰具体。实践方面，各地政府与学校结合实际情况积极探索，不断创新教育国际化新局面，主动参与国际教育活动，探索中国基础教育"走出去"之路。

一、教育对外开放的目的与要求更加明确

2000年2月22—23日，全国教育外事工作会议在北京召开，会议围绕教育外事工作所面临的国际国内形势、工作思路和任务等问题进行了研讨。会议认为，改革开放20多年来我国教育外事工作取得了七方面的显著成绩，即：与双边国家、国际组织间的教育交流日趋活跃；出国留学工作在不断改革中快速发展；留学回国工作不断完善，成果斐然；外国来华留学的人数近年来大幅度增长；对外汉语教学事业方兴未艾，健康发展；聘请外国文教专家工作取得进展；教育领域与国外的教育科技合作明显加强[1]。此次会议加强了对全国教育外事工作的统筹指导和宏观管理，明确了今后一个时期教育外事工作的指导思想、思路和任务。此后，教育部先后颁布了一系列政策并加以贯彻落实，基础教育国际化得以发展并得到加强。

2001年，教育部印发《全国教育事业第十个五年计划》，提出到2005年，全部高等学校、高中阶段学校和部分初中、小学均能联接国际互联网；高等教育要使派出留学人员和接收外国留学人员的规模稳步扩大；采取各种切实可行的优惠政策，吸引优秀海外人才回国从事科研、开发、科技成果转化，进行学术交流[2]，到2010年对外教育交流与合作更加广泛深入。

2004年2月，教育部发布《2003—2007年教育振兴行动计划》，将扩大教育对外开放、加强国际合作与交流作为国家教育战略的关键环节。行动计划第一次用专节（第十一节）进行阐释，对扩大教育对外开放提出了三方面要求：一是加强全方位、高层次的教育国际合作与交流。实行"政府与民间

---

[1] 《中国教育年鉴》编辑部. 中国教育年鉴·2001[M]. 北京：人民教育出版社，2001.
[2] 中华人民共和国教育部. 全国教育事业第十个五年计划 [EB/OL]. (2002 - 06 - 06) [2021 - 06 - 25]. http://www.moe.gov.cn/jyb_sjzl/moe_177/tnull_2486.html.

并举、双边与多边并行、兼顾战略平衡、保证重点、注重实效"的方针，推进教育国际合作与交流向全方位、多领域、高层次发展。完善教育涉外政策法规和监管体制。进一步推动与境外高水平大学强强合作、强项合作；贯彻《中外合作办学条例》，积极引进境外优质教育资源，促进高等教育和职业教育方面的合作办学。继续加强与联合国教科文组织等国际组织的合作。二是深化留学工作制度改革，扩大国际高层次学生、学者的交流。针对出国留学，一方面要进一步改革国家公派出国留学工作制度，紧密配合国家高等教育发展和科技创新，加强与国际上高水平高等学校和科研机构的合作，多方筹集留学基金，加大高层次创新人才和学术带头人的选派工作力度；另一方面要加强留学预警机制建设，加强对自费出国留学工作的引导和服务。加大"春晖计划"的实施力度；实施中国教育品牌战略。针对来华留学生，要按照"扩大规模、提高层次、保证质量、规范管理"的原则扩大来华留学生的规模；要深化政府奖学金管理制度改革，完善外国留学生教学与生活管理制度。三是大力推广对外汉语教学，积极开拓国际教育服务市场。积极实施"汉语桥工程"，加强境外"孔子中文学院"建设，大力推进网络和多媒体汉语教学项目，丰富对外汉语教学资源，全面推广汉语水平考试（HSK），培训对外汉语教学教师，推动各国教育机构开设汉语课程。加强其他中国特色学科和优势学科的对外教学工作，鼓励有条件的教育机构赴境外办学①。这一计划明确了教育对外开放的"点线面"，即以推广对外汉语教学为突破点，以留学工作改革为主线，构建双向国际化的教育对外开放整体格局。

2007年5月，国务院批转教育部《国家教育事业发展"十一五"规划纲要》，提出"十一五"时期的主要任务之一是要加强教育国际合作与交流，提高教育对外开放水平。主要内容如下：一要坚持教育对外开放。完善中外教育工作磋商机制，构建双边、多边教育合作与交流平台；扩大对发展中国家的教育援助；推进与外国政府互认学历学位；健全教育涉外法规体系

---

① 中华人民共和国教育部. 2003—2007年教育振兴行动计划［EB/OL］.（2004-02-10）［2021-06-25］. http://www.moe.gov.cn/jyb_sjzl/moe_177/201003/t20100304_2488.html.

和质量保障机制；鼓励高校积极参与国际教育服务竞争。二要扩大留学规模。改革和完善国家公派出国留学选派和管理制度；加大重大科研攻关和重点学科建设方面的高层次人才选派力度；大力吸引海外优秀人才回国以多种形式为国服务；建立和完善来华留学教育工作的管理机制和模式，扩大来华留学教育规模和提高来华留学的层次。三要推动中外合作办学。加强管理与引导，办好若干具有示范作用的中外合作办学机构和办学项目；推动我国高校与世界知名大学和科研机构进行"强强合作"和"强项合作"。四要加强汉语国际推广和研究工作。完善汉语国际推广的统筹协调机构，加快建设汉语国际推广基地和网络平台；加快推进孔子学院建设，规范管理、提高教学质量；适应多样化的需求，加强汉语国际推广教材的开发和应用，做好汉语国际推广教师的培训和选拔工作，改进汉语水平考试及其管理模式①。对比振兴行动计划，该纲要更加强调了中国积极参与国际竞争的目标与思路，对教育对外开放质量提出了更高要求。

2010年7月，国家中长期教育改革和发展规划纲要工作小组办公室发布《国家中长期教育改革和发展规划纲要（2010—2020年）》，在战略目标中提出，要深化改革，提高教育开放水平，全面形成与社会主义市场经济体制和全面建设小康社会目标相适应的充满活力、富有效率、更加开放、有利于科学发展的教育体制机制，办出具有中国特色、世界水平的现代教育；各类人才服务国家、服务人民和参与国际竞争的能力要显著增强。同时在纲要第十六章"体制改革"部分，用专章提出扩大教育对外开放的具体要求：①开展多层次、宽领域的教育交流与合作，提高我国教育国际化水平；借鉴国际上先进的教育理念和教育经验，促进我国教育改革发展，提升我国教育的国际地位、影响力和竞争力；适应国家经济社会对外开放的要求，培养大批具有国际视野、通晓国际规则、能够参与国际事务和国际竞争的国际化人才。②引进优质教育资源。吸引境外知名学校、教育和科研机构以及企业，合作设立

---

① 中华人民共和国教育部. 国务院批转教育部国家教育事业发展"十一五"规划纲要的通知 [EB/OL]. (2007-05-18)[2021-06-25]. http://www.moe.gov.cn/jyb_xxgk/gk_gbgg/moe_0/moe_1443/moe_1581/tnull_25269.html.

教育教学、实训、研究机构或项目；鼓励各级各类学校开展多种形式的国际交流与合作，办好若干所示范性中外合作学校和一批中外合作办学项目。探索多种方式利用国外优质教育资源；吸引更多世界一流的专家学者来华从事教学、科研和管理工作，有计划地引进海外高端人才和学术团队；引进境外优秀教材，提高高等学校聘任外籍教师的比例。③提高交流合作水平。扩大政府间学历学位互认范围；与国外高水平大学合作建立教学科研合作平台，联合推进高水平基础研究和高技术研究；加强中小学、职业学校对外交流与合作；加强国际理解教育，推动跨文化交流，增进学生对不同国家、不同文化的认识和理解；推动我国高水平教育机构海外办学；支持国际汉语教育；加大教育国际援助力度；拓宽渠道和领域，建立高等学校毕业生海外志愿者服务机制；创新和完善公派出国留学机制，进一步扩大外国留学生规模；实施来华留学预备教育，增加高等学校外语授课的学科专业；加强与联合国教科文组织等国际组织的合作；积极参与和推动国际组织教育政策、规则、标准的研究和制定；搭建高层次国际教育交流合作与政策对话平台，加强在教育研究领域和教育创新实践活动中的国际交流与合作①。

比较这一时期的四个规划文本，可见教育对外开放的重要性日益凸显，从"十五"规划的举措到振兴行动计划的关键环节，再到"十一五"规划的主要任务，最后到中长期规划纲要的战略目标，教育对外开放的战略地位已毋庸置疑。教育对外开放的内容从高等教育领域拓展到基础教育领域，从单向国际化转向双向国际化，内容越来越丰富，形式越来越多样，表明我国教育对外开放更具广度和深度（表2-3）。特别对于基础教育领域来说，《国家中长期教育改革和发展规划纲要（2010—2020年）》第一次旗帜鲜明地提出了加强国际理解教育、推进跨文化交流的历史使命，为基础教育国际化发展指明了方向。

---

① 中华人民共和国教育部. 国家中长期教育改革和发展规划纲要（2010—2020年）[EB/OL]. （2011-10-29）[2021-07-25]. http://www.moe.gov.cn/srcsite/A01/s7048/201007/t20100729_171904.html.

表2-3 2000—2010年教育规划中关于教育对外开放的要求及内容

文件名称	颁发时间	表述所属部分	教育对外开放有关要求与内容
《全国教育事业第十个五年计划》	2001年	主要目标与举措	①到2010年对外教育交流与合作更加广泛深入；②全部高等学校、高中阶段学校和部分初中、小学均能联接国际互联网；高等教育要使派出留学人员和接收外国留学人员的规模稳步扩大；采取各种切实可行的优惠政策，吸引优秀海外人才回国从事科研、开发、科技成果转化，进行学术交流
《2003—2007年教育振兴行动计划》	2004年	重点任务部分	①加强全方位、高层次的教育国际合作与交流；②深化留学工作制度改革，扩大国际高层次学生、学者的交流；③大力推广对外汉语教学，积极开拓国际教育服务市场
《国家教育事业发展"十一五"规划纲要》	2007年	主要任务部分	①坚持教育对外开放：积极开展教育国际合作与交流，增强我国教育的国际竞争力；②扩大留学规模；③推动中外合作办学；④加强汉语国际推广工作
《国家中长期教育改革和发展规划纲要（2010—2020年）》	2010年	"体制改革"部分	①加强国际交流与合作；②引进优质教育资源；③提高交流合作水平：加强中小学、职业学校对外交流与合作；加强国际理解教育，推动跨文化交流，增进学生对不同国家、不同文化的认识和理解

二、中外合作办学蓬勃发展

中外合作办学属于公益性事业，是中国教育事业的组成部分，国家对中外合作办学实行扩大开放、规范办学、依法管理、促进发展的方针，申请设立实施中等学历教育和自学考试助学、文化补习、学前教育等的中外合作办学机构，由拟设立机构所在地的省、自治区、直辖市人民政府教育行政部门审批①。中外合作办学项目是指中国教育机构与外国教育机构以不设立教育机构的方式，在学科、专业、课程等方面合作开展的以中国公民为主要招生对象的教育教学活动②。

我国基础教育领域的中外合作办学活动，既有中外合作办学机构，也有中外合作办学项目，但以中外合作办学项目居多。最早的中外合作办学机构是大连枫叶国际学校。该校于 1995 年获得大连市教育委员会正式批复成立，是我国首个具有中外合作办学性质的民办普通高中学校。2000 年，南通市第三中学与澳大利亚格拉瓦特山州立中学合作举办高中课程教育项目，石家庄市第十七中学与加拿大哥伦比亚国际学院合作举办的高中英语课程教育项目通过审批，这两个项目成为我国最早的普通高中中外合作办学项目，同时开创了公立普通高中学校举办中外合作办学项目的先河③。基础教育的中外合作办学项目常常与国际课程相结合，即在学校通过开设国际课程的方式与国外教育机构开展中外合作办学。高中国际班（部）是目前高中阶段中外合作办学的主要形式之一。2000—2010 年，全国公立学校新增的国际班共有 90 多个。例如，浙江省共有 30 个高中国际课程班，其中 2000—2009 年开设 12 个，2010—2013 年新增 18 个，引入了五类国际课程体系④。北京市截至 2010 年 11 月，经北京市教委正式审批的中外办学项目有 12 个⑤。南京市 2002—2012 年共有高中国际班项目 18 个，主要包括中加班、剑桥 A-Level

---

① 中华人民共和国教育部. 中华人民共和国中外合作办学条例 [EB/OL]. (2008 - 04 - 16) [2021 - 07 - 25]. http://www.moe.gov.cn/jyb_xxgk/gk_gbgg/moe_0/moe_9/moe_35/tnull_96.html.

② 中华人民共和国教育部. 中华人民共和国中外合作办学条例实施办法 [EB/OL]. (2008 - 04 - 16) [2021 - 07 - 25]. http://www.moe.gov.cn/srcsite/A02/s5911/moe_621/200406/t20040602_180471.html.

③ 雷兰川. 高中阶段中外合作办学研究 [M]. 北京：科学出版社，2020.

④ 蒋敏红. 高中阶段中外合作办学状况的调查研究 [J]. 桂林师范高等专科学校学报，2018（3）：147 - 151.

⑤ 朱盈霖. 普通高中国际班课程设置学生满意度调查研究 [D]. 昆明：云南大学，2017.

班、国际文凭 IB 班和中美 AP 班四种类型[①]。

基础教育阶段中外合作办学项目在高中阶段进行,一是丰富了我国高中教育的内涵,使我国高中学校有机会吸纳先进的教育理念,不少学校初步形成了具有特色的办学理念。如北京市第五十五中学确立了"多元融合,根植中国文化;探究挑战,共育世界公民"的办学理念和培养"世界的中国人,中国的世界人"的育人目标,以及"构建多元文化和谐共生的可持续发展学校"的办学目标。二是探索建立了新的学校管理体制和办学模式。如北京中加学校主办双方联合成立董事会,董事会成员由双方主要领导组成。学校实行董事会领导下的校长负责制,由加拿大加皇国际教育集团董事长彭建华担任学校董事长,校长由中方主办单位北京师范大学附属实验中学选派,并担任学校法人及副董事长。学校另设有执行董事和执行校长具体负责学校的日常教育教学任务和行政工作[②]。三是初步建立具有国际特色的课程体系和教学模式。如大连枫叶国际学校开设加拿大不列颠哥伦比亚省教育部要求的高中课程,成绩合格者可同时获得两国高中毕业证书[③]。

三、国际课程促进基础教育国际化内涵发展

引进国际课程是 20 世纪 90 年代我国基础教育(主要是高中教育)国际化的重要举措,随着中外合作办学项目审批的规范,这一时期的国际课程类型逐渐稳定,并在学校以课程班的形式纳入招生计划,进行独立招生和培养。这标志着我国基础教育国际化发展开始触及课程与教学的内涵要素,在国际化发展道路上迈出了新的步伐。

国际课程的类型大致可归为以下六种:一是由国际组织开发的、具有完全意义的国际课程,如国际文凭组织开发的 IB 课程;二是国家级的国别课

---

① 龙琪,王瑞. 南京市普通高中国际班发展现状调查报告[J]. 上海教育科研,2013(5):31-34.
② 北京中加学校. 学校董事会[EB/OL]. [2022-3-16]. http://www.ccsc.com.cn/index.php/Index/listcontent/1/84/c.
③ 齐红深,魏正书. 枫叶为什么这样红——一所国际学校的解读[M]. 沈阳:辽宁出版社,2007.

程,如英国的 A-Level 与 IGCSE 国际课程、美国的 AP 课程和 GED 国际课程（普通高中同等学历）等;三是国外某个州开发的课程,如加拿大维多利亚州的 VCE 课程和不列颠省的 BC 课程;四是中外联合开发的国际课程,如 PGA 课程是由美国大学考试委员会与中国教育国际交流协会联合开发的中美高中国际课程;五是国外合作学校的课程;六是国外高中课程中的部分科目。从全国范围内来看,前四种国际课程类型被大多数省份和城市所采用。截至 2011 年 5 月,我国境内有 17 所学校开设了 IB 课程,有 35 所学校开设了 DSD 课程（德国语言证书课程）,有 30 多所学校开设了 A-Level 课程,16 所学校开设了 PGA 课程。此外,还有 180 所学校开设了 AP 课程,主要分布在浙江、广东、北京、江苏、上海等发达地区或城市[1]。

  我国国际课程开展的合作方式或途径主要有三种:一是通过教育中介机构引进,如上海交大附中通过迪邦（Dipont）教育机构引进 IBDP 课程,格致中学通过美国安生文教基金会引进 AP 课程,多数学校采用与教育中介机构合作的管理模式。二是通过地方教育行政部门引进,如南洋模范中学通过徐汇区教育局和加拿大 BC 省教育部签署协议引进 BC 省课程。三是通过具有官方背景的民办非学历教育机构引进,如 PGA 课程一般通过中国教育国际交流协会引进。

  国际课程这一载体,包含国外的教育教学理念、人才培养模式、课程、教材、教学方法和方式、教育管理制度、质量保障体系等综合教育资源,引进和实施国际课程的过程中要取其精华、去其糟粕。许多学校借鉴国外先进的教育理念,调动有关优质资源与学校的优质教育资源进行整合,实现了优势互补,创新了我国的人才培养模式,同时也提高了师资队伍素质和丰富了课程建设,最终促进了学校的能力建设和整体办学水平的提高。从总体来说,在普通高中设立国际课程既使得中国学生有机会接受到国际课程教育,又使得普通高中的授课模式以及课程设置逐渐走向国际化,促进了基础教育的国际化进程。

---

[1] 徐士强,高光. 普通高中面向境内学生开设国际课程的现状、问题与建议——以上海为例 [J]. 教育发展研究,2012 (6):11-15.

四、国际教育评估明确国际位置

"国际学生评估项目"(Programme for international students assessment, PISA)是1997年世界经济合作与发展组织(Organization for Economic Cooperation and Development, OECD, 以下简称"经合组织")开发的项目,主要针对15岁学生的阅读、数学、科学能力进行评价,考查义务教育末期学生运用所学知识解决真实生活情境问题和充分参与社会实践的能力,并由此分析学生成绩与教育背景、学校因素以及情感态度价值观之间的关系。经合组织在深入研究TIMSS测试、美国NEAP测试以及澳大利亚等国的教育测试的基础上,经过三年的准备,于2000年正式举行了第一次PISA测试,有32个国家的共25万名15岁的学生参加了第一次测试[1]。此后PISA每隔三年举行一次,参加的国家和地区不断增加:2003年有41个,2006年有58个,2009年增至65个,2012年有67个,2015年有72个,2018年达到81个[2]。

2006年10月,教育部考试中心将PISA引进我国,在天津市及北京市海淀区、朝阳区和山东省潍坊市开展了首次测试研究,对照其他参评国家,了解了我国15岁青少年的学业成就表现,发现了教育中存在的一些问题和有价值的结论。为使研究结果能更准确地反映我国基础教育的全貌,2009年教育部考试中心扩大了测试研究的范围,分别在我国东部、中部、西部地区,选取了天津市、河北省、吉林省、江苏省、浙江省、湖北省、海南省、四川省、云南省、宁夏回族自治区、北京市房山区等地参与PISA 2009测试研究。2012年,除湖北省以外,其他参与PISA 2009测试研究的省、市和地区继续参加测试[3]。上海市是中国大陆地区第一个参加PISA正式测评的地区,2009年有152所样本学校的5115名学生参加了测评。2010年12月初,测试结果公布,上海学生在阅读、数学、科学素养三方面均获得第一。这一结果引起

---

[1] 张民选,陆璟,占胜利,等.专业视野中的PISA [J].教育研究,2011(6):3-10.
[2] 许世红.中国四省市15岁学生PISA 2015基础素养研究报告 [M].广州:广东高等教育出版社,2018.
[3] 钟君.国际视角下教育质量评价的实践与探索——基于PISA的天津市义务教育进展评估 [M].天津:天津人民出版社,2014.

了国内外媒体和教育界的广泛关注，有赞叹，有反思，也有质疑。客观来说，上海的测试结果不能代替全国的成绩，但是上海学生PISA测试结果说明我国基础教育发展有突出优点，虽然质量不是特别好，但也不会太差，我们应该有这样的自信①。

综合来看，参与国际学生评估项目，能够使我们清楚了解我国基础教育在全球参照系中的位置，更能够了解处于义务教育末期的学生所达到的学业水平情况，进而分析我国教育政策的优劣并加以改进。这也是向世界展示我国基础教育的重要平台，体现了我国积极参与国际竞争的勇气。PISA项目引发了学者对我国教育系统多方面的思考与借鉴：一是学习了PISA项目的科学测试机制，如学生事先不做准备的命题模式或考查方式，这对于提高命题质量、缓解学生参加考试的心理压力、缓解过大的学习压力均有帮助。二是在参与PISA测试的过程中，可以促使我国教育评价人员加快学习、吸收先进的教育评价理念。三是促使教育政策研究更加科学合理。以往公共教育政策的出台，更多的是建立在对教育思辨性研究的基础上，而欠缺数据支撑。PISA测试促使我们针对某个教育问题开展大数据或大系统的研究，更加重视大样本的调研，为科学决策提供了有益的参考②。

五、汉语国际推广取得重大进展

为增进与世界各国人民之间的了解和友谊，促进国际经济、教育、科技和文化交流，中国政府高度重视对外汉语教学工作，将汉语国际推广作为我国公共外交战略的重要组成部分之一，并于1987年成立了由国务院11个部门组成的"国家对外汉语教学领导小组"。中国国家汉语国际推广领导小组办公室（简称"国家汉办"）负责该领导小组的日常事务，主要致力于为世界各国提供汉语言文化的教学资源和服务，最大限度地满足海外汉语学习者的需求。基础教育领域密切配合和支持国家开展对外汉语推广工作。

---

① 教育部新闻办公室，中国教育科学研究院. 对话教育热点·2011 [M]. 北京：教育科学出版社，2011.
② 王泠一. 2014年上海民生发展报告 [M]. 上海：上海社会科学院出版社，2014.

（一）开展多形式、多渠道、多层次的对外交流

国家侨办和中国海外交流协会联合举办的"中国寻根之旅"系列夏（冬）令营活动（1999年起）、"海外华裔青少年中华文化知识竞赛"（2008年起）、"主题征文活动"（2010年起）等提高了海外华裔青少年学习汉语和中华文化的兴趣，增进了他们对祖（籍）国的了解和认识，受到海外侨胞尤其是华裔青少年的热烈欢迎。"中华文化大乐园"（2011年起）依托海外华侨社团、机构、学校，向海外华裔青少年传授中华民族优秀传统文化，推动中华文化在海外的传承，成为国家侨办海外办营的品牌项目[①]。

国家汉办举办的国际交流活动主要有"汉语桥世界中学生汉语比赛"，2010年举行的第3届比赛有20多个国家的312名中学生参加了比赛。"汉语桥·外国中小学校长访华之旅"是国家汉办为已开设中文课或者有意开设中文课的外国中小学的校长和地区教育官员设立的项目，旨在增进外国校长和官员对中国和中国文化的了解。其中，"美国中小学校长访华之旅"至2010年已成功举办了4届，"英国中小学校长访华之旅"共举办了3届，合计有2737人访华，另有俄罗斯、德国等15个国家的1500名校长也因该项目来到中国进行访问。

"汉语桥·高中生夏令营"是每年组织的面向国外高中生的中国语言文化体验项目，主要包括美国高中生夏令营和英国高中生夏令营，其中美国营自2007年启动以来，已邀请356名美国高中生来华参加营地活动[②]。

（二）设立基地向世界推广中国汉语文化

高等教育领域主要以高校为依托在海外开设孔子学院，2004年第一所孔子学院——韩国首尔孔子学院的诞生，标志着我国汉语国际化开始进入一个以"孔子学院"为新型推广模式的时期。孔子学院招收学习汉语的学生，包括大学生和中学生，开展丰富多彩的教学和文化活动，成为各国人士学习汉语言文化、了解当代中国的重要场所。基础教育领域以中小学校为依托，建

---

① 延慧. 以文化为核心的汉语国际推广模式探蠡 [M]. 北京：北京工业大学出版社, 2019.
② 胡仁友. 汉语国际推广战略研究 [D]. 长春：东北师范大学, 2014.

立汉语国际推广中小学基地和举办孔子课堂。汉语国际推广中小学基地主要承担对口支持外国学校开设汉语课、向外国派出汉语教师和志愿者、培训外国汉语教师、对外派遣志愿者进行培训并安排实习、接收汉语国际教育硕士专业学位的研究生实习、接收外国中小学生来校学习汉语、承办外国学生夏令营活动、开发与建设对外汉语课程、为汉语国际推广工作出经验出模式等任务。2007年，国家汉语国际推广领导小组办公室批准在全国建设101所"汉语国际推广中小学基地"[①]。孔子课堂由国家汉办管理，是为在外国中小学推广汉语和普及中国文化（历史、地理、书法、美食、剪纸、茶道等）而建立的教育机构，一般设立在中小学校园中。截至2012年1月，全球有孔子学院358所，孔子课堂500个，共计858所（个），分布在105个国家和地区。其中，亚洲31个国家和地区共开设孔子学院85所，独立设置孔子课堂26个，下设孔子课堂15个；欧洲34个国家和地区共开设孔子学院129所，孔子课堂104个；非洲26个国家和地区共开设孔子学院31所和孔子课堂5个，还有10个国家正在申请开设孔子学院；美洲13个国家有孔子学院111所；大洋洲3个国家共开设孔子学院16所，独立设置孔子课堂5个，下设孔子课堂25个[②]。汉语国际推广中小学基地和孔子课堂是中国对外文化交流的重要途径，也是扩大国家外交的舞台。

---

① 中华人民共和国教育部. 汉语国际推广中小学基地 [EB/OL]. (2007 - 12 - 30) [2021 - 08 - 09]. http://www.moe.gov.cn/srcsite/zsdwxxgk/200712/t20071230_62037.html.

② 袁礼. 基于空间布局的孔子学院发展定量研究 [M]. 北京：中央民族大学出版社，2014.

第四节
基础教育国际化的内涵发展阶段
（2013年至今）

党的十八大以来，以习近平同志为核心的党中央高度重视教育事业，把教育摆在优先发展的战略位置，将公平和质量作为主要追求。作为世界上规模最大的教育体系，中国教育改革发展不仅关乎14亿中国人的美好生活，关乎国家进步与民族复兴，而且关乎世界文明的发展进程，关乎人类命运共同体的建设。中国日益走向世界舞台的中央，中国教育能否进一步深化对外交流与合作，从而促进民心相通，在大国外交中发挥独特作用，是时代赋予中国教育事业前所未有的重任。发展具有中国特色、世界水平的现代教育，是我国新时期教育发展的理想、方向和目标。以"讲好中国故事，传播好中国声音"为理念，实施中国教育"走出去"战略，形成全方位、多层次、宽领域的新格局，推动中国教育走向世界教育中心是新时期中国教育的必然选择，教育对外开放由此步入提质增效的新时代。

我国基础教育在均衡发展的基础上向更高质量、更优质的方向发展迈进。随着国家政治制度的进一步稳定，经济发展水平的不断提高，教育经费得到了保障，基础教育发展进入内涵发展的历史阶段，基础教育国际化成为促进内涵发展的重要途径之一。这既是教育自身发展的要求，也是国家全面提高对外开放水平的要求。

一、统筹布局基础教育对外开放

2015年12月27日，国家对《中华人民共和国教育法》进行了修订，其中第八章在原第六十七条第一款"国家鼓励开展教育对外交流与合作"上，增加了"支持学校及其他教育机构引进优质教育资源,依法开展中外合作办学,发展国际教育服务,培养国际化人才"的举措与目的[①],在法律层面进一步强化了教育对外交流与合作的重要地位。

为实现国际化人才培养目标,2016年4月,中共中央办公厅、国务院办公厅印发中华人民共和国成立以来关于我国教育国际化发展的第一份纲领性文件——《关于做好新时期教育对外开放工作的若干意见》。该意见提出要坚持扩大开放,做强中国教育,推进人文交流,不断提升我国教育质量、国家软实力和国际影响力,为实现"两个一百年"奋斗目标和中华民族伟大复兴的中国梦提供有力支撑[②]。

为贯彻落实该意见和《推动共建丝绸之路经济带和21世纪海上丝绸之路的愿景与行动》,2016年7月,教育部印发《推进共建"一带一路"教育行动》的通知。通知中提出,推进"一带一路"教育共同繁荣,既是加强与"一带一路"倡议沿线各国教育互利合作的需要,也是推进中国教育改革发展的需要。为此,通知提出了"推进民心相通、提供人才支撑和实现共同发展"的三大合作愿景,并明确了基础教育在"一带一路"教育行动中的合作重点:一要推进基础教育多语种师资队伍建设和外语教育教学工作。二要逐步将理解教育课程、丝路文化遗产保护纳入沿线各国中小学教育课程体系,加强青少年对不同国家文化的理解。加强"丝绸之路"青少年交流,注重利用社会实践和志愿服务、文化体验、体育竞赛、创新创业活动和新媒体社交等途径,增进不同国家青少年对其他国家文化的理解。三要加强"丝绸之路"教师交流,推动沿线各国校长交流访问、教师及管理人员交流研修,推进优质教育模式在沿线各国互学互鉴。大力推进沿线各国优质教学仪器设备、教材课件和整体教学解决方案的输出,跟进教师培训工作,促进沿线各

---

① 中华人民共和国教育部. 中华人民共和国教育法[EB/OL]. (2015-12-28) [2021-06-25]. http://www.moe.gov.cn/s78/A02/zfs_left/s5911/moe_619/201512/t20151228_226193.html.

② 中华人民共和国中央人民政府. 中共中央办公厅、国务院办公厅印发《关于做好新时期教育对外开放工作的若干意见》[EB/OL]. (2016-04-29) [2021-08-10]. http://www.gov.cn/home/2016-04/29/content_5069311.htm.

国教育资源和教学水平均衡发展。四是中小学校要广泛建立校际合作交流关系，重点开展师生交流、教师培训和国际理解教育①。该通知第一次对基础教育对外开放提出了系统性规划，内容涉及优质教育模式、外语教育和国际理解教育、师生及管理人员的交流重点、活动实践、教材、教学仪器、教学设计等多方面。更为重要的是，该通知提出了我国基础教育国际化发展方向应从"请进来"为主转向"引进来，走出去"并重，对基础教育质量寄予了更高的期待。尽管该通知是基于"一带一路"倡议提出的发展任务和要求，但其理念和方向标志着基础教育对外开放进入新的发展阶段。

2017年1月，国务院印发《国家教育事业发展"十三五"规划》，提出"十三五"时期教育改革发展的总目标是教育现代化取得重要进展，教育总体实力和国际影响力显著增强，推动我国迈入人力资源强国和人才强国行列。其中，基础教育领域的主要措施包括：①以把优质资源"请进来"为重点，深化与发达国家的教育合作和交流；以教育"走出去"为重点，扩大与发展中国家的教育合作和交流。②深化中外学校间的交流与合作。支持有条件的中小学校与国外学校建立友好学校关系，开展多渠道对外文化教育交流，拓展国际视野。开展大中小学校长和骨干教师海外研修培训，鼓励支持教师更广泛、更深入地参加国际学术交流与合作，提升中外合作办学质量。加强中外合作办学管理，建立合作办学成功经验共享机制，突出合作办学对学校教学改革的推动作用。③加强对各类国际重大教育规则的研究，推广我国教育评估认证标准和教育改革发展的经验；开展教育国际援助。④打造一批中外人文交流品牌项目，整合搭建政府间教育磋商、教育领域专业人士务实合作、教师学生友好往来的平台。拓展政府间的语言学习交换项目，联合更多国家开发语言互通共享课程②。规划中，关于东部地区、中西部地区、

---

① 中华人民共和国教育部. 教育部关于印发《推进共建"一带一路"教育行动》的通知[EB/OL]. (2016-07-15)[2021-08-10]. http://www.moe.gov.cn/srcsite/A20/s7068/201608/t20160811_274679.html.

② 中华人民共和国教育部. 国务院关于印发国家教育事业发展"十三五"规划的通知[EB/OL]. (2017-01-19)[2021-06-25]. http://www.moe.gov.cn/jyb_xxgk/moe_1777/moe_1778/201701/t20170119_295319.html.

东北地区和沿边地区的教育对外开放布局重点和上述任务,对基础教育国际化的发展布局、发展内容和发展形式具有重要的指导价值,成为"十三五"期间基础教育国际化发展的行动指南。

2020年6月,因应新形势和国际新要求,在总结我国教育对外开放制度创新和实践经验的基础上,教育部等八部门联合印发《关于加快和扩大新时代教育对外开放的意见》,指出我国教育对外开放是全方位、宽领域、多层次的开放,新时代教育对外开放要坚持内外统筹、提质增效、主动引领、有序开放。基础教育领域立足新时代,提出应加强中小学国际理解教育,帮助学生树立人类命运共同体意识,将培养德智体美劳全面发展且具有国际视野的新时代青少年作为发展目标[①]。该意见确立了基础教育对外开放的途径和目标,凸显了基础教育国际化发展在我国教育事业和全面开放新格局中的地位和作用。

二、规范基础教育国际化发展

我国基础教育国际化发展过程中出现了许多创新性举措,但有的举措引发了人们对基础教育性质、目的、功能的质疑与讨论,阻碍了基础教育国际化的健康发展。国家和地方对有关举措加强了规范管理。

(一)规范普通高中的中外合作办学

中外合作办学指的是依据《中外合作办学条例》开展的经审批的项目或机构的办学。但在实践中,许多高中学校特别是公办高中学校引进国外课程、设立国际部或国际班,存在审批不严打擦边球、收费高占用公共资源、课程体系设置混乱等加剧教育不公平的情况。由此,各级教育行政部门采取了多种措施来规范其办学,以期提升教育质量。

(1)加强国家层面的监管。教育部于2013年12月出台《高中阶段国际项目暂行管理办法》草案,明确从招生、收费等方面对各类高中"国际部"

---

① 中华人民共和国教育部. 加快和扩大教育对外开放 大力提升我国教育的国际影响力[EB/OL].(2020-06-18)[2021-08-10]. http://www.moe.gov.cn/jyb_xwfb/s271/202006/t20200617_466545.html.

和"国际班"予以规范。同时针对涉外办学及乱收费现象进行重点督查和治理。2013—2015年教育部连续三年开展督查，相继出台实施意见，对违规举办国际班的学校给予整顿或处罚，对办学存在问题的项目采取限期整改、限制招生、撤销备案等处罚措施；明确由省级教育行政部门办理审批中外合作办学项目和机构，明确学校单方面引进国际课程、举办"国际班""国际部"的费用应纳入成本核算，不得收取额外费用；对部分不符合规定的"国际班"进行清理或转制。

（2）地方教育行政部门出台文件对中外合作项目的招生、收费、课程设置、教材使用、外籍教师聘用、毕业证颁发和评估等进行规范管理。浙江省教育厅先后发布了《关于规范普通高中学校中外合作办学项目管理的意见》（2011年）、《关于进一步规范普通高中中外合作办学项目招生宣传的通知》（2012年）等文件，安徽、黑龙江、吉林等地则将公办高中国际班的审批权收归到省级教育行政部门。

（3）部分省份根据实际情况暂停了中外合作办学项目的审批或招生。北京市发文，从2014年起停止审批公办高中办国际班。深圳市教育局规定，没"牌照"的公立学校2015年起不再招收国际部（班）学生，已存在的国际部（班）则用3年时间过渡消化[①]。

（4）采取系列措施提升中外合作办学质量。湖北省教育厅对普通高中中外合作办学项目进行复核，要求不得借中外合作办学名义乱办班、乱收费。上海市、安徽省和福建省等地制定并实施年审评估和教学质量监测机制。湖南省长沙市于2016年研制了《长沙市普通高中中外合作办学项目评价指标体系》，由教育督导办对8所学校的中外合作项目进行专项督导评估[②]，要求学校根据督导评估组的意见切实做好整改和下一轮实验项目的申报工作，并以课题研究引领项目品质提升。由此，普通高中中外合作办学项目得到治

---

① 南方日报微博. 深圳未来将收紧公办学校国际班 未来或不超5所［EB/OL］.（2015 - 01 - 13）［2021 - 08 - 20］. https：//edu. qq. com/a/20150113/050663. htm.

② 湖南省教育厅. 长沙市开展普通高中中外合作办学项目专项督导［EB/OL］.（2016 - 06 - 07）［2021 - 08 - 20］. http：//jyt. hunan. gov. cn/sjyt/xxgk/gzdt/tpxw/201701/t20170121_3964071. html.

理，质量得以保证。

(二) 规范中小学国际课程的管理

国际课程是指我国学校内部面向我国学生开设的国外课程。随着中外合作办学项目的推进，越来越多的学校开始引进国外课程，规模不断扩大。据不完全统计，国内开设的冠以"国际"名号的课程有近 20 种①。针对国际课程开设五花八门、收费高昂、师资队伍不稳定、管理无序、课程质量良莠不齐等问题，各级政府部门下大力气进行了整顿和规范管理。上海市于 2013 年 5 月出台《上海市教育委员会关于开展普通高中国际课程试点工作的通知》，明确了国际课程的范围，对试点范围与类别、招生与学籍管理、中外课程设置、编班与收费、教师资质、年检制度与退出机制等做出了具体规定②。另外还要求公办普通高中不得以任何形式开设非学历国际课程班，义务教育阶段不允许开设国际课程，将所有中外合作课程纳入规范有序的管理之中。深圳市教育局在 2016 年度对民办高中学校国际课程实验进行评估的基础上，于 2017 年 4 月发布《深圳市教育局关于进一步规范民办高中学校国际课程实验管理工作的通知》，要求 18 所开展国际课程实验的民办高中学校从名称使用、招生行为、课程开设、教材引进与使用、运行管理和收费行为等六方面认真开展自查自纠工作，并签订办学承诺书，允诺按要求整改到位③。

(三) 规范外籍教师的聘用

北京、上海、江苏、安徽等地加强了对外籍教师的管理。2014 年北京市人社局、市政府外事办和市教委联合印发了《关于进一步加强北京市外籍人员聘用工作的通知》，要求到北京工作的外籍人员须具有学士及以上学位和

---

① 林金辉. 中外合作办学发展报告（2010—2015）[M]. 厦门：厦门大学出版社，2016.
② 上海教育. 关于开展普通高中国际课程试点工作的通知 [EB/OL]. (2013-05-10) [2021-08-20]. http://edu.sh.gov.cn/xxgk2_zdgz_jcjy_02/20201015/v2-0015-gw_402162013002.html.
③ 深圳教育. 深圳市教育局关于进一步规范民办高中学校国际课程实验管理工作的通知 [EB/OL]. (2017-04-27) [2021-08-20]. http://szeb.sz.gov.cn/home/xxgk/flzy/wjtz/content/post_3001964.html.

2 年及以上相关工作经历或国外技术资格认证，其中外籍教师除语言类之外应有 5 年以上相关工作经历；在各级各类学校和教育培训机构从事教育教学工作的外籍教师必须持有所在国颁发的教师资格证书或国际通行的语言教学资格证书[①]。2019 年 8 月，广东省教育厅发布《关于进一步加强外籍教师管理工作的通知》，要求各级各类学校和校外培训机构在聘请外籍教师前，除严格审查工作许可材料和证件外，还应综合考核评估拟聘外籍教师的教学能力、师德师风，必要时可发函至其曾任职或学习的单位核实情况；要以持有所在国教师资格证或国际通用的语言教学资格证、获得学士以上学位作为聘任参考依据；还要求各地市教育局及各校立即组织开展聘用外籍教师专项检查，排查是否按照法律法规程序要求聘用外籍教师、聘用教师是否存在违反我国法律法规和教师道德规范的行为等[②]。教育部于 2020 年 7 月开展《外籍教师聘任和管理办法（征求意见稿）》的意见征询，虽然文件尚未正式印发，但对外籍教师的资质条件、工作与居留许可、服务与管理、考核与激励、监管与失信等进行了系统性统筹设计，有望在此管理办法指引下，规范我国外籍教师的工作与生活管理[③]。

三、国际理解教育丰富基础教育国际化内容

国家中长期教育发展规划纲要中明确提出，基础教育阶段要"加强国际理解教育"。此后，有关教育对外开放的政策中也均有提及，把国际理解教育提升到了国家战略的层面。由此，基础教育领域的国际理解教育得到了长足发展，丰富了基础教育国际化的内容。

---

① 北京市人才工作局. 关于进一步加强北京市外籍人员聘用工作的通知 [EB/OL]. (2014-06-04) [2021-08-22]. http://www.bjrcgz.gov.cn/sword?tid=SwordCMSService_article&articleId=fc4a42f8a50b4b7e93be31a4a2daa364&catalogId=3f0cee5461104679a6ba251c60ddea5f&themePath=theme1.

② 广东省教育厅. 关于进一步加强外籍教师管理工作的通知 [EB/OL]. (2019-08-15) [2021-08-22]. http://edu.gd.gov.cn/zwgknew/gsgg/content/post_3428768.html.

③ 中华人民共和国教育部. 教育部关于《外籍教师聘任和管理办法（征求意见稿）》公开征求意见的公告 [EB/OL]. (2020-07-21) [2021-08-22]. http://www.moe.gov.cn/jyb_xwfb/s248/202007/t20200721_474014.html.

(一) 政策指引发展

我国多地出台了关于国际理解教育的发展计划、指导性文件或实施办法。2012 年，山东省淄博市教育委员会下发《关于开展中小学国际理解教育的指导意见》，对开展中小学国际理解教育的重要意义、内涵与目标要求（含小学、初中和高中学段目标）、工作体系（含学科渗透、课程开发、实践活动、队伍建设）、营造环境（含工作机制、校园环境、社会资源和宣传引导）等方面提出了指导意见[①]。同年，江苏省常州市教育委员会下发《关于加强中小学国际理解教育的意见》。2014 年，广东省东莞市教育委员会宣布全面实施中学阶段的国际理解教育。2015 年，成都市颁布《关于加强中小学国际理解教育的指导意见》，杭州市印发《关于在全市中小学校加快推进国际理解教育的通知》[②]。2016 年江苏泰州、山东青岛，2017 年江苏苏州等地，都为本地开展国际理解教育提供了政策依据和发展指南。

(二) 以国际理解教育项目建设为抓手

为贯彻落实国际理解教育计划，各地纷纷以创建国际理解教育项目为抓手推进教育国际化进程，如淄博市推选国际理解教育实验学校、常州市评选国际理解教育示范学校、杭州市创建国际理解教育特色品牌项目、青岛市建设中小学国际理解教育示范校和国际理解教育特色学校等[③]。杭州市自 2015 年开始在全市中小学校组织开展国际理解教育特色品牌项目创建工作，首批确定 40 个立项项目，至 2021 年 1 月共开展五批项目评审和立项，认定"传承·融合：基于国际理解的学生精品社团培育""基于国际理解教育的家长课堂建设"等品牌项目 156 个。武汉市至 2021 年 5 月评估认定了两批国际

---

① 淄博市教育局. 关于开展中小学国际理解教育的指导意见 [EB/OL]. (2012 - 05 - 18) [2021 - 08 - 24]. http://edu.zibo.gov.cn/art/2012/5/18/art_3539_492065.html.
② 姜英敏. 东亚国际理解教育的政策与理论 [M]. 北京：高等教育出版社，2017：176.
③ 青岛市教育局. 青岛市教育局关于加强中小学国际理解教育的指导意见 [EB/OL]. (2016 - 12 - 27) [2021 - 09 - 25]. http://edu.qingdao.gov.cn/n32561912/n32561915/161228160955545203.html.

理解教育示范学校，共37所①。

（三）实践探索国际理解教育的途径与方式

国际理解教育的实践探索有区域和学校两个层面。

区域层面的实践探索主要集中在统筹开展形式多样的研讨交流活动、组织专题调研和研究、开发区域性课程或教材、培训师资等。北京东城区开发的"国际理解教育课程"从2015年起在初一年级开设，每学期安排10～12个课时。天津和平区教研室和教科室联合编写《国际理解教育区本课程标准》，指导8所实验学校参与研究与实验。上海浦东新区实施中小学国际理解教育课程方案，每周至少2个课时，每学期不少于20个课时。深圳宝安区开设"国际理解教育"作为综合性的选修课程，小学课程侧重于"认识世界"，初中课程侧重于"理解世界"，高中课程则侧重于"走向世界"，教材在32所中小学中试用②。

学校层面的探索的主要内容如下：①学科教学渗透模式，如在英语、语文、历史、政治或地理等学科教学中渗透国际理解教育；②活动实施模式，如以国际理解教育为主题开展综合性活动；③校园氛围创设模式，如装饰世界文化广场、民族长廊等环境；④特设课程模式，如专门开设一门国际理解教育课程。有些学校建构了比较完整的、成系列的课程内容体系，内容涵盖全球化知识与议题、多元文化的理解、多语言课程等，并形成实施框架。如成都第七中学国际部借助集团和高校的资源和力量，开发了一套包含国际理解教育校本教材（双语版）、课程考核方案、学校实施国际理解教育的规范化方案和教师培训手册等在内的课程实施框架。

总体来看，目前国内开展国际理解教育的学校主要集中在北京、上海、深圳、成都、苏州等经济发达、教育基础好、国际交往频繁的大中城市，整体上东部地区的国际理解水平高于中部和西部地区。

---

① 武汉市教育局. 市教育局关于2019年度市级国际理解教育示范学校认定结果的通知[EB/OL].（2019-12-04）[2021-09-25]. http://jyj.wuhan.gov.cn/zfxxgk/fdzdgknr/wjtz20201009/202010/t20201010_1462055.shtml.

② 全球化教育智库. 国际理解教育在中国：现状与未来[EB/OL].（2019-01-01）[2021-08-25]. http://www.ccg.org.cn/archives/58941.

四、善用本地国际教育资源

我国不少经济发达城市拥有国际学校（如外籍人员子女学校）、外国使馆、国际组织与机构、外籍人士等本地国际教育资源。出国交流虽然是教育对外交流与合作的主要途径，但由于我国对出国审批、经费使用有严格的管理制度，因而利用本土国际教育资源也成为多地的极佳选择。本地国际教育资源的利用主要有以下途径和方式。

（一）参与外语教学改革

外语教学是推进基础教育国际化发展最直接的途径，加强与改进英语教学、大力推进小语种教学有助于探索高层次复语人才的培养，有助于推动国际理解教育和校园多元文化建设。北京市于 2014 年启动为期三年的"北京市外籍教师参与中小学英语教学改革项目"，委托高校和民办教育机构协助中小学校聘请外籍教师。外籍教师以带班授课、开发英语校本课程、参与教师培训、开展英语角和英语社团等方式，带动参与项目的中小学校深化课程教学改革，提高英语师资水平，切实改进英语教学方式和学习方式，着力培养学生英语的听说综合应用能力，以英语教学特色带动了学校整体办学水平的提升。该项目中，由高校协助聘请的外籍教师按照每人每年 35 万元的标准给予支持，由民办教育机构协助聘请的外籍教师按照每人每年不高于 21 万元的标准给予支持[1]。鉴于该项目在三年间取得的良好成果，北京市于 2017 年修订了该项目的管理办法，以保障该项目得以继续执行。

上海市教育委员会委托上海外国语大学于 2015 年批准立项上海市中小学生非通用语种学习计划，致力于在基础教育阶段加强国际理解教育，促进全市青少年对不同文化的认识和理解，培养一批国际视野开阔、人文素养高、国际理解能力强的储备人才。该学习计划设立了"上海市国际理解和中小学非通用语种教育研究中心"来推进中小学多语种外语的学习。到 2018

---

[1] 北京市教育委员会．北京市财政局关于印发《北京市外籍教师参与中小学英语教学改革项目管理办法（试行）》的通知 [EB/OL]．(2015 - 02 - 04) [2021 - 11 - 21]．http：//jw.beijing.gov.cn/xxgk/zxxxgk/201601/t20160129_1444768.html．

年，上海全市7个区的15所中小学校开设了意大利语、葡萄牙语、土耳其语、希伯来语、瑞典语、希腊语、泰国语、阿拉伯语、波斯语9个语种18个课程教学班，约350名中小学生参与了学习①。北京市利用外国驻华使馆或高校为中小学开设小语种课程，2012年共有8个区县的47所学校开设了10个语种的小语种课程，共有10 420名学生参与了学习②。此后北京继续加大对中小学小语种教育的支持力度，搭建使馆—高校—中小学校三方合作平台，加强小语种教育交流研讨。2015年北京市共有11个区的59所学校开设了148项（含主修13项）选修课程，累计有13个小语种，其中法语、西班牙语和德语开设数量居前三。北京市开设的小语种课程中，约有45%获得外国驻华使馆或高校的支持③。

（二）创新中小学师资培训

充分利用本土国际学校优质资源，创新中小学师资培训模式，可以让教师校长不出国门就能学习国外先进的教学理念与管理经验。2011年北京市推出中小学干部教师"国内访学计划"，每4人一组进入1所国际学校开展为期1年的脱产学习，同时深入外省国际学校考察交流，不出国门"留学"借鉴国外办学经验。3年间北京市有16个区县的111名学校干部和骨干教师到9所国际学校参与了脱产学习。2014年该项目凸显整校访学特色，由学校派出校长、副校长、中层干部、骨干英语教师和其他学科骨干教师组成5人核心访学小组到国际学校访学，参与全程学习；同时学校的全体教师也接受国际学校专家的指导和培训。项目创新性地形成了"四个一"培养模式，即"一年的学习时间、一个月国际学校访学、一周外省市考察和一个研究课题"④。

---

① 希腊语、瑞典语……上海15所中小学开展小语种学习，有你们学校吗？[EB/OL]．（2018-06-12）[2021-11-21]．https：//www.sohu.com/a/235293845_232985.

② 北京市教育委员会．我市中小学小语种教育蓬勃发展[EB/OL]．（2012-05-24）[2021-11-21]．http：//jw.beijing.gov.cn/jyzx/jyxw/201602/t20160218_632933.html.

③ 北京市教育委员会．国际、港澳台合作与交流2015年报（内部资料）．

④ 北京市教育委员会．携手北京国际学校 不出国门去"留学"——2013年北京市中小学干部教师"国内访学计划"（第三期）举行开班典礼[EB/OL]．（2013-03-22）[2021-11-21]．http：//jw.beijing.gov.cn/jyzx/jyxw/201602/t20160217_632455.html.

上海市自 2014 年启动"上海中小学（含幼儿园）校长、教师赴外籍人员子女学校伙伴研修项目"，延续至今，每期为期 8 周，每周 3 次全天研修。截至 2019 年，项目共涉及 12 所外籍人员子女学校和 2 所市属学校国际部，累计约 68 所本地优秀中小学幼儿园的 204 名校长和教师参与其中，搭建起了"足不出国"的教育国际化学习交流平台[①]。伙伴计划项目不断增加双向互动、学员全职参与、引进研究团队、提供理论指导，开拓了中小学校长、教师的国际视野，学习了国际上先进的教育理念、教学管理方法，推动了上海教育国际化更上新台阶。

（三）丰富交流合作活动

北京利用友好城市资源以举办大型教育活动和开展师生交流项目等方式为载体，推进与友好城市间的教育合作。如"北京—首尔青少年体育友好交流大会"自 1996 年起举办，目前已发展成为北京市教委和首尔特别市教育厅友好交流的传统项目和品牌项目[②]。上海市自 2012 年利用领事馆资源开展"上海学生走进外国驻沪总领事馆"系列活动，内容包括参观各驻沪外国总领事馆可对外开放的工作区域或官邸、听取驻沪外国总领事介绍该国基本情况、参观学生与领事馆官员互动问答、参观学生小组节目展示和品尝各国地方特色美食等。自 2015 年开始，上海市师资培训中心与德国汉斯·赛德尔基金会、德国帕绍大学、浙江省中小学教师与教育行政干部培训中心四方联合开展"环境教育"国际合作研发项目。此项目关注"气候—环境"话题，共同探索运用可持续教育发展理念，培养中国小学生的环境气候意识。沪浙共有 20 所学校、超千名教师和超万名学生参加了该项目的开发与实验教学，并适应性地辐射到云南、青海和新疆等省和自治区，全面见证了 21 世纪我国教育国际化、多元化、合作化的发展趋势[③]。

---

① 上海市师资培训中心. 在浸润式伙伴研修中为校长教师"赋能"[EB/OL]. (2020-12-08)[2021-11-21]. http://www.shttc.org/NewsInfo/details?id=554&clevel=115&plevel=114.

② 北京市教育委员会. 国际、港澳台合作与交流 2015 年报（内部资料）.

③ 上海市师资培训中心. 绿色学堂：环境教育[EB/OL]. (2018-04-06)[2021-11-21]. http://www.shttc.org/NewsInfo/details?id=317&clevel=119&plevel=118.

五、中国基础教育走向世界

我国教育国际化发展历经"请进来"到"请进来,走出去"并重的过程,基础教育国际化也经历了这个过程。在内涵化发展阶段,基础教育"走出去"既是国家对外开放战略转移的需要,也是基础教育内涵发展的必然结果。我国基础教育走出去主要表现在以下三个方面。

(一) 上海基础教育经验在国外的应用

上海学生参加 2009 年、2012 年的 PISA 测验,阅读、数学和科学三个领域在参与国家(地区)中均位列第一,使得我国基础教育获得全球教育界的关注。随之,上海的教师教研制度、课堂教学方式、数学教材等引发国外教育界的关注、研究与实践。2013 年,美国田纳西州 18 位校长到上海市闵行区 9 所中小学考察课堂教学、集体备课和听评课活动,与上海教师座谈讨论,并在该州 18 所学校实践"上海模式";2014 年他们再次造访,了解教师集体备课、听课、评课的模式,学习上海的教研组制度。美国教师从"上海模式"中梳理出许多公共知识和技术指标,使得"上海模式"更具可复制性和可操作性。英国教育部于 2014 年 9 月选派 72 名小学数学教师到上海听课交流;同时,60 名上海教师从 2014 年 11 月起到英国,用上海的数学教材、教学方法给英国小学生上课。随后上海教辅《一课一练》数学分册也被英国出版社引进,译为《上海数学一课一练》供英国学生使用[1]。2015 年,中英联合开展"中英数学教师交流计划",英国政府先后两批各派 70 余位数学教育专家和教师来华学习,并邀请 130 余位上海数学教师赴英国示范教学,在 8000 所小学推广上海式数学教学方法。从 2018 年 1 月起,8400 多所英国小学还可以选择使用中国的数学教材[2]。

(二) 海外学校成为世界认识中国的重要平台

北京汇佳教育机构于 2006 年在新加坡举办了我国最早的一所海外学

---

[1] 黄忠敬. 基础教育发展的中国之路 [M]. 上海:华东师范大学出版社,2016.
[2] 北京外国语大学国际教育研究院. 70 年中国教育的对外开放——中国国际教育发展报告 [M]. 上海:华东师范大学出版社,2019.

校——新加坡汉合国际学校。这是一所具有中国特色、基于 IB 教育理念和标准化办学的十五年一贯制国际学校。第二所海外学校是 2008 年由江苏省教育厅在加拿大西安大略省举办、提供九至十二年级学历教育的加拿大苏安国际学校。华中师范大学第一附属中学与美国克莱蒙特大学联盟于 2013 年举办的私立高中"精英学院"是我国第三所海外学校。其后中国人民大学附属中学新泽西分校（2013）、郑州中学加拿大维多利亚分校（2015 年）、杭州第二中学领办的阿联酋迪拜中国学校（2020 年）[1] 先后开办。2019 年教育部《关于政协十三届全国委员会第二次会议第 0405 号〔教育类 073 号〕提案答复的函》表示，"推进海外华文教育，建设海外中国国际学校，有利于稳定我国驻外干部队伍，凝聚海外中国公民、华人华侨的祖国情怀，培养海外国际化人才，增进与所在国民心相通，服务国家外交大局"[2]。为此，教育部会同有关部门广泛开展调研，制定试点方案。阿联酋迪拜中国学校就是承接教育部海外中国学校试点建设任务的成果。教育部建议未来可以探索三种海外学校办学模式，即：依托现有阳光学校或孔子学院逐步发展成中国国际学校；在所在国现有教育机构中"借壳"开办"中国教学部"；鼓励国内教育机构在条件成熟的国家独立举办全日制中国国际学校。

（三）基础教育对外援助贡献中国智慧

教育对外援助是中国开展国际发展合作的务实举措。2018 年 4 月，我国成立国家国际发展合作署专司国际发展合作事务，标志着我国对外援助事业踏上了新征程。"有学上、上好学"是发展中国家青少年的普遍诉求，也是提升人口素质、促进国家发展的重要途径。2015 年 9 月联合国成立 70 周年系列峰会期间，习近平主席宣布中国将在 5 年内提供"6 个 100"项目支持，其中就包括建设 100 所学校和职业培训中心。2013—2018 年，中国向 80 多

---

[1] 杭州市教育局. 杭州市教育局 2020 年工作总结 [EB/OL]. (2021-03-25) [2021-08-24]. http://edu.hangzhou.gov.cn/art/2021/3/25/art_1229424753_3880065.html.

[2] 中华人民共和国教育局. 关于政协十三届全国委员会第二次会议第 0405 号〔教育类 073 号〕提案答复的函 [EB/OL]. (2019-10-14) [2021-08-26]. http://www.moe.gov.cn/jyb_xxgk/xxgk_jyta/jyta_gjs/201912/t20191206_411147.html.

个国家派遣青年志愿者和汉语教师志愿者 2 万余名；在南苏丹提供教育技术援助，为南苏丹小学量身打造英语、数学、科学三科教材，编印 130 万册教材，使 15 万名师生受益；在尼泊尔、亚美尼亚、莫桑比克、纳米比亚、秘鲁、乌拉圭等国修建了一批中小学校，提供计算机、实验室设备、文体用品等教学物资，改善了发展中国家的基础教学环境；在北马其顿为 27 所学校提供了远程教育设备，提升了当地特别是山区、农村的教育水平，促进了教育资源均衡发展[①]。中国教育对外援助促进了受援国教育事业的发展，帮助受援国培养了大批教育、管理、科技等领域的人才，为受援国经济社会发展提供了智力支持。

教育对外开放对国家建设的影响是全方位的，有的影响是显性的，如人才队伍建设、办学管理等都与对外开放密不可分；有的影响则是隐性的，如不同文化的交流会发生奇妙的"化学反应"，改变人们的思维方式和生活方式，促进人类文明的进步[②]。我国教育对外开放不仅是为了更好地满足人民群众多样化、高质量的教育需求，更好地服务经济社会发展全局，更是为了服务国家重大外交战略、参与教育领域全球治理，推动构建人类命运共同体。我国基础教育国际化还存在认识不高、能力不足的问题，教育质量和效益还不高，一些重大政策措施还有待进一步落实，但我国基础教育将秉持初心，继续深化国际发展合作，为增进人类共同福祉、构建人类命运共同体做出更大贡献。

---

① 国家国际发展合作署. 《新时代的中国国际发展合作》白皮书[EB/OL]. (2021 - 01 - 10) [2021 - 08 - 26]. http://www.cidca.gov.cn/2021 - 01/10/c_1210973082.htm.

② 教育部课题组. 深入学习习近平关于教育的重要论述 [M]. 北京：人民出版社, 2019.

第三章

日本基础教育国际化的发展

从1868年明治维新开始,日本从封建社会过渡到资本主义社会。明治政府在"富国强兵""殖产兴业""文明开化"的口号下全面学习西方,实行了包括教育在内的一系列改革,这是近代日本教育国际化的开端。二战后,日本的"国际化"教育政策大致经历了"雏形化"(20世纪60—80年代中期)、"国策化"(20世纪80年代末—90年代末)和"战略化"(21世纪以来)三个阶段[①]。日本教育国际化的发展有经济对外发展的内在动因,但其主要背景是应对国际社会上人力资本论的提出、教育开发的兴起以及知识经济时代国际化和信息化的挑战。其基础教育国际化进程略有不同,按照影响其进程的有关政策和实践,可分为兴起阶段(二战后至20世纪80年代)、形成阶段(20世纪80年代至2010年)和系统发展阶段(2010年至今)。尽管阶段发展不同,但总体来看,影响日本基础教育国际化发展的主要政策比较集中,实施举措也具有鲜明的特点。

---

① 臧佩红. 战后日本教育"国际化"的历程与特征[J]//李卓. 全球化过程中东亚文化的价值. 天津:天津人民出版社,2013.

第一节
日本推动基础教育国际化发展的政策

一、《教育基本法》确立日本基础教育国际化的地位

影响日本基础教育国际化的教育政策有三个层面,即教育法、教育规划和学习指导要领。日本的教育法是《教育基本法》。该法于1947年颁布,并于2006年12月修订。作为教育法律,《教育基本法》规定了日本教育的目的、原则、各级各类教育基本要素和教育管理等。新修订的教育基本法延续了"期望日本进一步发展成为民主、文明的国家,为世界和平与改善人类福祉做贡献"的宗旨,提出"教育必须以充分发扬个人品格为目的,努力培养身心健全、具有构成和平民主国家和社会所必需素质的人民"的目的,具体规定了五个教育目标:一是使学生掌握广博的知识,培养追求真理的态度,养成高尚的品德与情操,培育健康的体魄。二是发展个人能力,培养创造力,通过尊重个人价值及强调事业与日常生活的关系,培养尊重努力工作的价值,培养自主和独立的精神。三是本着公众精神,培养尊重正义、责任、男女平等、相互尊重与合作的价值观,以及积极参与社会建设和促进社会发展的价值观。四是培养尊重生命、关心自然、愿意为保护环境做出贡献的价值观。五是培养尊重传统文化、热爱家国的精神,同时树立尊重他国、为世界和平与国际社会发展做贡献的愿望[①]。

为实现上述目标,新法将教育目标分解到各个教育阶段。其中,义务教育阶段的教育目标是尊重日本传统文化,遵守基本规范,热爱祖国与家乡

---

① MEXT:Basic act on education [EB/OL]. [2021-12-04]. https://www.mext.go.jp/en/policy/education/lawandplan/title01/detail01/1373798.htm.

等；高中教育阶段的教育目标是充实道德教育，培养为国际社会做贡献的理念，继承与发展日本传统文化等①。新教育基本法的公布和实施，标志着日本教育改革进入了一个新的历史阶段，新法更加全面完整地展示了21世纪日本教育改革的方向与目标，即培养在国际社会中自觉担负责任、尊重他国文化与传统、受人理解和信任、具有良好交流能力的能为世界做出贡献的日本人②，体现了日本试图以教育为重要手段来增强自身在国际社会中的政治与文化软实力，从而使自身能在国际竞争中保持领先地位。

二、五年教育规划明确日本基础教育国际化发展的内容

为落实《教育基本法》的精神，日本从2008年起连续制定了三期"五年教育规划"。

（一）第一期五年教育规划

2008年7月1日日本内阁颁发的《教育振兴基本计划》，也被称为日本"教育振兴第一个五年规划"。该规划提出了未来十年日本的教育愿景，即培养所有孩子在完成义务教育后独立于社会的基础，开发能够支撑国家社会发展、引领国际社会的人力资源。同时，该规划提出了未来五年全面进行系统实施的相关建议③。第一期五年教育规划对国际化的要求还主要停留在愿景层面，尚未有相应的措施来加以落实。

（二）第二期五年教育规划

2013年6月14日日本内阁发布了《第二个教育振兴基本计划》。该规划分析了当时日本所处的社会环境与教育所面临的挑战、东日本大地震的教训和第一期五年教育规划实施的成绩及问题，提出了到2018年要实现的基于4

---

① 王玉珊. 日本教育及其在经济发展中的作用研究 [D]. 大连：东北财经大学，2012.

② 桑锦龙，李政. 面向世界的首都教育 更加积极主动地扩大北京教育对外开放的战略思考 [M]. 北京：北京出版社，2013：239.

③ MEXT: Basic plan for the promotion of education [EB/OL]. [2021-12-04]. https://www.mext.go.jp/en/policy/education/lawandplan/title01/detail01/1373797.htm.

个基本政策方向的 8 项成就目标和 30 项基本措施①。其中，涉及基础国际化的要求如下：

（1）在成就目标一"扎实培养对生活的热情"的第 6 项基本措施"促进特殊需要教育"中，提出要改善学童在海外学习的教育环境，同时政府将通过日语和适应方案，努力改善公立学校对归国者和外国学童的接收工作。改善留学儿童、归国儿童、外国儿童教育的主要工作如下：不断派遣高素质教师，完善海外日本教育机构的教材；根据个人情况审查日语教学方法，确保有足够教师和辅助人员帮助提高技能质量，为海归人士和留学生提供精细教学和支持；了解此类学生的高中录取情况，增加其入学机会；对未入学的外国儿童，要在外国居民较多的城市建设学习日语和学习风俗习惯的场所，以帮助其顺利过渡到公立学校。

（2）在实现目标五"开发人力资源，启动和创造社会变革和新价值"的第 16 项基本措施中，提出了要加强全球人力资源开发的举措：一是加强外语（英语）教育。主要工作包括检讨小学早期英语教育，考虑增加学习时间和将英语作为一门科目；建议中学全英语教授英语课；制定双语 IB 文凭课程。为推动新课程的稳步实施，政府将支持推动英语教育的策略性创新，如协调外语教育教材、创建基地学校、采用外部语言能力考试来评估学生的英语能力和实施教师培训等。同时，还将利用英语教育门户网站和视频资料增加学生学习英语的动机和使用英语的机会。二是促进高中生和大学生出国留学。主要工作包括政府加强提供交流项目的措施，并和私营部门合作提供高中和大学的留学服务。除提供当地留学信息外，高中、大学、相关部委、政府办公厅还将协同调整求职招聘季以吸纳留学人员。三是建立超级全球高中（super global high schools），以便从高中开始实施全球化教育，培养能够在国际舞台上发挥积极作用的全球领导人②。

---

① MEXT：The second basic plan for the promotion of education［EB/OL］.［2021 – 12 – 04］. https：//www.mext.go.jp/en/policy/education/lawandplan/title01/detail01/1373796.htm.

② MEXT：Measures based on the four basic policy directions［EB/OL］.［2021 – 12 – 04］. https：//www.mext.go.jp/en/policy/education/lawandplan/title01/detail01/sdetail01/1373805.htm.

(三) 第三期五年教育规划

2018年6月16日日本内阁颁发了《第三个教育振兴基本计划》。该规划根据日本前两期五年教育规划实施的成绩与问题，结合2030年及以后的社会状况和变化的挑战，如人口减少和老龄化、全球化进程与国际地位降低等，提出了未来五年日本教育的5项基本政策和21项目标及措施①。5项基本政策包括：①拥有梦想和抱负，培养挑战可能性所必需的能力；②培养多元能力，引领社会可持续发展；③发展环境，让人们终身学习并发挥积极作用；④建立学习安全网，让每个人都能成为社会的领导者；⑤为实施教育政策奠定基础。在21项目标中，涉及基础教育国际化的内容主要集中在第21项目标"推进日式教育海外发展与日本教育的国际化"上。该目标提出，要打造日本式教育的海外拓展典范案例，发展日本教育环境和基础设施，加强对外教育人才交流，促进日本式教育的海外传播和日本教育的国际化。实现这一目标的主要参考指标包括：①日本参加海外教育项目的学校人员、小学、初中、高中和大学学生人数；②其他国家的学校人员以及小学、初中、高中和大学学生参加过面向海外的教育项目的人数；③出国留学的日本学生（高中或大学）人数；④在日留学生人数②。

为推进日本教育国际化发展，第三期教育规划延续了第一期和第二期教育规划的有关措施，即：加强外语（英语）教育；支持高中、技术学院、大学等从事国际化活动；支持日本学生出国留学；营造接收外国留学生的环境；推进海外留学儿童、海外归国中小学生和外国中小学生的教育等。第三期教育规划着重提出"发展海外日式教育"的设想，要求政府和私营部门合作，提供共享信息平台，研究如何在海外传播日式教育，即培养学生具有扎

---

① MEXT: The third basic plan for the promotion of education [EB/OL]. [2021-12-04]. https://www.mext.go.jp/en/policy/education/lawandplan/title01/detail01/1373799.html.

② MEXT: 5. Develop a foundation for the implementation of educational policies [EB/OL]. [2021-12-04]. https://www.mext.go.jp/en/policy/education/lawandplan/title01/detail01/sdetail01/1373826.html.

实学术能力、丰富思想和健康体魄的中小学教育典范及其如何在海外进行扩展①。

此外，目标7"培养能够在全球采取行动的人力资源"中对加强外语教育、支持日本学生出国留学等措施还提出了具体建议。其中，加强外语教育的具体措施如下：①进一步改善和加强中小学外语教育，在小学三、四年级引入外语教育，在小学五、六年级作为学科课程开设；实施外语教师培养、招聘和培训等综合配套举措；为师生发放英语教材或教科书，开设外语（英语）核心课程，加强学校指导制度，如指派专科教师和助理语言教师等。②各县继续制订英语教育改善计划，推进系统性活动，如在教育文化体育科学技术部网站上公布计划，开展英语教育现状调查，稳步建立PDCA循环，从而提高师生的英语能力和教师的教学能力。③使用私营公司举办的资格考试和认证考试等适当评估高考外语的"读、写、听、说"四项技能。

上述三个五年教育规划一脉相承，相互衔接，使得日本基础教育国际化的有关内容愈加具体明确，为后续中小学校贯彻落实和深化发展提供了有力的政策依据和内容参考。

三、《学习指导要领》贯彻落实基础教育国际化目标

日本的《学习指导要领》（*Course of Study*）兼具教学大纲和课程标准功能，是基础教育学校实施教育教学工作的唯一指南。各级基础教育学校的课程设置与教学计划必须照此执行，各出版社须据此编写教科书，教师授课也须以此为参照。日本于1947年3月第一次制定实施《学习指导要领一般篇（试行方案）》，1951年进行了第一次修订，1958年文部科学省再次修订，并以文部省官方告示的形式予以公布。此后，根据世界和日本本国的社会发展

---

① MEXT: 5. Develop a foundation for the implementation of educational policies [EB/OL]. [2021-12-04]. https://www.mext.go.jp/en/policy/education/lawandplan/title01/detail01/sdetail01/1373826.html.

状况、国际教育发展形势和本国教育发展变化情况，依据五年教育规划的目标要求，《学习指导要领》大致每十年修订一次，每一次修订都标志着日本新一轮课程改革的展开。2017—2018 年的修订是最近的一次，也是自 1947 年编订以来的第 8 次修订。每次修订一般按教育阶段依次进行，先是小学阶段或小学和初中阶段一起进行，之后是高中阶段。

  日本的《学习指导要领》不断修订变迁，大致可分为五个阶段，即"二战"后的新教育时期（1947 年和 1951 年版文件）、"学科中心"时期（1958 年和 1968 年版文件）、"宽松教育"时期（1977 年、1989 年和 1999 年版文件）、"培养扎实学力"时期（2008 年版文件）和"积极学习"（active learning）、"全球化人才培养"时期（2017—2018 年版文件）。日本基础教育改革中的国际化趋势在不同时期呈现出了不同的特征。由"学科中心"时期进入"宽松教育"时期时，基础教育国际化倾向持续增强，如增设了"综合学习时间"用于开展国际理解教育，尽管不属于学科课程，但却是日本基础教育阶段推进国际化的一个重要平台[①]。从"宽松教育"时期转向"培养扎实学力"时期时，日本反省参加国际学生测评（如 PISA、TIMSS）成绩下滑的现象，开始从国际视野审视基础教育自身存在的问题，强调建立以基础知识、基本技能及灵活应用能力为核心要素的"扎实学力观"，为此调整了教育课程的结构，增加了日语、数学、英语、体育等学科的课时，精选和充实学习内容以培养学生具备适应 21 世纪和经济全球化时代的生存能力，力求使学生的素养符合国际化趋势。在"全球化人才培养"时期，中小学的教育目标是利用日本在学校教育方面的实践和积累的经验，进一步提高儿童开拓未来社会的素质和能力，即获得学习和工作所需的知识与技能，培养他们应对未知状况的思考力、判断力与表现力，培养他们将学习运用到人生和社会中的能力。为此，日本文部科学省着重加强了对外语课程目标和内容的修订。外语活动提前到小学三年级和四年级实施，每学年共 35 个学时，

---

① 桑锦龙，李政. 面向世界的首都教育 更加积极主动地扩大北京教育对外开放的战略思考[M]. 北京：北京出版社，2013：240.

以提高学生的外语交流能力从而适应全球化的迅速发展；在五年级、六年级，英语作为正式学科课程开设，每学年共 70 个学时；在中学阶段，则重视学生是否能运用外语来交流自己的看法或想法，通过外语的听、读、说、写等语言活动，培养学生用外语理解、表达、传达简单信息和想法等的交流能力与素质①。

---

① 文部科学省. 外国語活動・外国語編（平成 29 年 7 月）[EB/OL]. (2019 - 03 - 18) [2022 - 01 - 05]. https://www.mext.go.jp/component/a_menu/education/micro_detail/_icsFiles/afieldfile/2019/03/18/1387017_011.pdf.

第二节
日本基础教育国际化发展的主要举措

结合日本三期的五年教育规划和历次修订的《学习指导要领》的内容，可知日本基础教育领域的国际化实践主要围绕面向世界的国际化教育和面向国内的国际化教育这两个层面展开。面向世界的国际化教育主要是促进留学生教育的发展、发展对外日语教育、参与国际教育事务、开展教育对外援助等；面向国内的国际化主要是实施国际理解教育以增强国际意识、加强以英语为主的外语教育、建设超级全球化高中、促进高中生的国际交流、推动IB课程的发展以及国外修学旅行等。其中，最具有日本特色的举措包括以下若干方面。

一、分阶段、有重点地实施国际理解教育

日本的国际理解教育最早在联合国教科文组织的推动下起步，此后逐渐形成了具有日本特色的道路。1988年6月，日本文部省教育改革实施本部发表了《教育国际化白皮书》，发布了题为《发展国际理解和合作——通过各种教育、科学、文化和体育活动》的报告，提出了增进国际理解和合作的有关策略以及在教育、科学、文化、体育的国际化方面应该做出的努力。由此，日本的国际理解教育基本上以政策形式被确定下来，为中小学国际理解教育实践提供了指导方针。

（一）日本国际理解教育的发展阶段及其特点

依据侧重内容和形式的不同，日本的国际理解教育可分为四个阶段。

1. 外国理解阶段

从二战结束到20世纪60年代，日本国际理解教育主要依据联合国教科文组织倡导的理念，以合作学校项目为中心，开展对别国的了解和认识。为

创造和平稳定的国际环境，避免战争悲剧重演。1946年，联合国教科文组织第一届大会提出了"国际理解教育"的概念，围绕和平教育、各国相互理解、人权教育、理解联合国等核心内容，致力于在国际范围内开展增进彼此理解和沟通的活动。1947年，日本民间人士在仙台成立了第一个联合国教科文组织合作协会——仙台联合国教科文组织合作协会，并随后在京都等地建立了近300个合作协会。这些协会通过召开会议，向政府提交报告，力陈日本加入联合国教科文组织的重要性及开展国际理解教育的必要性，并在1951年以联合国教科文组织的宪章精神为核心在日本国内开始推进国际理解教育。他们的行动也促使日本于1951年加入了联合国教科文组织。当时联合国教科文组织以建立联盟学校网络（UNESCO Associated Schools Network，下称ASPnet）和加强教师国际理解教育培训作为实施、传播与推广国际理解教育的主要方式。1954年首批联盟学校网络启动为期两年的活动，有15个国家的33所中学参加，其中日本就有6所学校加入[1]。到1966年，日本全国加入联合国教科文组织联盟网络的学校有29所。

2. 本国理解阶段

20世纪70年代初，日本成为世界第二大经济强国，经济高速发展和实力增强为日本国际化发展提供了契机，日本企业大规模地拓展海外市场，促进了人员的国际往来。1970年来日外国人达到77.5万人，出国日本人有93.6万人，分别是1965年的近3倍和近4倍。面对这种情况，经合组织（OECD）总结日本的教育情况发表了报告，建议日本的国际理解教育应该从理解国际、培养国民自觉转向重视国际合作[2]。1974年，日本中央教育审议会发布了题为《教育、学术、文化的国际交流》的咨询报告，提出为培养在国际社会中积极活跃、有所贡献的日本人，必须全面推进国际理解教育的发展——改善教学内容和教学方法；加大社会教育领域的国际理解，开展具有国际合作精神的教育活动；加大海外派遣工作力度以增强教师和指导者的国际化意识；将海外人员的子女教育放在国际化高度进行，改善和扩充国际理解。政策的变化引发了实践的变革：首先是领导机构的改革，日本文部省学

---

[1][2] 王威. 日本国际理解教育政策变迁研究 [D]. 北京：北京师范大学，2008.

术国际局合并了联合国教科文组织国内委员会事务局，文部省国际教育文化科则将归国人员的子女教育、教师海外派遣等工作纳入业务范畴；其次是各地方教育委员会制订了国际理解教育的学习指导手册，为学校和教师推进国际理解教育提供了指引。

进入20世纪80年代后，日本国内海归人士、外籍人员子女及外国留学生数量迅速增加，极大地促进了日本国内国际化教育的发展。日本文部省一方面通过设立海外日本人学校和补习授课学校、免费发放教科书、开发通信教育或在归国人员子女聚居地区设立教育班、教育研究合作学校等多项措施帮助海归人员子女更好地适应国内生活，另一方面把在日韩国人、朝鲜人和中国人的子女教育问题作为重要现实问题予以解决。1982年日本发行《国际理解教育手册》，提出国际理解教育的目标主要是培养学生的人权意识，增进学生对他国、他民族、他文化的理解，基于对国际相互依存关系的认识及世界面临的共同课题培养学生的世界连带意识、和平意识和国际合作、国际协调的实践性态度[①]。这一阶段，日本很多高中阶段学校尤其是私立学校都设置了国际科，地方自治体在中小学设立了国际理解教育实践学校和推进学校。日本中小学国际理解教育逐渐呈现出了自身的特色，在目标上强调在理解本国文化基础上深刻理解他国文化与传统，培养"世界中的日本人"，在内容上强调外籍人员子女教育、归国人员子女教育、留学生教育和外国语教育，在范围上强调从学校教育扩展到整个社会教育范畴，在方式上强调以国际交流实践为中心。

3. 世界理解阶段

20世纪80年代末期至90年代，各国之间在政治、经济、文化、社会生活等方面的交往日益频繁，全球化成为世界发展的潮流。来日外国人、归国人员子女、回日战争孤儿以及在日韩国人、朝鲜人等外籍学童持续增加。到1997年底，日本国内外国人数量超过148万人，占日本总人口数的1.18%，在日中小学校就读的外籍学童超过9万人。具有外国生活背景的人不断涌入

---

① 张蓉，谢聪. 从追随到自立——日本中小学国际理解教育的发展 [J]. 外国中小学教育，2017（12）：18 - 24.

日本产生了许多问题，日益凸显了国际理解教育的重要性。与此同时，海外人员中适龄学童人数也逐年增加，到 1998 年已增加到近 5 万人，是 1980 年的 1.8 倍。由此，海外人员的子女教育成为日本国际理解教育的关注点。

日本政府颁布了一系列有关国际理解教育的报告文件，对新背景下的国际理解教育提出了新目标和新要求。1996 年，日本中央教育审议会在题为《展望 21 世纪我国教育的形态》的咨询报告中，提出了国际理解教育的四个目标：①具备作为日本人的自觉意识，具有广阔视野且具有异文化理解能力和交往能力；②成为不断为世界做贡献的独立的日本人；③改善外语教育以提高外语水平和表现力；④充实海外人员子女教育①。在该报告影响下，1997 年日本发布的教育课程审议会报告规定，学生要深爱本国历史和文化传统并为之自豪，同时也要以广阔视野理解异文化，能够毫无偏见地与异文化背景的人士自然交流和生活。1998 年修订的《学习指导要领》提出，要培养具有丰富人性和社会性且能在国际社会上生存的日本人，提出设置跨学科以探究式学习为主的综合学习实践，用以实施国际理解教育②。这是日本首次将国际理解教育落实到学校具体课程开发之中，极大地促进了国际理解教育的发展。在理论界，日本教育家大津和子提出在国际理解教育视角下培养地球公民的构想和"共生"理念，即全球人类在同一地球上和谐相处。这一理念深刻影响了日本国际理解教育在 21 世纪的发展。

4. 多元共生理解阶段

21 世纪以来，日本国内外国人数量达到 200 万以上。如 2018 年 6 月统计数据显示，日本在留外国人（已办理登记者）达到 2 637 251 人，约占日本当年度人口总数的 2%，其中在日本各类型中小学校就读的外籍儿童有 98 927 人③。多元文化的理解与共处、经济竞争与合作以及生态环境、和平与发展等人类共同面对的问题成为日本国际理解教育的新课题。日本文部省

---

① 张蓉，谢聪. 从追随到自立——日本中小学国际理解教育的发展 [J]. 外国中小学教育，2017（12）：18-24.
② 王威. 日本国际理解教育政策变迁研究 [D]. 北京：北京师范大学，2008.
③ 张雯. 21 世纪以来日本中小学国际理解教育的实践探究 [D]. 武汉：华中师范大学，2019.

于2001年改组为文部科学省，由旗下的初中等教育局全面负责国际理解教育工作，由此日本建立了新的国际理解教育推进机制。这些新机制包括每年文部科学省召集全国各都道府县、指定城市教育委员会的指导主管召开国际理解教育指导主管的联络协议会等，共同商讨推进国际理解教育的发展。

在政策方面，文部科学省听取了国际教育专家的意见，于2005年8月发表《初中等教育中国际教育推进研讨会报告》，用"国际教育"来取代之前一直使用的"国际理解教育"术语①。在范畴和内容方面，2004年，日本除了在推进国际理解教育、充实外国语教育、加强海外人员子女教育和海外归国人员子女教育四个方面努力外，还将外国学生教育纳入对应国际化趋势的教育之中。2006年，日本国际理解教育协会基于课程开发的理论与实践研究设定了国际理解课程的四大领域，即多元文化社会、全球化社会、地球问题和对未来的选择。此后，学者不断丰富课程开发的方法，提出如全球化社会领域下"相互依存"的教材开发方法、如何充分利用地域教材资源来推进国际理解教育，等等。在实践方面，日本中小学校也积极采取多样化的形式开展国际理解教育，总体上形成了政府、社会、学校协同开展国际理解教育的局面。

（二）日本国际理解教育的主要实施途径

日本中小学的国际理解教育主要通过以下四个渠道开展。

1. 在学科教学活动中渗透国际理解教育

学生从不同学科中学习别国的政治、经济、地理、历史、文化等知识，促进对他国文化的全面认识和理解。日本社会科分为地理领域、历史领域和公民领域三个领域，因该学科的特殊性和优势，其教育目标、内容及分领域从不同角度反映了国际理解教育的理念与要求。2017年日本最新修订的《学习指导要领》规定，小学社会科的教育目标是让学生通过学习社会观点和思想、研究和解决问题活动，培养能够在全球化国际社会中主动生存的能

---

① 王威. 日本国际理解教育政策变迁研究[D]. 北京：北京师范大学，2008.

力以及和平民主国家和社会塑造者所需的公民素质和能力①；中学社会科的目标是让学生多方面、多角度考察和深入理解本国国土和历史、现代政治和经济以及国际关系等的意义、特点和相互关系，热爱本国并谋求其和平与繁荣，尊重和认识他国及其文化的重要性，培养在全球化国际社会中主动生活以及和平民主国家及社会的塑造者所需的公民素质和能力。其中，地理领域的目标是学习关于日本和世界地区有关的各种现象，培养主动探求和解决问题的态度，加深对国土的热爱以及对尊重世界各地区多样化文化生活的重要性的认识。公民领域的目标是让学生正确认识尊重个人尊严和人权的意义，了解个人与社会的联系，认识到相互尊重主权和开展国际合作的重要性，培养主动参与社会的态度，为谋求世界和平与繁荣做出贡献。历史领域的目标是使学生通过学习本国历史以加深对国家政治、经济、社会文化等发展轨迹的了解，培养爱国主义意识；认识并尊重为国家、社会、文化的发展和改善人们生活做出贡献的历史人物和文化遗产的重要性，培养国际协作精神②。如日本的历史课程结构，在小学主要讲授社区、家乡、本地区的历史，在小学六年级讲授简单的本国史；初中以讲授本国史为主，兼顾与本国有关的世界史；高中则必修世界史、选修本国史。小学、初中、高中三个阶段形成了"地区史—本国史—世界史"不断向外扩大的同心圆结构，即从身边的社区生活学起，进而扩大到本地区，再扩大到全国，最后到整个世界③。

针对国际问题复杂而教师和学生难以全面把握和理解的境况，日本国际理解教育学会、日本发展教育协会等学术组织编制了国际理解教育的课程框架或课程开发标准，许多民间团体或个人开发了国际理解教育的主题实践教材。这些实践教材通过身边事物反映当前全球社会的诸多问题，具有极强的现实意义，在丰富学习内容的同时指导教师实施主题活动，提升了国际理解

---

① 文部科学省. 小学校学习指导要领［EB/OL］.［2022-01-05］. https://www.mext.go.jp/content/1413522_001.pdf.
② 文部科学省. 中学校学习指导要领［EB/OL］.［2022-01-05］. https://www.mext.go.jp/content/1413522_001.pdf.
③ 张方鼎. 近四十年来日本历史学习指导要领的变迁及其分析［D］. 北京：首都师范大学，2011.

教育的实施水平;这些教材也因主题深刻、视角独特、便于操作且趣味性强而深受日本师生的喜爱①。在具体教学过程中,社会科教师通常采取课内和课外主题活动相结合的形式,鼓励学生围绕全球问题从不同视角进行信息搜集和处理,鼓励学生思考、洞察其中隐藏的矛盾和问题,展开深入探讨,在拓宽学生视野的同时培养学生发现问题、探究问题与合作协商等多种能力。

2. 利用综合学习活动课程培养学生的国际视野

自1998年起,日本中小学《学习指导要领》设置了"综合学习时间"课程,要求学校根据实际情况,就国际理解、信息、环境、福利、健康等跨学科的、综合性的问题,基于儿童兴趣和关心的课题,以及符合地区人民的生活、传统和文化或学校特色的课题来开展学习活动②,目的在于运用探究式思维,通过跨学科、综合性的学习方式,培养学生从现实社会和现实生活中发现问题、探究问题和与人协作解决问题的能力以及积极参与社会事务的态度,最终掌握解决课题所需的知识和技能。日本从2002年开始在小学三至六年级和初中一至三年级课程中增设"综合学习时间"课程(初一每年50学时,其他年级每年70学时),着眼于打破学科界限,以知识的横向综合为主线,结合最受社会关注的国际理解、信息、环境、社会保障等问题,根据学生的兴趣爱好,合理有效、有创意地安排学习内容。

国际理解教育是"综合学习时间"课程的主要目标和内容之一。2017年中小学《学习指导要领》建议在"综合学习时间"中可围绕"在当地生活的外国人和当地人最重要的文化和价值""自然环境以及引起的全球化环境问题""社会生活的变化和资源能源问题""社会生活与经济活动的变化""地域的传统文化与继承"等主题开展国际理解教育活动。"综合学习时间"课程的实施主要由学校根据自身实际情况来制定具体的落实计划、目标、内容和实施形式,因各地和各校具有明显的独特性,国际理解教育也就更具校本化和个性化特点。如神奈川县是日本国际理解教育的先行试点地区,从20

---

① 谢聪. 日本中学社会科中的国际理解教育研究 [D]. 南京:南京师范大学, 2018.

② 文部科学省. 小学校学习指导要领 [EB/OL]. [2022-01-05]. https://www.mext.go.jp/content/1413522_001.pdf.

世纪80年代开始，县内所辖小学积极利用"道德时间""综合学习时间"及"特别活动时间"致力于"基于国际理解教育的学生综合活动"的研发与推进[①]。从实施情况看，日本59.4%的小学在"综合学习时间"中开展了国际理解教育，三至六年级开课的平均比例约为32%，其中六年级开课比例最高，约为40.7%；29.5%的初中学校在"综合学习时间"课程中开展了国际理解教育，各年级开课比例逐级上升，从初一的14.3%上升到初二的15.6%，初三增长至22.6%；普通高中学校在"综合学习时间"课程中开展国际理解教育的比例为28.7%，高一至高三的比例分别为25.3%、29.2%和23.20%，均高于初中阶段各年级[②]，可见日本国际理解教育成为"综合学习时间"课程的主要内容。

3. 依托联合国教科文组织联盟学校网络（ASPnet）开展

ASPnet成立于1953年，主要围绕联合国优先事项、和平与人权、跨文化学习以及环境教育四个主要研究领域实施高质量教育。日本作为最早加入该联盟的国家，尽管由于机构改革、经济发展等原因，联盟学校网络发展一度陷入低迷，但一直以来日本都将联合国教科文组织联盟学校网络作为推进国际理解教育的重要抓手。2000年以来，日本重新利用该联盟学校网络，与国外合作学校就人类面对的共同问题开展合作，通过多元文化理解培养学生包容异己、尊重差别的态度[③]。2008年2月，日本联合国教科文组织国内委员会教育小组委员会提出"关于利用联合国教科文组织学校促进可持续发展教育（ESD）传播的建议"，建议围绕国际理解、环境、多元文化主义、人权、和平、发展和防灾等主题和内容，培养可持续社会的领导者。2012年8月，联合国教科文组织在日联系学校的数量增至459所[④]，到2019年11月

---

① 林灵. 日本国际理解教育的个案研究 [D]. 上海：上海师范大学，2017.
② 张雯. 21世纪以来日本中小学国际理解教育的实践探究 [D]. 武汉：华中师范大学，2019.
③ 杨红军. 教育国际化视域下的日本国际理解教育考察 [J]. 比较教育研究，2016 (7)：64–70.
④ MEXT. Guidelines for the UNESCO Associated Schools in Japan [EB/OL]. (2012–08–20) [2021–12–05]. https：//www.mext.go.jp/en/unesco/title04/detail04/1373242.htm.

发展至1120所，约占世界联合国教科文组织学校的10%。

2021年2月26日，日本联合国教科文组织国内委员会教育小组委员会就联盟学校的新发展进行了讨论，一致认为确保联盟学校的教育质量比以往任何时候都更有必要，为此发布了《关于联合国教科文组织学校的新发展》报告，就未来面向国际视野的学校发展方向、激活学校活动的措施、健全审查制度和标准以确保学校注册后的教育质量等方面提出了新的发展方向[①]。其中，特别强调在新冠肺炎疫情全球肆虐的时代背景下，要加强网络建设促进活动和交流；加强公共关系和传播以提高可视性；大力推进可持续发展教育，利用联合国教科文组织活动的长处，强化各利益相关者合作战略平台的建设，构建区域创生和多元文化共生的社会。

4. 学术团体积极为学校和社区开展各类国际理解教育体验活动

2006年日本开始实施新的"国际教育推进计划"，在各地区设立核心学校，并以此为中心与非营利组织法人机构合作开发课程，开展参与型集体研修，培养适应地区国际化和国际社会发展的积极活跃的人才。当年度有6个县市被指定要求建立核心学校，4个地区被指定为实验区，开展为期三年的探索，旨在以核心学校为中心，积极利用适合促进区域国际教育的组织如非营利组织和大学以及各方的努力，围绕全球问题和区域特点，开展小、中、高学校连贯一致的示范课程的开发等实践研究[②]。日本众多县市以政府为依托大力推进国际理解教育，将具有代表性的实践案例在网络公开发表供相关人员借鉴学习。

与此同时，日本各地区国际交流协会纷纷为县内学校和社区举办各种丰富本地区国际理解教育的活动，内容和形式多样。如举办国际理解讲习班、跨文化理解或其他多文化讲座；派遣外教以促进学生和社会人士的国际理解教育；在县内学校和社区中心举办以多元文化共生和世界范围内问题为主题

---

① 文部科学省国際統括官付. ユネスコスクールの新たな展開について [EB/OL]. [2021-12-06]. https://www.unesco-school.mext.go.jp/notice/important-regarding-the-new-development-of-unesco-school-of-law-school/.

② 文部科学省. 国際教育推進プラン [EB/OL]. [2021-12-06]. https://www.mext.go.jp/a_menu/kokusai/plan/index.htm.

的国际理解教育讲座；举办国际节，邀请居住在本地的外国人介绍自己的国家，介绍县内国际交流组织的活动以及举办各国的舞蹈表演等。其中，埼玉县国际交流协会为了使儿童更好地了解外国文化和生活方式，动员居住在学校和社区中心的外国人和前青年海外合作小组成员支持国际理解教育。新潟县国际交流协会为初中生和高中生举办以国际理解为主题的演讲比赛，以培养为促进世界和平和相互理解而行动的人力资源；还向海外派遣最优秀的团队，为扩大世界视野和加深友好关系提供机会。北九州国际交流协会将外籍人士派遣到中小学和公民中心担任讲师，为学生和学员提供体验学习世界文化和习俗的机会。此外，社会团体如日本国际协力事业团和民间团体合作，面向教师以及对国际理解和多元文化共生感兴趣的人士举办促进民众国际理解的小组会议[①]。这些活动同时也营造了有利于推进国际理解教育的良好社会氛围。

二、加强以英语为主的外语教育

（一）适时调整外语教育目标和课程设置

外语作为了解他国文化和对外交流的工具一直受到各国重视，日本也不例外。1947年日本颁发的《学习指导要领一般篇（试行方案）》中，英语作为初中和高中选修课开设，教学目标是：培养学生用英语思维的习惯；学生学习英语的听说读写；学生了解英语国家的风俗和生活习惯。随着日本经济的发展，1955年修订的版本中，其英语教育目标修改为"为培养理解和表达外语能力打下基础，加强语言意识，同时为培养理解国际社会的意识打下基础"。但这一时期因增加了数学、理科课程等的课时，英语课时遭到缩减，教学内容被施以精选。1963年高中英语改为必修课程，同时增加了德语、法语等课程。20世纪80年代末期以来，为了把日本建设成为"国际国家"，日本英语教育的目标调整为：适应国际化发展，进一步培养学生的语言交际

---

① 一般财团法人自治体国际化协会（クレア）. 国際理解・教育事業（外国人住民との交流事業を含む）[EB/OL]. [2022-01-05]. http://www.clair.or.jp/j/multiculture/112_kokusairikai.pdf.

能力;培养学生积极主动用英语进行交际的态度;增加学生对外国及本国语言、文化的兴趣,加深对国际社会的理解。从 1987 年开始,日本着手实施日本教学交流计划(即 JET 计划),大量招聘外国青年到日本承担外语教学指导和外语教学研究等工作,大范围为中小学校配置外籍语言助教(assistant language teacher,简称 ALT)。ALT 计划在增进日本国际交流和促进外语教育改革方面起到了积极作用,被一直沿用至今。

  进入 21 世纪,日本小学课程设置有了新变化。2002 年,日本小学三年级及以上年级引入"综合学习时间"课程,要求在"综合学习时间"中安排英语课,原则上每周 3 个课时。这样,日本学生从小学三年级就起开始接触英语。从 2003 年开始,高中增加英语口语 I 和英语口语 II 课程,更加重视对学生英语交际能力的培养。日本外语教育在加强对外语和外国文化理解的同时,还要求提升学生作为日本人在国际社会上生存的自觉意识,培养国际合作精神。2008 年版《学习指导要领》的目标是:通过在小学、初中和高中实施系统性的外语教育,加深学生对语言和文化的理解,培养积极使用外语进行交流的态度,以及准确理解和适当传达信息和想法的能力。其主要措施包括:在五至六年级将外语活动引入小学,教学以听说为主(2011 年起从小学开始实施);初中平衡听、说、读、写四项技能教学,掌握的词汇从 900 个增加到 1200 个;高中英语课原则上全英授课,掌握的词汇从 1300 个增加到 1800 个。2017—2018 年版的《学习指导要领》(2020 年起从小学开始实施)再次加强,将旨在培养学生外语学习兴趣的外语活动提前到小学中年级(三、四年级)开展,五年级起设立为正规的外语课,旨在加深学生对外语背景文化的理解,培养学生主动使用外语进行交流的态度[①]。这样,日本外语教育的起始时间前移了两年,即从小学三年级开始开展外语活动。在中学,从实用角度即"使用外语能做什么"的角度来重新设定教学目标,强调在外语学习过程中,学生通过思考、判断、表达获得知识和技能,并在

---

  ① 文部科学省. 小学校学習指導要領 [EB/OL]. [2022 - 01 - 05]. https://www.mext.go.jp/content/1413522_001.pdf.

实际交流中活用这些知识和技能①；在听、说、读、写四项技能中，更强调"说"是交换和发表自己的意见和见解，而不仅仅是掌握词汇和语法等知识。

（二）推行适应全球化的英语教育改革

21世纪以来，面对不尽如人意的英语教育，日本政府开始着手推动新一轮的英语教育改革。2002年7月12日，文部科学省发布了《培养能使用英语的日本人的战略构想》，确定了两个英语教育战略目标体系：一是提高全体国民的英语能力。全体国民应具备使用英语进行日常会话和进行简单信息交流的能力，为此，初中毕业生要学会日常应酬所需要的英语会话，就身边与生活相关的话题进行流利的交流，高中毕业生要达到可与人就日常生活话题进行自然的交流的水平。二是进一步提高专业人士和从事国际社会活动人士的英语能力，他们要达到在专业领域熟练地使用英语的水平。为落实英语战略构想，2003年3月31日日本文部科学省发布了《培养能使用英语的日本人行动计划》，明确了到2008年的英语教育改革方向，规定了各教育阶段英语教育的培养目标及具体措施，涵盖教学方法、教师指导能力、教材、教学制度、学生学习动力、入学考试评价方式、母语教学等方面②。其中，基础教育阶段的目标为学生在初、高中毕业后能够使用英语进行交流。量化标准要求学生初中毕业时的平均英语水平要达到英语技能检定考试（以下简称为"英检"）3级，高中毕业时要达到英检2级水平。不过，2007年的相关调查结果显示，约32%的初中学校及30%的高中学校未能完成行动计划所提出的目标；学生和英语教师的英语水平和其他技能也没有达标。而且，日本年轻人出现"内向型"发展趋势，出国留学的高中生和大学生人数持续减少。

日本推行外语教育改革主要体现在以下方面。

---

① 文部科学省. 外国語活動・外国語編（平成29年7月）[EB/OL]. (2019-03-18) [2022-01-05]. https://www.mext.go.jp/component/a_menu/education/micro_detail/_icsFiles/afieldfile/2019/03/18/1387017_011.pdf.

② 林丽施. 日本新世纪以来基础教育培养全球化人才研究 [D]. 上海：华东师范大学，2018.

1. 提高英语作为国际通用语的能力的改革

为解决困境，日本文部科学省于2010年11月成立了"提高外语能力委员会"，对提高学生英语能力、提高英语教师质量以及ALT计划等的落实情况进行审查，并于2011年6月底发布了审议报告——《提高英语作为国际通用语的能力的五项建议和具体措施：通过提高学习英语的意愿和增加使用机会培养扎实的沟通能力》①。该审议报告认为，一方面，日本大地震中得到了外国的大力支持，因而日本人需要加强与不同文化和文明共存的能力及进行国际合作；另一方面，通过获取语言技能和积累跨文化经验来开发全球范围内的人力资源活动是极其重要的。因此，该报告提出了五项建议：一是积极利用学生的STEP考试、GTEC考试和其他外部认证测试以验证学生的实际英语水平；二是提高学生对全球社会学习英语的必要性的认识，激发学习动力；三是通过有效利用助教（ALT）、信息和通信技术（information communications technology，ICT）以及其他手段为学生提供更多使用英语的机会；四是加强英语教师的英语技能和教学能力以及推进学校和社区层面英语教育的战略性改善；五是修改大学入学考试要求。日本相关部门就审查报告的五项建议和具体措施状况连续开展了两次调查。2011年和2012年的调查结果表明，初三学生（英检3级）和高三学生（英检2级）达到设定英语标准、英语教师中获得英语考试设定标准（英检1级或以上、TOEFL PBT 550分以上、CBT 213分以上、iBT 80分以上或TOEIC 730分以上）的比例并没有明显改进，只是在雇佣外籍教师增加英语使用机会方面有所改善②。调查结果促使日本于2013年开始在初中和高中使用"Can-Do清单"来加强学校、

---

① 国外語能力の向上に関する検討会. 国際共通語としての英語力向上のための5つの提言と具体的施策［EB/OL］. (2011-07-13)［2021-12-14］. https：//www.mext.go.jp/component/b_menu/shingi/toushin/_icsFiles/afieldfile/2011/07/13/1308401_2.pdf.

② 文部科学省. 平成24年度「『国際共通語としての英語力向上のための五つの提言と具体的施策』に係る状況調査」の結果について［EB/OL］.［2022-02-14］. https：//www.mext.go.jp/a_menu/kokusai/gaikokugo/1332638.htm.

教师和学生对"外语表达能力"和"外语理解能力"目标的监测①。

2. 构建适应全球化的英语教育新形态

英语教育的新形态指的是通过小、中、高贯通衔接的学习模式和目标设定，切实培养学生的英语交流能力。面对日本国内英语教育的不理想状况以及世界全球化趋势扩大带来的挑战，日本文部科学省于2013年12月13日发布了《应对全球化的英语教育改革实施计划》，提出为迎接2020年东京奥运会全面开展新的英语教育改革，并从2014年开始推进②。为落实该计划，文部科学省召开了9次专家会议，于2014年9月26日发布了改善和加强英语教育的措施报告《应对全球化的英语教育改革的五点建议》③。为应对全球化的英语教育改革，聚焦构建英语教育新形态，该报告从"使用英语可以做什么"的角度提出了小学、初中和高中相贯通、相衔接的一体化英语教育目标：

（1）小学阶段：从中年级（三至四年级）开始以班主任为中心指导开展外语活动，熟悉语音，提高对语言的兴趣，为培养交流沟通能力打好基础；高年级（五至六年级）以学科型课程或灵活运用模块教学，培养学生倾听、说话、阅读和写作的态度以及初步的英语运用能力。

（2）初中阶段：使用英语作为教学语言，培养学生理解日常话题、进行简单信息交换及表达的能力；强调培养沟通技巧，用英语交流思想和感受，而非进行语法翻译。

（3）高中阶段：学生围绕广泛的主题体验丰富的演讲、讨论和谈判等高

---

① 文部科学省初等中等教育局. 各中・高等学校の外国語教育における「CAN‐DO リスト」の形での学習到達目標設定のための手引き［EB/OL］. (2013‐05‐08)［2022‐02‐14］. https://www.mext.go.jp/a_menu/kokusai/gaikokugo/_icsFiles/afieldfile/2013/05/08/1332306_4.pdf.

② 文部科学省. グローバル化に対応した英語教育改革実施計画［EB/OL］. (2014‐01‐31)［2021‐12‐14］. https://www.mext.go.jp/a_menu/kokusai/gaikokugo/_icsFiles/afieldfile/2014/01/31/1343704_01.pdf.

③ 文部科学省. 今後の英語教育の改善・充実方策について報告（概要）［EB/OL］.［2022‐02‐14］. https://www.mext.go.jp/b_menu/shingi/chousa/shotou/102/houkoku/attach/135 2463.htm.

水平的语言活动，提高准确理解、正确传达信息和想法等的沟通技巧，培养理解抽象内容、使用英语进行流畅沟通的能力。

为了解学生的英语水平，改善和充实教学以提高学生的学习积极性，日本政府在以往设定的英语水平目标的基础上，还提出初中和高中学生的达标比例要达到50%以及高中毕业阶段还可设置英语考试2级至准1级、托福iBT 60分左右的目标，以掌握、分析和提高学生的英语水平。

为了解《应对全球化的英语教育改革实施计划》的实施情况，文部科学省从2014年起开展了年度专项"改善英语教育的能力调查"[1]，以初中三年级和高中三年级学生为对象，采用欧洲语言参考框架标准对学生的英语四种能力，对英语学习的兴趣、意愿及课内外的学习情况进行调查与分析，同时也调查英语教师课堂上的指导和评价情况等内容。

3. 推进新英语教育的体制整顿

为更好促进英语新形态的打造，日本对整个英语教育体制也进行了变革，主要包括强化小学、初中和高中学校的指导体制；促进外部人才的培养——主要是ALT计划的运用；开发与完善指导教材、研修教材和模块教学需要的信息和通信技术（ICT）教材等；改善教师培养和聘用机制，吸收具有高水平英语能力的社会人才，如在小学阶段设立特别英语教师资格证，承认外部检定考试结果并将其作为聘用依据等。

鉴于2014年度高三学生在"改善英语教育的能力调查"中听、说、读、写四项技能存在问题，以及自2011年度以来每年进行的"英语教育实施情况调查"中初中和高中学生英语能力没有得到充分改善的情况，文部科学省于2015年6月5日制定印发了《提高学生英语能力的促进计划》[2]，要求各都道府县制定本地的《英语教育改善计划》，根据国家设定的学生英语能力目标制定各都道府县的目标并每年公布达成情况，在各地计划的基础上构建

---

[1] 文部科学省. 英語教育改善のための英語力調査 [EB/OL]. [2022-01-21]. https://www.mext.go.jp/a_menu/kokusai/gaikokugo/1403470.htm.

[2] 文部科学省. 生徒の英語力向上推進プラン [EB/OL]. (2015-07-21) [2022-01-05]. https://www.mext.go.jp/a_menu/kokusai/gaikokugo/_icsFiles/afieldfile/2015/07/21/1358906_01_1.pdf.

加强和改善国家及都道府县英语教育的 PDCA 循环，并依此修订新的英语学习指导要领。实际上《英语教育改善计划》自文部科学省在《第三期教育促进基本计划》（2009 年）中提出后，各都道府县每年都制订改善计划，从 2019 年度开展的"英语教育实施状况调查"结果来看，初中学生（44.0%）、高中学生（43.6%）和英语教师的英语能力指标比 2018 年度均有所提升，语言活动实施、教师使用英语和使用 ICT 设备等比例有所改善，但是小学和初中之间的合作在一些地区没有得到充分贯彻①，学生英语能力的指标离 50% 的预定目标尚有较大差距。

（三）激发学生外语学习的积极性

日本虽然从小学到大学各阶段的外语教学改善取得了一定效果，但是随着年级的提高，学生的外语学习欲望减弱。在 2014 年的调查中，超过半数的学生表示"不喜欢英语"。为此，日本非常重视激发学生的外语（英语）学习积极性，并采取了一系列措施。一是在教学中，灵活运用基础知识和技术选择学生感兴趣、关心的广泛话题，如时事问题、社会话题等，让学生体验"发表、讨论、谈判"等语言活动，提高学生准确理解或恰当传达信息、想法等的综合沟通能力。教师在课堂上用英语来组织课堂活动，创设可以用英语进行交流的活动场景，让学生体验用英语表达自己的想法、了解他人的想法及学习英语的乐趣。二是以学校为中心，积极开展英语沙龙、英语演讲比赛、英语会话比赛和与留学生进行交流等活动，加强学生与外国人的交往，为学生提供更多学习和使用英语的机会，从而提升学生对外语学习的兴趣和积极性。三是改善英语教育的社会支持环境，在校外与大学、民间团体合作，为基础教育阶段学生提供异文化体验的机会。四是改善高中入学英语考试机制。日本从 2006 年开始在大学入学考试中引入英语听力考试，以便提高学生对英语综合能力的重视。高中入学考试也随之改进，增加了英语听力考试和口语考试，增强了学生的学习动机和积极性。

---

① 文部科学省. 令和元年度「英語教育実施状況調査」の結果と今後の取組について[EB/OL]. [2022 – 01 – 15]. https://www.mext.go.jp/content/20200715 – mxt_kyoiku01 – 000008761_1.pdf.

此外，日本还采取了建设"超级英语语言高中"的策略，提高英语教师的任职资格和标准，运用外部检定考试如 PISA 测试、托福、托业、欧洲语言教学与评估框架性共同标准等来衡量师生的英语水平，以加强外语教育。总体来说，日本基础教育阶段外语教育的系列改革主要围绕"培养全球化人才"和"进一步提升英语教育质量与水平"来展开，同时在内容中渗透国际理解教育，为推进基础教育国际化奠定语言基础。不过，日本人的英语能力差强人意，特别是语言输出能力（说和写）的滞后也成为较难解决的问题。2021 年 11 月 16 日公布的英孚成人英语熟练度调查（英语熟练指标 EF EPI）中，日本位列 112 个国家的第 78 名（低熟练度）[1]。法国《费加罗报》认为，这不仅仅意味着日本人英语不好，同时还表明日本排外情绪正在加剧，整个国家也变得更加孤立。该评论至少说明日本通过英语教育改革实现国家战略的目标还有很长一段路要走。

三、着力建设超级全球化高中

超级全球化高中（Super Global High School，简称 SGH）建设项目是日本基础教育阶段全球化人才培养的组成部分之一。2013 年，日本内阁会议通过《日本复兴战略——Japan IS Back》，提出要开展应对全球化的教育，从高中阶段开始培养与世界竞争的全球领导人，为此有必要创设新型高中[2]。2014 年 1 月 14 日文部科学省发布《关于超级全球化高中研究开发的实施希望》，提出遴选部分学校为"超级全球化高中"，由政府给予资金，支持学校进行高质量的课程研究开发和实践，以培养对现代社会高度关心和深入了解以及拥有良好的交流能力、问题解决能力等高素质的全球领导人才。为此，日本拉开了建设超级全球化高中的序幕。

（一）超级全球化高中建设项目的目标与任务

日本超级全球化高中建设的宗旨是通过推进高中阶段的全球化教育，培

---

[1] 英孚. 更全面的全球成人英语熟练度调查 [EB/OL]. [2021-12-14]. https://liuxue.ef.com.cn/epi/.

[2] 首相官邸. 日本再兴戦略——Japan is Back [EB/OL]. [2021-12-14]. https://www.kantei.go.jp/jp/singi/keizaisaisei/pdf/saikou_jpn.pdf.

养学生对社会问题的兴趣,植厚知识涵养,提升沟通能力及解决问题能力等国际素养,培养将来能够在国际上发挥作用的全球领导者。超级全球化高中建设任务包括两部分:一是研究和开发有助于培养全球领导者的课程,以获得培养全球领导人才的优质教育课程及其实践经验,构建完善的教育体系;二是研究开发与大学的合作以探索有助于培养全球领导者的高—大(高中与大学)衔接[1]。两部分内容相辅相成,如 SGH 学校在实施以英语为基础的合作、讨论、论文写作、发表、探究性学习时,大学留学生处给予大力支持,派遣留学归国人员、外籍教师进行英语指导;在与企业和海内外高中、大学合作交流有关国际关注度较高的课题或全球化本土课题研究以及进行国内外现场研究时,大学会传授有关海外实地研究企划、方案的专门知识,并提供包括"学分认定"的高—大合作项目[2]。

(二)SGH 的申请和选拔

申请 SGH 的学校需要对照申请纲要中各项目的细目规定,提交为期 5 年的研究开发和实施全球化人才培养教育课程的申请计划,具体就教育课程、指导体制、指导方法、教材开发、教育技术的利用、高—大衔接的改善等方面的内容展开,提出预期要达成的目标、拟采取的主要行动或活动及其可行性分析、计划进度、组织管理、评估机制和经费用途等实施措施。

文部科学省作为主管部门,负责 SGH 项目学校的审查、选拔和评估等事项。各地管理机构应每年向文部科学省报告"超级全球化高中"的研究开发成果和实绩。从选拔程序来看,文部科学省委任第三方"超级全球化高中规划评价会议"对各申请学校的既往教育实绩以及申请计划的现实性、发展性和持续性等进行审查和综合评估,在兼顾地域性和学校类型的基础上最终确定 SGH 学校。2014 年 1 月开始的第一期选拔中,共有 246 所学校提交申请书,经过严格的书面审查和面试审查,最终有 56 所高中被指定为 SGH 学

---

[1] 文部科学省.スーパーグローバルハイスクール実施要項[EB/OL].(2014-01-30)[2021-12-14]. https://www.mext.go.jp/component/a_menu/education/detail/_ics-Files/afieldfile/2014/01/30/1343302_01_2.pdf.

[2] 林丽施.日本新世纪以来基础教育培养全球人才研究[D].上海:华东师范大学,2018.

校，其中国立中学4所、公立中学34所、私立中学18所。首批学校首年度每所学校可获得最高1600万日元的资助，突破了募集学校50所、预算8亿日元的计划。2015年继续选定了55所学校，其中国立学校1所、公立学校24所、私立学校30所①。两批共选拔了111所学校。

(三) SGH的项目特点与实效

1. 注重各类资源的统筹与运用

SGH学校的建设任务之一就是要加强与大学之间的合作。学校在设定人才培养目标和具体教学方案时，需要尽可能地运用所在区域和学校自身优势的教育资源。在推进建设过程中，各试点学校努力落实学校建设规划，在教学方式上侧重灵活运用各项社会教育资源和实地考察、海外研修等多元化教育手段与方式，让学生在实践中拓展视野，体验并获得与他人沟通协商的能力，提升国际化素养。如大阪府的高崎完全中学与大阪医科大学、京都大学开展合作，培养对"全球健康"问题的认识，研究探索如何培养关注亚洲人健康问题的人力资源。学生们参加京都大学全球健康跨学科融合部举办的国际会议和年轻研究人员的汇报会，个别学生还参与关于全球健康海外专业书籍的翻译项目。2015年斯坦福大学为该校高中一年级学生开设了为期6个月的关于全球健康的在线课程，还开展了其他国际跨文化教育项目合作②。

2. 更注重培养学生关心社会性课题的意识与能力

各SGH学校纷纷围绕全球性课题，如共生课题（包括文化、民族、外国人等）、国际关系课题（包括外交、安全、和平、贫困、国际合作等）、女性课题、教育课题、文化课题（包括历史、宗教、语言等）、生态环境课题、防灾和重建课题等开展实验探索，在培养学生丰厚知识涵养的同时，更侧重于帮助学生提升思考、发现问题和实际解决问题的能力。如千叶县佐仓高中针对新冠肺炎疫情，开展了"我们不会浪费这场危机"的在线化探究学

---

① 文部科学省. 平成27年度スーパーグローバルハイスクールの指定について [EB/OL]. [2021-12-17]. https://www.mext.go.jp/a_menu/kokusai/sgh/1356366.htm.

② 文部科学省. 高槻高等学校・中学校（大阪府）[EB/OL]. (2021-02-25) [2022-01-14]. https://www.mext.go.jp/content/20210225-mxt_koukou02-000013047-01.pdf.

习课题研究活动。该活动命名为"探究是在线教育的实验场",高一年级将"探究"定位为构建人际关系的最重要场所,设立了研究小组,在线发布计划,并与国内和海外相关人员进行在线交流①。

3. 注重目标导向和活动导向

SGH 的申请计划需要依据申请纲要写明具体的预期达成目标以及其年度目标和实施四年后的验证目标,这些目标成为检验、评估学校建设成效的依据。也就是说,每所学校的评估标准是依据自身设定的目标来评判的,而非依据统一的标准。如"实现教学构想的成果目标"需要设定学生自主参与各类社会奉献活动和自我钻研活动的数量、学生自主赴海外留学或参与研修的数量、未来有赴海外留学或工作意向的学生比例等 7 项指标。活动指标需要设定 SGH 计划的国外和国内参加者人数、合作参与 SGH 计划的海外大学和高中数量、参与 SGH 计划的大学师生和企业与国际机构等外部人员的数量、作为 SGH 先进学校进行研究成果发表的次数等 10 项指标②。2019 年,在对 2014 年指定的 SGH 学校进行的项目成果验收中,展示介绍了 SGH 指定学校开发的有关教学方法、教材开发和评估方法的原创案例。

4. 注重及时分享和传播建设成果

2021 年 3 月起,为进一步促进高中阶段的全球人力资源开发工作,日本文部科学省还发起建立了一个由高中和其他机构参加的网络——超级全球高中网络③。参加该网络的学校被要求建立全球人力资源形象,根据人力资源形象,具体、明确地确定和公布学生在毕业时能够具备的素质和能力;根据有助于全球人力资源开发的课题研究或先进课题研究的结果,组织有助于全球人力资源开发发展实践的教育课程等;与国内外高中、大学和国际组织合

---

① 千葉県立佐倉高等学校.『この危機を無駄にしない』~探究学習、オンライン化の試み~ [EB/OL]. (2020 - 07 - 16) [2021 - 12 - 15]. https://www.mext.go.jp/content/20200716 - mxt_koukou02 - 000008780 - 07. pdf.

② 文部科学省.スーパーグローバルハイスクールについて [EB/OL]. [2021 - 12 - 15]. https://www.mext.go.jp/a_menu/kokusai/sgh/index.htm.

③ 文部科学省.スーパーグローバルハイスクール(SGH)ネットワークの構築について [EB/OL]. [2021 - 12 - 15]. https://www.mext.go.jp/a_menu/shotou/kaikaku/mext_00024.html.

作，开展更实际、更先进的学习活动；有效采用小组工作、讨论、论文撰写、演示和项目学习等方法（包括外语学习），以鼓励学生主动学习；定期开展自我评估和学校相关人员评估等，以促进SGH建设成果的传播和建立可持续的全球人力资源开发网络。

SGH高中建设总体上朝着预定目标在推进，在提高学生演讲技能、英语表达能力、问题意识、批判意识和能力等方面取得一定进展，某些试点学校也与大学之间建立了合作网络。但受新冠肺炎疫情的影响，许多活动未能按原计划进行，海外研修、海外合作学校的短期来日访问基本停止，国内实践和研修的次数也骤减，取而代之的是利用Zoom和Skype等网络会议工具进行交流。同时，SGH建设在推行过程中，预算不足、技能人员短缺、耗时过多、畏难心理和过度竞争等方面的障碍也越来越明显，亟待发掘新的突破途径。

四、鼓励、促进高中生的国际交流

为了实现"到2020年将日本留学生从6万人翻一番至12万人"的目标，全面消除阻碍出国留学的因素，日本内阁秘书处、外交部、文部科学省、厚生省和观光厅等相关部门及机构采取了许多综合性、战略性的措施，包括明确留学内容和提高留学质量、避免对就业的影响、减轻与留学有关的经济负担、改善学校制度（如课程安排、学分互换等）、安全管理、提高语言能力、创造留学机会、根据留学目的国采取相应措施（如关注目的国留学人数的下降和上升趋势）等来促进青年出国留学。其中，促进高中生出国留学也是日本积极倡导的主要内容之一，目标是"到2022年将日本高中生出国留学人数增加到6万人"。文部科学省采取多项措施鼓励高中生出国留学或研修。

（一）制度化鼓励和保障高中生出国留学研修[①]

1. 留学学分认可

依据日本《学校教育实施条例》的规定，从1988年4月开始，日本高

---

① 文部科学省. 高校生の留学生交流・国際交流の推進 [EB/OL]. [2021 - 12 - 17]. https://www.mext.go.jp/a_menu/koutou/ryugaku/1292025.htm.

中学生海外留学活动不再被当作休学处理，且可以将高中学生在外国高中的学习等同于在国内高中的学习，每年最高可获 30 个学分的认证。这一举措极大地鼓励了高中学生的出国留学。鉴于教育国际化的进一步推进和对高中阶段出国留学重要性认识的提高，日本对《学校教育实施条例》中关于高中阶段到外国高中留学的条款内容进行了修改，即从 2010 年 4 月 1 日起，学生可认证的最高学分从 30 学分提高到 36 学分[①]。

2. 留学经费支持

文部科学省为高中生提供"日本留学代表项目（高中生课程）""促进高中生国际交流项目"等出国留学资助项目。如"日本留学代表项目（高中生课程）"是官民协作的海外留学支援项目，自 2014 年起每年度开放申请（2021 年因疫情中断），在日本已注册的高中生不限语言能力、不限成绩，均可申请；出国学习或研修时间也比较宽泛，从 14 天至 1 年不等，获得资助的学生被称为国家"派遣留学生"[②]。2015 年第一期至 2019 年第六期，文部科学省共为 960 所高中的 2685 名高中生提供了出国留学资助；2021 年的第七期共招募了 250 家公司和组织的 120.6 亿日元，为 704 名高中生提供了资助[③]。

3. 入学弹性化

日本扩大了海外归国初、高中生中途入学的范围，放宽高中和大学的入学制度和毕业制度，增加了高中生升学路径选择的灵活性，为高中生出国留学提供了便利。

在鼓励学生海外留学的同时，日本还鼓励学生利用寒暑假时间到国外进行 10～20 天的修学旅行，以增加学生与外国文化接触的机会，增强其对世

---

① 文部科学省. 高等学校における外国留学時認定可能単位数の拡大 [EB/OL]. (2012-07-31) [2021-12-15]. https://www.mext.go.jp/a_menu/koutou/ryugaku/_icsFiles/afieldfile/2012/07/31/1292020_01.pdf.
② トビタテ！留学 JAPAN について. 日本代表プログラム高校生コース [EB/OL]. [2021-12-15]. https://tobitate.mext.go.jp/hs/program/.
③ 文部科学省. トビタテ！留学 JAPAN [EB/OL]. [2021-12-15]. https://www.mext.go.jp/a_menu/kokusai/tobitate/index.htm.

界各国的了解和认识。上述措施在一定程度上促进了高中学生的出国热情。根据调查结果，2017年日本高中生出国留学人数为4.7万人，比2015年增加了1.1万人，其中3个月以内研修旅行的达到42 793人；另有出国修学旅行人数为179 910人，比2015年增加了14 981人①。可见，短期国际交流促进了日本高中留学生总数的增加。

（二）加强来日高中生的交流与体验

日本政府认为，接受海外青年的国际交流和国际理解也是培养全球人力资源的重要因素。因此，日本政府在努力促进高中阶段学生出国留学研修的同时，也积极扩大接收外国学生来日交流的数量，并采取措施保障质量。

1. 推进和扩大访日教育旅行

访日教育旅行指的是由领队和学生组成的有组织的访问学校的旅行（不包括个人旅行），如研修旅行和留学。日本政府认为，访日教育旅行创造了国际交流的机会，一方面能够让外国年轻人了解日本魅力，扩大当地消费；另一方面可以让日本学生无须出国就能直接体验不同的文化，能使外语活学活用，吸引学生对海外的兴趣，加深和增进学生对国际的理解，有助于建立面向未来的国际关系。《2015年实现旅游立国行动计划》（2015年6月5日由促进观光国家部长级会议决定）提出，到2020年通过海外教育旅游的年游客人数要在2013年度约4万人的基础上增加五成。《2015年日本复兴战略修订——面向未来的挑战》也提出，利用旅游资源潜力吸引世界各地的人进入日本社会，既是创造战略市场的计划主题，也是吸引世界资源促进消费的社区主题。

鉴于以上认识，日本国家旅游局（JNTO）和文部科学省于2015年7月合作成立了一个研究小组——访日教育旅行接受促进审查委员会，就访日教育旅行的现状和问题、促进地区访日教育旅行的措施和问题以及扩大接受学

---

① 文部科学省. 平成29年度高等学校等における国際交流等の状況について［EB/OL］.（2019 – 09 – 19）［2022 – 01 – 20］. https：//www.mext.go.jp/a_menu/koutou/ryugaku/koukousei/_icsFiles/afieldfile/2019/09/19/1323946_001_1.pdf.

校交流的措施和问题进行了讨论,并于同年 10 月编制和公布了审查报告①。日本此后实施的访日教育旅行的具体措施主要根据该报告的有关建议来进行,主要包括以下六项措施。

一是各地区旅游部建立协调和咨询中心。旅游部作为当地旅游的中心,负责收集接待者和访问者之间的交流计划的有关信息并进行匹配,汇集当地旅游资源和特色住宿地点条目,认证访日教育旅游经验丰富的人为"访日教育旅行顾问"等。如长野县利用该地区的国际旅游促进办公室与教育委员会和学校建立合作关系,招聘会说英语和汉语的工作人员来充当协调员。

二是加强旅游部门和教育部门的合作。两部门通过人员交流等方式建立相互理解与合作关系,并通过研究和制定与访日有关的具体流程来明确角色分工。如双方各设立访日教育旅行协调专员,其中公立高中由国际观光推进室提供接待窗口,通过教育委员会向符合来访学校意愿的高中征询接收情况,私立学校则由国际观光推进室直接与学校进行沟通。

三是将国家旅游局(JNTO)定位为连接国内与国外教育交流的统一窗口。该窗口一方面收集本地的教育信息与需求并提供给国外学校和旅行社,另一方面也为有海外学校访问意愿的本地学校提供相匹配的外国学校信息。

四是提供财政保障。主要是确保区域协调和咨询台运作所需的人员和预算,或者向满足一定条件(如住宿达到一定数量)的组织提供补贴。如长野县每年制定一个实现预定目标的预算,2015 财政年度计划了接待 120 个访日学校组织的预算,并承担购买欢迎横幅、纪念品等部分交流费用。

五是提供翻译保障。为减轻接收方外语教师的负担,同时降低口译人员的聘请费用,各地充分利用地方政府已雇用的翻译和地区人力资源,包括当地志愿者、大学外语系学生、国际学生或有当地海外居住经验的人。如长野县建立了以志愿者为基础的翻译队伍,常年有 20 名左右的翻译者,还就教育和文化翻译进行研修,以提高翻译质量。

---

① 観光庁・文部科学省. 訪日教育旅行受入促進検討会報告書[EB/OL]. (2015 - 10 - 02)[2021 - 12 - 27]. https://www.mext.go.jp/a_menu/kokusai/hounichi/_icsFiles/afieldfile/015/10/02/1362294_2.pdf.

六是开展宣传活动促进人们对访日教育旅行的了解。日本国家旅游局为海外学校相关人员举办研讨会,邀请学校相关人员了解海外需求,并宣传对接协调有关事项,还汇编了有关经验如"学校交流和体验促进方案"等以供参考。

上述措施极大地推进了访日教育旅行的举行。2017年日本高中生国际交流状况调查结果显示,日本全国共有1846所高中接收了访日教育旅行参与者,共接收来自54个国家和地区的到访学生39 531人,比2015年增加了6730人[①]。

2. 国家项目带动高中生交流

日本政府层面主要开展了跨文化理解提升项目和亚洲高中生桥梁项目。跨文化理解提升项目委托民间团体组织进行,接收海外学习日语的外国高中生短期赴日逗留约6周时间,其间外国学生在日本高中就读,体验日本高中生活。日本政府为该项目每年度约提供3200万日元的资助。亚洲高中生桥梁项目由公益组织AFS日本协会自2017年开始组织实施,邀请在亚洲国家学习日语的优秀高中生到日本各地高中交流,入住寄宿家庭或宿舍,与日本高中生一起学习,以提高日本高中生的留学意愿和国际素养,同时建立起日本和亚洲的高中学校网络。该项目2018年接收了100名外国高中生到日学习。另外,各地政府还积极推进国际姊妹学校交流计划,有力推动了高中生的国际交流与合作。

五、重视海外留学儿童、归国儿童和外国儿童的教育

随着日本国际活动的开展,不少日本人举家出国工作,在外国工作生活数年后又回国。截至2015年4月15日,约有7.8万名义务教育阶段的日本儿童在国外生活。而2014年度在国外长期滞留后返回日本的儿童约有1.2

---

① 文部科学省. 平成29年度高等学校等における国際交流等の状況について[EB/OL]. (2019-09-19) [2022-01-20]. https://www.mext.go.jp/a_menu/koutou/ryugaku/koukousei/_icsFiles/afieldfile/2019/09/19/1323946_001_1.pdf.

万人①。一直以来，推进海外留学儿童、海外归国中小学生和外国中小学生的教育是日本教育振兴基本计划的主要内容之一，也是日本推进教育国际化发展的主要途径之一。为使有外国生活背景的儿童能够通过学校教育顺利适应日本社会，并使他们通过升学获得经济和社会独立所需的知识和技能，日本政府主要采取了以下措施。

（一）持续向海外教育平台派遣高素质教师和完善教材建设

为生活在外国的日本儿童提供合适的教育，符合日本教育机会均等和免费义务教育的精神。日本为海外日本儿童提供的海外教育平台可分为日本学校、补习班学校和私立海外教育设施等，这些学校的教育课程、教材、毕业证等基本与日本国内学校的相同。为充实海外学校教育，日本政府自1964年起开始向外国学校招募派遣日本学校教师，1967年起向其提供免费教科书，从1978年起建立外派教师资助制度。外派教职工被视为长期培训出差，选拔方式也从常规的公开招聘或推荐的方式统一为由国内院校推荐的方式，待遇也有所提高。从1981年起，教师派遣工作由文教部统一开展。民办学校外派教师的经费保障采用与公立学校教师相同的学校法人补助办法②。教师派遣制度已成为日本海外教育设施发展的主要支撑，但派遣意图随着时代变化而与当初大不一样。

1. 由现职教师扩充到准教师

派遣教师在外国环境中进行教育实践是师资培训的宝贵机会，也是丰富日语国际化的举措。日本文部科学省在此思想指导下，主要派遣现职教师，为期两年。派遣教师除了由所属县等支付工资外，还由文部科学省单独支付在职津贴（基本工作津贴、住房津贴、家庭津贴等）以及离职和返回的旅费，以确保学校管理的健全性和减轻家长的学龄前经济负担。2018年开始，利用海外教育设施培养战略性全球教师成为新的主导思想，日本派遣教师开始采用优先分配办法，即为加强小学教师的英语能力而优先分配，如为加强

---

① 文部科学省. 海外子女教育の概要［EB/OL］.［2021 - 12 - 17］. https://www.mext.go.jp/a_menu/shotou/clarinet/002/001.htm.

② 文部科学省. 在外教育施設への教員派遣制度［EB/OL］.［2021 - 12 - 17］. https://www.mext.go.jp/a_menu/shotou/clarinet/002/004/002.htm.

应对外国学生数量增加而优先分配（主要在葡萄牙、中国、菲律宾等国），为奥运会和残奥会东道主的国家和地区优先分配。同时派遣正在接受教师资格学习的准教师，允许他们将海外日本人学校作为教育和实习地点，力求让这些教师通过在海外学校的教育活动培养成为有丰富国际教育经验的教师。

2. 从普通教师扩充到高级教师和专家团队

日本早期派遣的教师主要是符合条件的普通教师，自 2007 财年度开始派遣具有海外教育平台教学经历的退休教师，即所谓的"高级派遣"。这些高级教师主要到补习班学校就该类型学校特有的问题提供指导和建议。近年来，针对海外教育平台中需要特殊支助的儿童，如 LD、多动症、自闭症以及受欺凌和逃学等需要专门教育咨询的儿童，日本开始派遣相关领域的专家，同时也为海外教育平台中的其他教师提供指导和建议。与此同时，还建立了一个能够使海外日本人学校远程咨询有关特殊教育的网络系统。

3. 由普通学校转变为全球人力资源开发基地

早期的海外教育平台主要为解决当地日本人子女的就读问题而设置，是单纯的基础教育学校。但随着全球化的发展，日本逐渐挖掘海外教育设施的潜在功能，建设高端全球人力资源开发基地，致力于高级全球化人才基础素质形成和教师研修项目开发；致力于双语教育和双语人才培养及其教师研修项目开发；致力于当地社区日语教育、日式教育、日本文化的传播和普及；致力于利用 ICT 提高远程教育质量以及特殊教育的远程支援和指导等[①]。原来针对派遣教师的评估也转变为对战略性全球教育活动开展情况的评估。另外，回国后派遣教师的作用由原来作为面试选拔考官、巡回辅导员或国际理解教育培训教师，变为全球人力资源开发基地的宣传大使和推广大使，并建立起了积极利用归国教师的工作网络，吸引了更多日本青年人走上全球教师职业之路。

---

① 文部科学省.「海外で学ぶ日本の子供たち」施策の紹介［EB/OL］. (2021 - 06 - 16)［2021 - 12 - 17］. https：//www.mext.go.jp/a_menu/shotou/clarinet/002/20210616 - mxt_kouhou02 - 3.pdf.

4. 由统一教材转变为特编教材

1967 年起，日本政府为在海外义务教育阶段儿童提供的免费义务教育教科书与在国内是完全一致的。自 1972 年起，义务教育课本改由海外儿童教育促进基金会向海外教育平台提供。目前，针对海外教育平台的教材发生了变化，日本组织教师为补习班学校编写了新的学习指导要领，2021 年根据新的学习指导要领开始修订小学日语和算术、初中日语和数学教科书的内容编制，以及重新推动教师指导计划和指导方案等资料集的编写修订，使教科书更有针对性和实效性，更适合海外教育平台的使用。

（二）为归国学童、外国学生提供适应性教学和支持

随着外国人在日本长期居留、定居和归国人数的增加，日本政府认为，通过学校教育使外国学生和归国学生获得所需的日语、知识和技能，对维护国家社会稳定和发展具有重要意义。而且，日本学生通过与有外国背景的学生一起学习，可以培养广阔的视野和与不同文化背景的人一起学习和生活的态度及能力；学校通过促进相关教育和指导也有利于进一步改善其教育活动，增强学校的国际性。为此，文部科学省加强了公立学校的入学、日语教学和适应性教学管理工作，以吸纳和帮助有外国背景的学生更好地融入和适应日本学校的生活。

1. 帮助归国儿童和外国儿童顺利入读公立学校

早期日本归国儿童和外国儿童多在国际学校就读，但随着外来人口数量的不断增加，国际学校难以满足需求。日本政府一方面于 2004 年放宽了外国人学校或国际学校的设立许可标准，加强了政府与国际学校的合作与宣传，另一方面扩大了公立学校的接收力度。法律上，归国儿童和外国儿童可在公立义务教育学校接受免费教育，但事实上这些儿童由于日语能力不足无法理解日语课程或无法上学。为解决归国儿童和外国儿童的入读问题，日本政府加强了公立学校的入学教育工作。针对归国儿童，从 1974 年开始，文部科学省在国立大学附属学校开设了归国儿童学生班，以对归国儿童进行指导和实践研究。如 2015 年 5 月，日本归国儿童在 21 所国立大学开设的 45 所学校中就读。

在支持外国儿童入学方面，日本逐步采取了系列措施，具体如下：就入

学情况进行定期定点的调查与分析；吸纳母语人力资源作为学校支持人员；制作和分发多语版本的《入学指南》为外国人提供入学指导和学术咨询；与移民局等相关机构和组织合作开展促进入学活动；在地区建立接收外国学生的基地学校和中心学校；帮助建立升学和转学情况下学校之间的合作；等等①。除完善接收体制和充实母语指导外，日本文部科学省还制定了《外国儿童和学生接收指南（2019版）》，对外国儿童多样性的处理以及对学校管理者、日语教师、班主任、县教育委员会、市教育委员会等利益相关者提出了具体明确的工作指引，帮助地区和学校提供更高质量的入学服务。

2. 加强对日语能力不足学生的指导

根据2019年实施的外国儿童就学状况调查结果，日本基本居民登记册上与学龄相当的外国儿童人数（中小学）有123 830人，其中就读者占84.8%。日语作为第二语言课程（Japanese as Second Language，下称"JSL课程"）是日本为以非日语为母语的外国学生开发的课程，目的是帮助外国儿童快速适应学校生活。从2001年开始，日本学校教育中的JSL课程开发从日语的初级指导阶段拓展到学科教学阶段；2003年则编制并实施了小学"主题型"和"学科导向型"的JSL课程；2007年又编制了初中日语、社会科、数学、科学和英语等五个主要科目的有关内容。随着归国学生和外国学生数量的增加，需要日语指导的学生数量不断增加，2018年日本全国需要日语指导的外籍中小学生为40 755人，比2016年增加了6420人，而JSL课程所需的教师数量不足且质量差强人意。为此，文部科学省于2014年对《学校教育法实施条例》中有关特殊教育课程的规定进行了修改，决定对需要日语教学的归国学生和外国学生开设特殊教育课程，通过提供不同于注册班级课程的特殊指导和学习评估，给予这些学生更个性化和更细致的指导②。特

---

① 文部科学省. 外国人児童生徒教育の充実方策について（報告）の概要[EB/OL]. [2021-12-17]. https://www.mext.go.jp/b_menu/shingi/chousa/shotou/042/houkoku/08070301/008.htm.

② 文部科学省. 学校教育法施行規則の一部を改正する省令等の施行について（通知）[EB/OL]. [2022-02-15]. https://www.mext.go.jp/a_menu/shotou/clarinet/003/1341903.htm.

殊教育课程设置规定，课程的教学内容不仅要包括提高学生日语能力的指导，还包括根据学生的日语能力进行的各科目指导，若程度不符合时应根据学生的实际学习程度提供适当的学科内容。特殊教育课程原则上由学生在读的学校负责组织实施，在本校指导师资不足的情况下，可共享其他学校的教师，也就是其他学校教师巡回指导多所学校的学生。当然，日语指导教师应有教师资格证书，能够掌握并能根据学生的实际情况制订教学计划，并进行日语教学和学习评估。

3. 增加外国学生的日语教学指导教师数量并实施培训

文部科学省从 1992 年起为外国儿童和归国儿童教育增加额外数量的日语教学教师，并由国库承担工资费用；从 1993 年开始，对接收外国儿童学校的教师和负责外国儿童日语教学指导的教师进行专门培训以提高其教学能力；从 2003 年开始，校长和副校长等管理人员也成为培训对象①。培训内容包括日语教学法、JSL 教学法、接收外国学生的现状和措施与制度、外国学生的心理和身份、跨文化教学、国际理解教育推进方法、特别支援教育、个别指导计划制定等多方面内容。鉴于需要日语指导的学生数量增加，日本于 2017 年修订了《公立义务教育学校班级编制和教职员工人数标准法》，决定在 10 年内有计划地增加日语教学指导教师人数，并单独开列人数配置。例如，爱知县丰桥市有外国中小学生 1555 人，多来自巴西、菲律宾、秘鲁等国。当地教育委员会 2019 年为 23 所小学、13 所中学加配了负责日语教学指导的教师 94 人，以加强本县外国学生的教育②。

目前，日本中小学校为外国儿童和归国儿童提供日语教学指导的教师来源多样化。2019 年外国儿童就学状况调查结果显示，由在籍班级班主任和日语教师担任指导教师的占比为 68.2%（多选结果，下同），由日语指导支援者和母语支援员担任指导教师的占比为 55.0%，由管理人员担任指导教师的占比为

---

① 文部科学省. 归国/外国子女/学生教育等措施概要 [EB/OL]. [2021-12-17]. https://www.mext.go.jp/a_menu/shotou/clarinet/003/001.htm.

② 文部科学省. 外国人の子供の就学状況の把握・就学促進に関する取組事例 [EB/OL]. (2020-03-26) [2022-02-15]. https://www.mext.go.jp/content/20200326-mxt_kyousei01-000006114_03.pdf.

16.6%，由前三者以外的学校教师担任指导教师的占比为9.5%，由教务主任、年级主任或学生指导主任等担任指导教师的占比为6.6%①。从中可见，担任外国学生日语教学指导的教师数量不足且质量难以把控；各地每年都有被安排担任日语指导的教师被更换的情况，有计划的培训也难以进行。当然，日本政府正在努力加以解决，正通过与当地居民、非营利组织、志愿者组织、大学以及其他教育机构公司和学校合作建立外国学生教育的支持系统。

六、发展、推广海外日式教育

日本第三期教育规划着重提出了发展海外日式教育（EDU – Port ニッポン，下称"EDU – Port 日本"）的设想。日本总结其日本式教育有三个主要特点适合向海外推广，即：中小学教育能够培养"高基础"的学习能力和"有规律"的生活习惯；高质量的科学教育、数学教育和 ICT 教育；技术学院和职业学校的工业人力资源开发卓有成效。自 2016 年以来，文部科学省将日本式教育推向海外，与外务省、经济产业省、国际协力机构（JICA）、日本贸易振兴机构（JETRO）、地方公共团体、教育机构等合作建立了日式教育海外发展公私协作平台，通过海外拓展推进项目来促进日本教育的海外扩张。

1. "EDU – Port 日本"理念的推行

"EDU – Port 日本"由全日本公私合作，基于三大理念来推进其工作：一是通过提高课程的国际适用性、提高教师素质、培养全球人才和接收国际学生及实习生等提高教育质量（包括日本教育的国际化）；二是通过加强与其他国家的联系、对可持续发展目标和可持续发展做出贡献等来促进国际理解；三是通过教育相关公司的海外扩张和业务扩张，以及为满足实施了海外扩张的日本企业所需的人力资源开发做出贡献来获得日本经济增长的回报②。

2021 年"关于以新冠肺炎疫情灾害为基础的新日本式教育的战略性海

---

① 文部科学省. 外国人の子供の就学状況等調査結果（確定値）概要［EB/OL］. (2020 – 03 – 26)［2022 – 02 – 16］. https://www.mext.go.jp/content/20200326 – mxt_kyousei01 – 000006114_01.pdf.

② 文部科学省. 事業概要・実施方針［EB/OL］.［2021 – 12 – 16］. https://www.edu-port.mext.go.jp/about/summary/.

外发展调查研究事业"（EDU – Port 日本 2.0）结果显示，自 2016 年以来，日本共在 36 个国家和地区开展了 66 项试点项目，吸纳日本教师、职员、儿童、学生等共 1.8 万人参与，开展项目的国家和地区也有超过 7.9 万人参与了有关项目[①]，较好地推动了日本的教育国际化。

2. "EDU – Port 日本"的主要内容与形式

日式教育海外发展公私协作平台每年度向全社会征集大量开展日式教育海外拓展的试点项目或调研项目，并经过平台执行委员会的文件筛选作为"官方项目"或"支持项目"采用，其中"官方项目"可获得政府预算经费资助。如 2019—2020 年共有 31 个项目申请，最后遴选出"官方项目"6 个、"支持项目"13 个。从已在实施的项目来看，日式教育海外拓展的内容涉及中小学教育的多个方面，包括问题解决型数学教学方法和教师研修（泰国）、小学器乐教育（竖笛）和体育（越南）、体育教师能力开发的支援（秘鲁）、在公立学校的示范校实施扫除值日等措施（埃及）、教材研究（喀麦隆）、数字教材研究（柬埔寨）等。2021 年还重点推进了公共卫生教育的海外扩张[②]。这些项目的推进有利于日本审视和重新梳理其教育文化和制度，强化课程建设和教师研修，建立与教育相关的产学官新型伙伴关系等，也有利于进一步提升其国内教育质量。

"EDU – Port 日本"运行时间还不长，但从遴选出的项目可以看出其运作方式和未来可能产生的影响。从 2021 年经筛选后获得支持的项目可见（表 3 – 1）[③]，文部科学省联合了经济产业省、外务省、日本国际协力机构

---

① 文部科学省. コロナ禍を踏まえた新たな日本型教育の戦略的海外展開に関する調査研究事業 [EB/OL]. （2021 – 11 – 25）[2022 – 02 – 16]. https：//www. mext. go. jp/content/20211125 – mxt_kokusai – 000019041_3. pdf.

② 文部科学省.「日本型教育の海外展開（EDU – Port ニッポン）」応援プロジェクトの選定結果について [EB/OL]. [2022 – 02 – 16]. https：//www. mext. go. jp/b_menu/houdou/2020/1418465_00008. htm.

③ 文部科学省. 令和 3 年度「日本型教育の海外展開（EDU – Port ニッポン）」公衆衛生教育等の海外展開に関する調査研究及び応援プロジェクトの選定結果について [EB/OL]. [2021 – 12 – 16]. https：//www. mext. go. jp/b_menu/houdou/2020/1418465_00006. htm.

(JICA)、日本贸易振兴机构（JETRO）、地方公共团体、教育机构、私营企业、NPO 等机构一起合作，延续了日本重视对发展中国家基础教育实施开发援助的思路，即在技术教育、环境教育和体艺教育等方面给予援助，同时结合推动海外日式教育的新理念，更加充实和丰富了教育援助和海外日式教育的内容，稳步推进其教育走向世界。

表 3 - 1　2021 年日式教育海外拓展（EDU - Port 日本）支持项目一览表

代表组织	项目名称	概述
名古屋三洋大学	越南学校教育中绿化树木调查的系统支持（越南）	该项目在越南的小学、初中、高中利用二氧化碳传感器和视听教材系统地支持绿化树调查。小学、中学将对植物进行光合作用实验，高中将对光合作用实验的发展进行学习，以帮助调查对二氧化碳吸收力高的绿化树。此外，日本和越南的校际交流将促进相互理解和促进全球公民的发展
非营利性组织——宫崎 C - DANCE 中心	在线海外出口日式舞蹈教育 SOUSAKU - DANCE（中国、罗马尼亚、新加坡、德国）	该项目是 2017 年度试点项目《融合身体形成和艺术体验的日本型舞蹈教育"创意舞蹈"的海外输出》的发展型，其目标是培养全球人力资源。通过在线方式与中国和其他具有不同价值观的国家建立联系，探索引进艺术家和教师之间的新合作以实现体育远程教育的可能性，同时创造新的价值
卡西欧计算机有限公司	印度尼西亚和泰国探索数学教育试点项目（印度尼西亚、泰国）	该项目旨在通过利用函数计算器进行探索性数学课程的实践，实现学生的自主学习，提高学生的数学思维能力。两国教育政策都促进对自我思考和学习型人力资源的培养，但由于教学材料短缺等多种因素导致效果不太理想。因此，该项目通过与当地教师合作开发和实践探索性课程，为中学生提供了一个模型，有助于学生提高 21 世纪所需技能（批判性思维、解决问题的技能等）和成为具有国际竞争力的人力资源
株式会社公文教育研究会	阿布扎比酋长国小学学习水平提升项目（阿联酋）	该项目旨在提高阿布扎比酋长国小学生的学习水平。在上课时间内，通过学校老师的指导，提供使用平板电脑的公文式学习方法；以提高学生的学习能力为目标，通过与校方协商和实践，提出课程中公文式学习法的最佳使用方法，以产生切实的效果

续表

代表组织	项目名称	概述
关西大学	通过加强实践科目和提高教师技能普及实践型技术教育（不丹王国）	该项目是通过提高合格教师的领导技能，以及为学生提供直接的实践辅导，以普及实践型技术教育。不丹王国由于教师和技术人员的技术技能问题，很难让学生感受到技术教育的有效性。项目将培养具有高超指导技能的人才，目的是让学生感受到技术能力对改善身边生活的帮助
Jakupa股份有限公司	当地子公司Jacpa越南有限公司在越南开发的日式体育课（越南）	该项目提供日式体育课，在尊重当地传统价值观和观念的基础上培养学生健康的身心。在幼儿园和托儿所保育时间内进行正课指导，并在保育结束后利用幼儿园设施开设"儿童可以直接在幼儿园学习"的体育课，通过使用垫子、跳箱、单杠、平衡木、球、跳绳等在越南很少进行的运动，支持当地儿童身心成长，并利用指导人员所积累的专业知识协助特色幼儿园的管理
昆虫资源技术公司	日本-中东友好丝绸项目（阿联酋、沙特阿拉伯、卡塔尔）	该项目是使日本和中东国家的儿童能够饲养日本特有的蚕宝宝"小石丸"，从而体验彼此的文化，通过互动加深国际了解和友谊，并将儿童发展为国际人力资源。基于通信技术的互动，还将涵盖与可持续发展目标有关的主题，如教育、文化和工业。项目旨在通过日式教育，深化日本与产油国的友好关系
医疗外语实验室	老挝国LJS公共卫生教育调研（老挝）	LSJ是2020年9月在新建的幼儿园和小学进行公共卫生教育方面的调查研究。项目目标是在老挝构建针对儿童的日本式公共卫生教育体系；成为当地公共卫生教育方面的示范校。另外，合作团体东京都护理协会和千叶科学大学等也为面向全球社会的人才培养发挥作用

第三节
日本基础教育国际化发展的启示

日本基础教育国际化发展的脉络扼要清晰,有许多可资借鉴学习之处。作为一个物质资源相对紧张的国家,其对人力资源的重视、对各类社会资源的运用尤其值得关注。

一、注重从国家战略高度系统推进基础教育国际化发展

早在1984—1987年,日本临时教育审议会在四次教育改革咨询报告中便阐明了实施教育国际化的必要性,并明确指出21世纪的教育目标是培养"能在艺术、学识、文化、体育、科学技术、经济社会等各个领域为国际社会做出贡献的日本人"。21世纪以来,为应对国际教育服务业新一轮的竞争,日本政府认为,在国际社会中发展与充实经济实力等硬实力的同时,关键是要考虑增强科学技术、学术研究、艺术文化、文化财产、生活文化及生活方式等日本文化之魅力的所谓软实力,而教育及科学技术、学术、文化、体育应是国家软实力的源泉[①]。教育国际化成为日本国家战略的重要组成部分。

基础教育为所有教育奠定基础,为培养建立国家和社会下一代的幸福生活奠定基础。日本立足于基础教育的价值和重要性的角度,来规划其基础教育国际化发展。同时,无论是加强国际理解教育,还是改革外语教育、鼓励高中学生出国留学或研修旅行,均是在教育国际化影响下基础教育所做出的应对和改革,反映了从中小学开始实施国际化教育为高等教育国际化及未来

---

① 臧佩红. 战后日本教育国际化的历程与特征 [J] //李卓. 全球化过程中东亚文化的价值. 天津:天津出版社,2013.

进入全球社会打下坚实基础的思想。在实践推行的过程中，日本注重各项举措间的有机衔接与融合，如在利用"综合学习时间"课程开展国际理解教育的同时，在小学阶段要求开始英语活动课程；在改革外语教育的过程中，注重通过出国留学或研学修行提升外语学习的积极性和实效性；而在出国留学和研学修行中又强调开展侧重于国际理解教育的主题和活动。这些举措之间形成了相辅相成、互相促进的良性循环，提升了各项举措的延续性和实效性，有力地促进了日本基础教育国际化的发展。

二、注重本土性与国际化的结合

日本在推进基础教育国际化的过程中非常强调立足本土化。

一是政策层面的呼吁与强调。1989 年，《中小学教育纲要》要求"培养既尊重本国文化与传统且深刻理解世界文化与历史、能在国际社会中生存的日本人"。2003 年，日本中央教育审议会在咨询报告《关于适应新时代的〈教育基本法〉》和"教育振兴基本计划"中指出，21 世纪日本教育的目标方针之一就是培养以日本传统文化为基础、生存于国际社会的、富有教养的日本人。2004 年日本经济团体联合签发的《为培养生存于 21 世纪的下一代人教育献策——推进以"多样性""竞争""评价"为基础的进一步改革》报告指出，日本人要活跃于国际舞台并赢得竞争，需要重新持有本国社会引以为豪的伦理观念，具备本国文化和历史修养[①]。修订后的《教育基本法》明确提出义务教育阶段的教育目标是尊重日本传统文化，遵守基本规范，热爱祖国与家乡等；高中教育阶段的教育目标是充实道德教育，培养为国际社会做贡献的理念，继承与发展日本传统文化等。政策层面的倡导有利于学校执行时加以遵守，不至于偏离过多。

二是立足课程与活动加以落实。日本中小学国际理解教育课程和其他课程内容均体现了国际化课程内容与本土化课程内容的全方位整合。如超级全球高中学校奈良县立亩傍高中培养创造未来的全球化人才的课程分为"旅游

---

① 田慧生，田中耕治. 21 世纪的日本教育改革——中日学者的视点 [M]. 北京：教育科学出版社，2009.

观光""国际合作""生命与环境"三个部分①。"旅游观光"部分以古都奈良游客减少的现实问题为切入点,通过与世界旅游组织(UNWTO)以及奈良县携手,组织学生参与 UNWTO 主办的国际会议并发言,赴海外调查旅游事业发展状况,制作奈良宣传片和宣传册子,与当地旅行社合作开发新的旅游路线等活动,探讨旅游资源的开发和利用问题。"国际合作"部分通过与国内大学和海外合作学校携手,让学生对发达国家和发展中国家的人口发展均衡问题进行比较和考察。"生命与环境"部分聚焦于传统手工业的萎缩问题,组织学生寻找和探访国内外支援传统手工业的社会组织、实地调查和参加国际专题研讨会等,深入思考全球化与本土化问题。

三、注重引导全社会关心与支持国际化发展

日本推进基础教育国际化发展的各项举措中,均体现了全社会合力关心和支持的路线。

(一)引导社会各界发挥优势和力量

日本在推行每项举措时,均会考虑到不同利益者的诉求及其可在其中充当的角色和发挥的作用。如 2008 年 6 月《加强外国学生教育的措施报告》中,除指明国家、县和市的作用与责任外,还对公司的作用和责任、非营利组织和志愿者组织的作用加以说明。在公司作用和责任中指出,面临外国工人增加、地区不同居民之间的冲突以及福利和教育方面的社会成本增加,企业和工业界对于直接雇用或间接雇用的外国工人,有责任以更明显的方式积极参与外国工人的教育问题,应进一步提供各种形式的教育支持,包括协助为外国工人子女提供入学信息,为外国学生就业提供职业咨询,支持外国学生在企业和其他场所接受教育等。非营利组织、志愿者组织和社会教育组织要与政府、学校、大学和企业合作,在支持当地外国学生日语学习、外国儿童入学等方面发挥重大作用;还可根据学校要求,支持和合作指导在校的外

---

① 裘晓兰. 日本青少年"内向"倾向和全球化人才培养战略[J]. 当代青年研究,2015(3):100-105.

国学生①。

(二) 善加利用各类社会资源

日式教育海外拓展（EDU – Port 日本）、超级全球高中（SGH）等项目学校的课程开发与实施均充分体现了对社会资源的利用。如早稻田大学高中在开发和实施"培养创造多文化共生社会的全球化人才课程"时，主要依托企业、NGO 组织、大学、社区和外国人等开展合作，特别是早稻田大学本身的丰富教育资源成为学校推进课程的有力后盾。日本推进中小学外语教育的实践也充分体现了对各类社会资源的利用。如 JET 计划的 ALT 项目利用在日外国人教授和辅导外语教学；利用托福、托业等外部外语语种检定考试定期评估师生的外语水平。为帮助教师和学生更好地学习英语，文部科学省还为他们整合了各类资源。如英国文化协会网站上的资源包括面向小学生、初中生、成人的有针对性的课程建议、工作表和课堂海报、教学方法文章数据库、在线培训以及社区讨论区域，还可以在其中与世界各地的教师讨论想法。莱恩·恩克利什·凯斯（英国文化协会）网站为世界各地 5～12 岁的儿童和教师提供丰富的优质音频和视频材料②；该网站还提供了涵盖日常生活、历史、文化、自然科学、社会问题、时尚和体育等主题的话题，可以支持世界各地初中生和高中生（13～17 岁）学习英语。剑桥大学出版社为教师提供了英语教学方法、教学技能（角色扮演、创意讲故事、口语活动等）和设置活动的有用工具等支持。

四、注重调研反馈以改进政策的制定与执行

日本文部科学省非常注重对教育政策的制定、执行过程及其结果的调查与反馈，这种做法也延续到促进基础国际化发展的各项措施之中。如为了更精准地对归国和外国学生进行教育施策，文部科学省从 1991 年开始（2008

---

① 文部科学省. 外国人児童生徒教育の充実方策について（報告）[EB/OL]. [2021 – 12 – 18]. https：//www. mext. go. jp/b_menu/shingi/chousa/shotou/042/houkoku/08070301. htm.

② 文部科学省. 外语教育 [EB/OL]. [2021 – 12 – 18]. https：//www. mext. go. jp/a_menu/kokusai/gaikokugo/index. htm#a.

年以后改为每两年一次）定期对归国儿童和外国学生的现状进行全面调查，主要内容如下：①需要日语教学的学生入学情况的调查。②外国儿童入学情况的调查。主要了解外国儿童的入学情况和促进入学的努力情况，如获取有关外国儿童转学的信息渠道、居民登记时的入学指导实施情况、入学指南的准备和分发情况、发送入学指南的情况与促进入学有关的支援的实施情况等，也对各地教育委员会条例、地方政府条例中关于外国儿童入学指南和入学程序相关规定的修订完善情况、指导制度、支助人员的安置情况及教育委员会的培训实施情况等进行全面调查。③外国儿童失学情况调查。该调查也是"失学外国学生支援事业"的一部分，主要对在外国学生接收体制方面进行全面整改的地域的支援体制模式和对未入学外国儿童的入学支援对策进行调查。如2005—2006年度接受来自南美洲的日裔美国人等所谓"新人"聚集的自治体的委托，对外国儿童未入学的实际情况进行了调查[①]。上述调查有利于有关政策的制订，同时也可与相关事务或计划结合，配合作为其实施情况的反馈，从而为修订有关政策提供证据支持。

---

① 文部科学省. 归国和外国学生的现状[EB/OL]. [2021-12-18]. https://www.mext.go.jp/a_menu/shotou/clarinet/genjyou/1295897.htm.

第四章

美国基础教育国际化的发展

美国作为一个年轻的移民国家,多元文化对其教育的影响广泛而深刻,使其立国之初的教育就具有鲜明的国际化特征。随着欧洲、非洲和亚洲等地移民不断涌入,各教派和各移民群体以自己的理解和诉求创办了一批他们理想中的学校,传授与其文化或宗教相适应的价值观和文化知识。到19世纪,移植、适应、模仿和创新交织在一起,形成了美国教育的特色。伴随着社会、政治、经济的发展,美国逐步建立和形成了完整而独特的教育体制:一是管理上实行地方分权,联邦(Federal)通过法律、法规对州政策施加影响,而管理和办学的主要责任集中在州教育局(State Education Agency,SEA)和地方教育局(Local Education Agency,LEA);二是办学主体和办学模式多元化,教育机构、学制、办学形式、生源构成、教育内容与方法等多样化。

美国是较早推行教育国际化的国家之一,在成为一个多元文化国家的同时也向全世界输出它的文化和文明,教育也以其多样的模式和结构深层次地介入这一输出过程。1946年1月,美国建立了国际新闻和文化事务处(The Office of International Information and Cultural Affairs),并于1947年改名为国际新闻与教育交流处(The Office of International Information and Educational Exchange),表明美国开始将教育作为外交的新维度,国际教育与交流成为文化输出外交政策的重要组成部分。美国联邦政府先后颁发了多部涉及国际教育的法案,如《富布赖特法案》(1948年)、《国防教育法》(1958年)、《国际教育法》(1966年)和《2000年目标:美国教育法》(1994年)等。这些法案相继强调了教育国际交流的重要性,鼓励大、中、小学校加强国际领域的教学和研究活动[1]。同时,在这些法案的基础上,美国也逐渐建构起包括国际教育的性质、目标、管理和实施等在内的国际教育政策体系[2]。

---

[1] 张蓉. 教育国际化与世界基础教育改革 [J]. 外国中小学教育, 2003 (7): 1-5.
[2] 李爱萍. 美国国际教育:历史、理论与政策 [M]. 昆明:云南大学出版社, 2005.

第一节
美国推动基础教育国际化发展的政策

一、二战以来美国推进基础教育国际化发展的政策

二战后，美国通过马歇尔计划以及主导建立北大西洋公约组织（北约），对外政策逐步突破以本土为主的"孤立主义"政策束缚，在国家决策上表现出越来越强的"世界意识"。在此背景下，美国教育也步入了国际化发展的新阶段。在推进基础教育国际化的进程中，美国十分注重法律和政策体系的保障，具有鲜明的国家化和国际化烙印。

（一）《富布赖特法案》及其相关法案有力地促进了美国的对外教育交流，为其基础教育国际化奠定了基础

1946 年，美国国会根据时任美国参议员詹姆斯·威廉·富布赖特的提案，通过了《富布赖特法案》。该法案授权美国政府将美国在海外的二战剩余物资就地变卖兑换为当地货币，作为教育交流基金来资助美国公民赴国外或外国公民赴美学习、研究和授课，以增进国际教育交流和美国与各国人民间的相互理解。

1946—1987 年，在《富布赖特法案》的资助下，10 多万名外国学者到美国访学。美国成为战后学术工业中心，逐步成为世界接收外国留学生的第一大国[1]。该法案是美国历史上第一个国际教育法案，标志着联邦政府对国际教育和文化交流的正式介入，也标志着美国教育的国际化发展正式成型。由于战时的剩余物资有限，1947 年美国国会又通过了《史密斯—蒙特法》（也称《美国情报与教育交流法》），将文化、教育交流纳入政府对外交流、

---

[1] 杨启光. 教育国际化进程与发展模式 [M]. 北京：社会科学文献出版社, 2011.

合作与援助议程，旨在促进美国与其他国家的相互了解。该法案起着延续富布赖特项目的重要作用。1961年国会通过了《富布赖特—海斯法案》，也称《1961年教育与文化相互交流法案》。该法案延续了《富布赖特法案》的初衷，扩大了富布赖特计划可支配资金的来源范围，支持在国外的美国公民及在美国境内或境外学校及研究机构的外国公民赴美国从事文化与教育方面的交流。截至2010年，富布赖特计划通过50个双边协作的专业机构和美国大使馆，在155个国家和地区开展活动①。

（二）《国际教育法》明确了美国教育国际化的发展内容与方向

20世纪50—60年代，欧美发达国家认为未来全球化趋势不可避免，全球意识人才不可或缺，也将成为最具竞争力的人才，教育必将走向全球化。1958年，受苏联卫星发射成功的威胁，美国出台《国防教育法》，将国防安全与教育联系起来，致力于通过一揽子拨款方案提高教育质量，发展和利用全国青年的智力资源和技术技能。该法第六章授权资助聚焦于通用和非通用语言及其使用地区的相关教学与研究项目，责成联邦和各级政府大力支持教育，加强基础教育，提出了加强数学、自然科学和外语教育（即新三艺），推进这些课程的现代化，以及为学生、学者及专业人士提供海外学习交流资金等内容，开创了由联邦政府直接拨款、全面扶持教育的先例，在美国基础教育发展历史上起到了重要的推进作用。

1966年，美国政府通过了《国际教育法》，这是第一个以国际教育命名的法案。它强调联邦政府在国际教育实施与管理中的责任，规定了国际教育的实施途径、财政资助、管理权限、咨询机构等，目标是增进国际理解。《国际教育法》的出台，意味着美国开始以法律手段来推动国际教育交流及合作，虽然最终只落实到高等教育领域，且因没能得到国会拨款而以失败告终，但政策本身的出台表明其教育国际化已上升到国家意识层面，其所倡导的理念也成为美国国际教育政策未来的发展方向。

（三）教育改革有关法案确立了美国基础教育培养国际化人才的目标

20世纪90年代，全球经济一体化迅速发展，美国政府意识到巩固"美

---

① 孟埼. 中学办学国际化管理策略研究 [D]. 北京：中央民族大学，2015.

国第一"的地位、保持美国在国际经济竞争中优势的关键是培养具有全球意识的美国人。为此，美国联邦政府开始积极推进教育改革。1989 年，布什总统签署的《关于全美教育目标的报告》指出，美国要想在下一世纪仍然保持健全完善的民主和繁荣增长的经济，必须关注国内外的重大挑战并积极做出反应；美国未来成功的关键取决于受过良好教育的大众，他们必须能够积极有效地就业和参与国际竞争。为此，该报告提出了迈向 21 世纪的涉及美国各级各类教育的全国六大教育目标和 21 项具体要求，并强调美国要在国际市场上保持竞争力，其公民想发挥出最大潜力，就必须实现这些教育目标。其中目标三的细则中要求，所有学生都要参与显示良好公民意识、社区服务意识与个人责任心的活动；要大大提高掌握一门以上外语学生的比例；所有学生都要了解本国文化差异和国际社会[1]。1991 年，布什总统签署颁布了旨在振兴美国教育的《美国 2000：教育战略》，重申了美国未来教育的六大目标与全国核心课程领域，并提出相匹配的四大战略和九年综合教育改革计划，其中战略之二提出"为了明日的学生创建满足新世纪需要的新型美国学校"[2]。

1994 年颁布的《2000 年目标：美国教育法》在《美国 2000：教育战略》的基础上增加了两个新的目标，在核心课程领域中增加了外语和艺术这两门学科[3]，提出所有学生都要了解关于本国和世界其他地区在多元文化传统方面的知识，大幅度提高能掌握和使用一种语言以上的学生的比例；教师要具有进行多元文化教育的能力，每位美国成年人要具有在全球经济竞争中所需的知识和技能[4]。该法案为美国全国教育改革设计了一个整体框架，首次建立全国教育标准，实施绩效责任制，有助于建立国际性竞争的标准，并以此为背景来评估课程和教学是否符合标准。《2000 年目标：美国教育法》

---

[1] 张明高，胡学东. 关于全美教育目标的报告 [J]. 外国教育动态，1990 (5)：22-25.
[2] 张晓芹，杨明全. 美国基础教育国际化的进展与实践举措 [J]. 福建教育，2019 (10)：36-38.
[3] 李敏. 美国教育政策问题研究 [D]. 上海：华东师范大学，2006.
[4] 谢宁. 美国克氏《2000 年教育目标法》评介 [J]. 比较教育研究，1996 (4)：47.

在实践中受到一些保守群体和党派的抵制而没有完整实现其预期设想,但改革基础教育课程以提升教育质量、加强国际理解教育以提升国际竞争力的取向和行动策略已明朗化,基础教育国际化发展被提上议程。

二、21世纪以来美国推进基础教育国际化发展的政策

20世纪90年代之后,美国加大了对基础教育的改革力度,设定了相应的质量目标,同时美国的教育国际化发展十分迅速,一系列推动教育国际化的政策、法案紧密出台,基础教育国际化作为重要组成部分也得到了相应的重视和发展。

(一) 国际战略指明美国基础教育国际化发展方向

2000年4月19日,美国总统克林顿签发《国际教育政策备忘录》(*Memorandum on International Education Policy*,下称《备忘录》),提出为了维持美国世界领导者的角色、继续在全球经济中竞争成功,必须确保美国公民对世界有广泛了解,精通其他语言和其他文化的知识。美国的领导地位还依赖于与他国未来的政治、文化和经济发展领导人建立联系。为此,制定协调连贯的国际教育战略将帮助美国公民为全球环境做好准备,同时继续吸引和教育他国的未来领袖。《备忘录》鼓励他国学生在美国留学;促进美国学生赴外国留学;支持社会各阶层的教师、学者和公民的交流;提升美国大学机构中旨在建立国际合作关系及发展专门知识的项目;扩大美国人高质量的外语学习及深入了解他国文化知识;准备和支持教师努力为其学生解释其他国家和文化;发展新技术以帮助知识的世界性传播。《备忘录》还列出了十大行动方案,其中有八项涉及基础教育领域,由副总统协调美国政府的国际教育战略,各机构负责人向副总统和总统报告执行《备忘录》的进展情况[①]。

十大行动方案的部分内容概述如下。

---

① WILLIAM J C. Memorandum on international education policy [EB/OL]. (2000-04-24) [2021-12-23]. https://www.govinfo.gov/content/pkg/WCPD-2000-04-24/pdf/WCPD-2000-04-24-Pg878.pdf.

行动一：美国国务卿和教育部支持各级学校增大学生到国外学习和实习的数量，提倡多样性，鼓励学生和机构选择非传统留学地，帮助名额不足的美国机构为其学生提供和促成出国留学机会，努力增加获取高质量的国际教育经验的机会。

行动四：国务卿和教育部应支持和肯定州和地方政府及教育机构在课堂和校园中为提高国际意识和技能而做的努力。这些努力包括加强各级外语学习（达到双语读写能力），帮助教师获得向学生讲解其他国家和文化所需的能力，增加与他国交换教师、管理人员和学生的机会，协助他国教育机构加强英语教学，等等。

行动五：国务卿、教育部和其他机构的负责人应采取措施，确保国际教育交流项目（包括富布赖特计划）均通过"国际交流和培训计划跨部门工作小组"的统一协调，以最大限度利用现有资源，并确保交流项目得到所需支持以实现其增进相互理解的使命。

行动六：教育部长应与其他机构合作，继续通过发展包括教育绩效和实践基准在内的比较信息来支持改善美国教育的努力。教育部长还应与其他国家分享美国教育的专业知识。

行动七：国务卿和教育部长应加强和扩大国际交流模式，在具有共同利益和互补目标的教育机构之间建立持久的跨国伙伴关系。

行动九：国务卿和教育部长应与其他机构、学术界和私营部门合作，促进在国际上更好地使用技术，并审查无国界教育的效用。各机构负责人应采取措施确保在利用技术增加国际教育的机会的同时，不会导致数字鸿沟的扩大。

行动十：国务卿和教育部长应与其他机构一起，确保针对《备忘录》所采取的行动通过具体目标、里程碑和可衡量结果完全纳入《政府绩效和成果法案》（GPRA）框架，这些结果应包含在所有GPRA报告的活动中，如战略计划、绩效计划和项目绩效报告等。

从有关计划可见，《备忘录》就美国基础教育国际化发展的目标、形式、模式、策略和载体等多方面给出了建议。2000年11月15日，克林顿总统发出公告重申有关《备忘录》的承诺，即鼓励他国学生到美国学习，促进美国学生出国留学，并支持社会各级教师、学者和公民之间的交流；而且特别宣布2000年11月13日—17日为国际教育周，并提议所有美国人举行庆祝活动和开展相关项目①。同年，《美国迈向国际教育的政策》明确要求将儿童外语教育作为幼儿到中学阶段教育的重要组成部分，让学生真正拥有国际视野，学会国际合作②。

（二）美国基础教育国际化彰显全球意识

2001年"9·11"事件后，美国对国际学生实行严格的动态监控，其教育国际化陷入了低谷，引发民众不满，促使美国政府重新思考美国国际教育战略，转而重点关注培养美国学生的全球素养，加深学生对世界其他国家和文明的认识，鼓励更多学生到海外留学，促使美国的国际教育转型发展③，即从国际教育向全球教育转轨。2002年，美国教育理事会向联邦政府提交了题为《超越9·11：国际教育的综合国家政策》（*Beyond September 11: A Comprehensive National Policy on International Education*）的报告。该报告指出，过去十年的全球变革使美国对国际知识和技能产生了空前的需求，但美国还没有准备好，具有全球能力的人才存在短缺危机。为扭转这一趋势，美国教育系统应与政府和私营部门合作，投资教育基础设施以促进语言和文化知识学习，培养数量充足且多样化的学生群体以满足政府机构、私营部门和教育本身的需求。该报告呼吁制定一项迫切需要的关于国际教育的全面性国家政策，即确定国际教育的国家政策目标，并提出实现这些目标的具体战略，以及提供实施这些战略所需的国家计划、行政结构和资源④。2003年，美国国际教育者协会先后发表了《为了美国的利益，欢迎国际学生》《美国学生到

---

① WILLIAM J C. The President Proclamation 7376—International education week, 2000 [EB/OL]. (2000-11-15) [2021-12-23]. https://www.govinfo.gov/content/pkg/FR-2000-11-15/pdf/00-29462.pdf.

② 张晓芹，杨明全. 美国基础教育国际化的进展与实践举措 [J]. 福建教育，2019 (10)：36-38.

③ 马毅飞. 中美国际教育政策研究 [D]. 上海：华东师范大学，2014.

④ American Council on Education, Washington, DC. Beyond September 11: A comprehensive national policy on international education [EB/OL]. [2021-12-24]. https://eric.ed.gov/?id=ED467614.

国外学习的研究报告》《2003 年美国国际教育的障碍与机遇》和《走向美国国际教育政策》等研究报告①。2004 年，美国西维吉尼亚国际教育委员会发布国际教育白皮书《全球化时代公民素养之准备》，指出中小学开展国际化教育旨在强化学生的经济意识，统整国际社会与民族文化，维护国家安全②。2005 年，美国民主党和共和党议员联名提议加强新时期国际教育。美国公众也日益认识到国际知识与技能对维持美国全球胜任力的重要性，对国际教育的认可度和支持率明显增长。以上这些报告与政策的颁布表明，美国基础教育全球意识逐渐占据了主导地位。

（三）基础教育国际化正式纳入教育部政策议程

《美国教育部 2002—2007 年战略规划》中特别强调教育与国家全球政治、经济、军事竞争及反恐战略"利益"之间的联系。该战略目标体系中首次单列出"发展安全学校和坚定品格"目标，并大大增加了相关要求和内容。美国政府决心以文化、科研、管理作为追求卓越的三个保障，并力图通过建立文化、科研、管理三位一体的教育保障体系，来确保其教育"卓越"总目标的实现③。

2006 年 2 月，布什总统发布的《美国竞争力倡议》（American Competitiveness Initiative）指出，保证美国持续领先于世界竞争力的根本是基础研究、创新和改革，美国竞争力的基石是受过良好教育和熟练的劳动力，此倡议帮助确保每个学生都能接受高质量的教育，为教师专业发展提供资金，吸引新教师开发基于研究的课程课堂，并为工人培训提供灵活资源④。随后，在《美国教育部 2007—2012 年战略规划》（Strategic Plan For Fiscal Years 2007—12）中，更加凸显了教育服务于国家利益的诉求：一是修改了教育部的使命，提出要通过加强优质教育和保证教育公平，提升学生的学业成就，为全球胜任

---

① 桑锦龙，李政. 面向世界的首都教育 更加积极主动地扩大北京教育对外开放的战略思考 [M]. 北京：北京出版社，2013.

② 孙杰夫. 辽宁教育国际化发展思路与政策创新研究 [M]. 沈阳：辽宁人民出版社，2016.

③ 冯大鸣. 美国国家教育战略的新走向——《美国教育部 2002—2007 年战略规划》评析 [J]. 外国教育研究，2004（1）：28-31.

④ The White House. American competitiveness initiative [EB/OL]. [2021-12-21]. https://georgewbush-whitehouse.archives.gov/stateoftheunion/2006/.

力做好准备；二是提高课程标准，要求为应对全球化竞争培养人才。其中，单独强调了高中教育的新战略目标，即提高所有高中学生的学业成绩，并要求从提高高中学生学习高水平课程（rigorous curriculum）的比例、提高所有学生的数学和科学熟练程度以及提高亟须外语的熟练程度等三方面加以落实①。

（四）教育部国际战略系统规划基础教育国际化发展

1.《美国联邦教育部国际战略 2012—2016》

2011年，时任美国教育部长阿恩·邓肯提出："我们必须专注于将国际视野融入课堂。只有通过教育和交流，我们才能在这个全球社会中成为更好的合作者、竞争对手和富有同情心的邻居。"2012年11月，美国教育部发布了《通过国际教育与国际参与制胜全球——美国教育部2012—2016年国际战略》（Succeeding Globally Through International Education and Engagement——U. S. Department of Education International Strategy 2012—2016）。这是美国教育部有史以来第一个对国际战略进行全面阐述的战略。该战略是在美国教育部内部与其他政府机构和非政府组织的广泛协商下制定的，融合了国务院的国内议程，提出了美国教育部2012—2016年国际战略的价值取向、目标体系和推进策略。

（1）战略背景。该战略认为：①全球经济竞争力和就业情况要求学生需要有最高的学术水平，有理解世界和与世界互动的能力，包括语言技能和对其他国家和文化的欣赏能力。②面对全球性挑战，学生需要有实质性的知识和理解来处理跨越国界的问题、现象和灾难，如疾病的传播、气候变化、自然灾害和金融危机等；还需要能够与国际同行进行沟通和合作以应对这些全球性挑战。③就国家安全和外交来说，为所有学生提供良好的教育成果、培养他们的全球能力和现代技术专长以推动创新和增长至关重要。此外，学生的公民意识和全球意识、外语技能以及对国防、情报、国土安全和执法的专业知识都必不可少。④多元社会需要善于沟通、合作和欣赏他人的能力。上

---

① U. S. Department of Education. Strategic plan for fiscal years 2007—12 [EB/OL]. (2007 - 12 - 08) [2021 - 12 - 19]. https：//www2. ed. gov/about/reports/strat/plan2007 - 12/2007 - plan. pdf.

述认识和观点成为此后指导美国教育发展的基本方向和原则。

（2）战略目标与策略。该战略旨在同时推进两个战略目标（goals），即加强美国教育，推进国家外交的国际优先和重点事项。为此，美国教育部提出了三个相应的策略目标（objectives）：①提升包括传统弱势群体在内的所有美国学生的全球能力。从小学到高等教育的所有学生都应该通过与大学和职业准备标准相关联的课程，如艺术、地理、历史和外语等，以及通过国外留学机会来获得理解和欣赏不同国家、不同宗教、不同文化和不同观点等的全球能力。②借鉴他国经验教训加强联邦、州和地方的教育政策和实践，推动美国教育的卓越和创新。通过参加国际评估和调查如 PIRLS、PISA、TIMSS 等了解美国学生在关键学科领域的知识、能力和学习环境，在比较中找出优势与不足，并学习他国改进教学的政策与做法。在 2013 财年的预算中要扩大各州参与 PISA 的范围。③通过积极教育外交推进美国在重要战略意义国家的国际优先事项。在具有战略性的国家要加强教育外交，通过与各地政府官员、政策制定者、研究人员、教师、学生和其他专业人士建立联系，发挥教育领导作用以推行美国的国际优先事项①。

《美国联邦教育部国际战略 2012—2016》对美国国际教育做出了新的战略部署，并呈现出一种全新的价值取向，即：国际教育是美国应对经济竞争的有力工具；国际教育是美国应对全球问题并最终保证美国根本利益的重要举措；国际教育是美国培养学生全球化能力的有效途径；国际教育是美国维护国家安全的重要手段②。从基础教育领域来说，该国际战略为系统性提升全体学生特别是传统弱势学生群体的全球胜任力，从学科课程标准、国际教育实践、国际教育评估等多个方面为提升美国国际水平提出了更高要求。

2.《通过国际教育与国际参与制胜全球 2018（升级版）》

2018 年 11 月，美国教育部对《美国联邦教育部国际战略 2012—2016》

---

① U. S. Department of Education. Succeeding globally through international education and engagement [EB/OL]. [2021-12-19]. https：//www2. ed. gov/about/inits/ed/internationaled/international-strategy-2012-16. pdf.

② 谢淑海，熊梅. 美国国际教育的价值取向与行动路径——基于《美国联邦教育部国际战略（2012—2016 年）》的分析 [J]. 世界教育信息，2014，27（20）：16-20.

进行了修订，出台了《通过国际教育与国际参与制胜全球 2018（升级版）》①。升级版文件延续了旧版文件的两个战略目标，而关于三个相应策略目标（objectives）的表述则更加具体：

策略目标 1：提高美国所有学生的全球和文化能力。对比旧版，新版将"全球能力"提升为"全球和文化能力"，指出"全球和文化能力包括个体在互联世界中取得成功所需的知识和技能，能够充分参与具有全球意义的事务并就此采取行动""理解和欣赏不同国家和地区以及不同宗教、文化和观点，这些是全球和文化能力的基本要素"。为指导学生如何长期发展全球和文化能力，美国教育部在现有研究和特定学科知识基础之上，制定了一个从幼儿期开始到高等教育阶段发展全球和文化能力以提高公平、卓越素质和经济竞争力的框架（表 4-1）。该框架还支持国际和外语教育办公室（IFLE）的项目管理和监测计划，协助评估计划的相关性和实施效果②。

表 4-1　美国发展全球和文化能力以提升公平、卓越素质和经济竞争力的框架

能力	从早期学习到职业生涯				具有全球和文化胜任能力的个体
	早期学习	小学	中学	高中后	
协作与沟通	社会情感技能的融合建设——聚焦同理心、合作和问题解决的能力	循序渐进的社会情感技能建设——关注移情、不同视角和冲突管理	强烈的社会情感和领导能力——强调多元文化理解和与不同人群一起工作的能力	高级的社会、情感和领导技能，具有跨文化有效合作和沟通的能力	至少精通两种语言；意识到不同文化间的差异，对不同观点持开放态度，并能欣赏通过开放的文化交流而获得的见解；

---

① U. S. Department of Education. Succeeding globally through international education and engagement update—2018 [EB/OL]. (2018-11-15) [2021-12-19]. https://sites.ed.gov/international/files/2018/11/Succeeding-Globally-Through-International-Education-and-Engagement-Update-2018.pdf.

② 美国教育部一直通过国际和外语教育办公室（IFLE）支持旨在提高世界语言、领域和国际研究专业知识的项目。2018 年 IFLE 管理着大约 7200 万美元，用于资助根据《高等教育法案》第六章授权的国内国际教育项目和根据《富布赖特—海斯法案》授权的海外国际教育项目。

续表

能力	从早期学习到职业生涯				具有全球和文化胜任能力的个体
	早期学习	小学	中学	高中后	
世界和语言遗产	发展英语和其他语言的技能	基本精通至少一门其他语言	熟练掌握至少一门其他语言	更高级别的熟练程度——掌握至少一门其他语言并能以其开展工作或学习的能力	具有批判性和创造性的思维，能够运用对不同文化、信仰、经济、技术和政府形式的理解，在跨文化环境中有效工作，应对社会、环境或创业的挑战；能够在跨文化和国际背景下开展专业合作，并继续发展新技能和更新技术以支持持续增长
不同视角	通过接触不同的文化、历史、语言和观点而产生全球意识	通过不断接触不同的文化、历史、语言和观点而加深全球意识	通过课程、项目、海外学习和虚拟交流等方式加深对本地和全球知识的理解	具有高度发展的从不同角度分析和思考问题的能力	
国内及全球参与	社区和机构意识增强	进行与年龄相称的国内参与和学习	具有参与国内和全球关键事务的能力	能够有意义地参与广泛的国内和全球问题，并在全球背景下在自己的学科/专业领域中取得成功	
特定学科知识与理解的基础					

策略目标2：向其他国家学习并与之合作以加强美国教育。新版文件在借鉴原来学习他国经验的基础上，更加强调与他国的合作：一是加强数据的研究与合作。美国积极为经济合作与发展组织（OECD）的年度出版物《教育概览》（EAG）提供专业知识和数据；2018年参加了新的早期学习与儿童幸福感国际研究项目（International Early Learning and Child Well-being Study，IELS），并首次参加了国际计算机与信息素养研究项目（International Computer and Information Literacy Study，ICILS）。这些国际评估项目由美国国家教育统计中心（NCES）负责实施。国家教育统计中心还在国际研究理事会

任职，与其他国家合作，不断提高数据质量；在与他国的比较中确定美国教育的相对优势和劣势领域，并利用这些信息来指导深度学习。二是扩大与多边组织和个别国家的合作，更深入地研究其他国家行之有效的方法或创新做法如何应用于美国。如美国教育部高级官员积极进行海外战略旅行，访问学校，与当地师生、教育政策制定者和专家会面，并经常接待其他国家的教育政策制定者和专家等。

策略目标3：开展积极的教育外交，推进美国的国际优先事项。新版文件的积极教育外交范围从具有战略意义的国家扩大到所有国家。时任美国国务卿德沃斯认为，"与世界各地人民和政府的沟通和理解能力是外交的重要组成部分。教育和交流的软外交有助于我们建立联系，支持全球稳定和国家繁荣。我们可以而且必须为未来做好准备"。因此，美国国务院在双边基础上与个别国家及多边组织如亚太经济合作组织（APEC）、美洲国家组织（OAS）、经合组织以及多边论坛如美洲峰会和G20等加强了联系，共同讨论有关教育的问题。美国教育部对应有关合作，一方面参与审查和拟订宣言、决议和报告，另一方面定期接待关键领域的访客，作为国务院国际访客领导力计划（IVLP）的一部分，每年接待来自140多个国家的1200多名参观者。此外，还参加了欧洲信息中心网络（ENIC），为有兴趣在国外工作或继续深造的美国教育人员提供指导，分享最佳做法和经验教训以改善国内外的教育。

第二节

美国基础教育国际化发展的主要举措

美国基础教育国际化发展的举措主要包括师生的国际化实践与体验、课程的国际化、中小学校认证体系的国际化、开展国际理解教育和其他国际化活动等。按照美国分权管理体制，美国基础教育国际化发展的实践多数在州和地方层面推进，但由于基础教育国际化的战略地位，美国联邦政府也加强了国家层面的组织推动。

一、教师交流项目促进国内外教育工作者分享最佳教育实践经验

"富布赖特教师交流"（Fulbright Teacher Exchanges）项目于1946年启动，至今已76年。作为富布赖特计划系列的一部分，其也是美国国务院的一项计划，由美国政府提供资金，由国际研究与交流委员会（IREX）进行管理。该项目向小学和中学（K-12）教育工作者开放，包括教育行政领导、校长、教师、图书馆媒体专家、辅导员等，旨在为教育工作者提供在国外学校学习、教学、咨询、观察和合作的机会，从而促使教育工作者分享教育实践并将全球技能和观点带到双方学校。该项目包括为美国籍教师和外国籍教师分别设置的多个计划，具体如下。

（一）美国籍基础教育阶段教师参与的计划

美国每年从各地遴选出约120名来自公立、私立或特许学校的拥有丰富教学经验和不同背景的教育工作者，参加为期两周至六个月的海外课程。

1. 富布赖特杰出教学研究奖计划（Fulbright Distinguished Awards in Teaching Research Program）①

参与该计划的美国中小学教师在国外进行研究并参与其他专业的学习，为期3～6个月。具体来说，参与者要设计和实施与美国及其东道国教育相关的调查项目，建立研究人员、从业者和政策制定者的全球网络，交流想法和进行教育实践，开发可在项目结束后长期使用的资源和工具，回国后向其所在的学校和社区中的教育工作者与学生分享其间获得的知识和经验。富布赖特杰出教学研究奖计划申请由独立的专家小组根据评估标准进行审查，参与者通过公开竞赛选出。该计划鼓励弱势群体人士如妇女、种族和少数民族及残疾人等的申请，以反映美国和全球社会的多样性。

2. 富布赖特短期教学杰出奖

这是"富布赖特杰出教学研究奖计划"的短期计划。计划为期2～6周，主要支援美国大使馆和富布赖特委员会确定的学校、教师培训学院、政府部门和教育非政府组织的项目。申请者须是美国中小学优秀教师，是具备使其技能、经验和专业知识能够在全球范围内发挥作用的教育领导者和内容领域专家。该计划的项目涵盖各个学科，如STEM、英语语言学习、人文、艺术、商业和特殊教育等。参与者完成短期国际项目，与外国同事合作，并在全球范围内分享教育政策和实践。参与者的项目活动所需资金，如国际机票、生活费、膳食费和在该国期间的酬金均由主办方提供，主办方亦会帮助寻找住房和交通工具。

3. 富布赖特全球课堂教师计划（The Fulbright Teachers for Global Classrooms Program，TGC）②

这是一项面向美国中小学教师（含在国防部K-12阶段的教育工作者）的为期一年的专业发展奖学金，旨在通过有针对性的培训、国外经验积累和

---

① Fulbright Teacher Exchanges. Fulbright distinguished awards in teaching research program [EB/OL]. [2021-12-20]. https：//www.fulbrightteacherexchanges.org/programs/da/.

② Fulbright Teacher Exchanges. Fulbright teachers for global classrooms program [EB/OL]. [2021-12-20]. https：//www.fulbrightteacherexchanges.org/programs/tgc/.

全球合作，将国际视野带入学校，实现美国教室全球化的计划。该计划包括参加为期一学期的聚焦全球最佳教育实践的在线课程、华盛顿特区面授专业发展工作坊以及2～3周的出国旅行（国际实地体验）。参与者要创建一个全球教育指南作为其所在社区的资源，分享他们所获得的技能、经验和资源。目前，这样的全球教育指南累计有350多份。

4. 富布赖特学校管理者研讨会（Fulbright Seminars for School Administrators）①

该计划是富布赖特芬兰基金会和新加坡教育部的合作项目。美国中小学校具有五年或五年以上管理经验的人员组队（5～10人）去到芬兰或新加坡参加约10天的强化课程，了解所在国的最佳教育实践。参与者通过参与简报、小组讨论和活动以更好地了解东道国的教育体系，探索学校管理人员感兴趣的教育和专业主题。计划活动包括访问学校和其他教育机构，观察和分享最佳教育实践，还参加会议、圆桌讨论及与教育专业人员的社交活动。

5. 富布赖特—海斯海外研讨会——双边计划（Fulbright – Hays Seminars Abroad—Bilateral Projects）②

该计划不直接提供奖项，而是向国际管理机构提供资金来规划和执行海外计划。2010—2019年，该计划累计共注资770万美元，共资助540人。该计划面向美国所有具有3年工作经验的社会科学和人文学科教育工作者，提供短期学习和旅行研讨机会，以提高他们对其他国家人民和文化的理解和认识。艺术、社会科学或人文科学（包括语言）领域的中小学教师、相关课程管理人员或课程专家、图书馆员、博物馆教育工作者或媒体及资源专家等均可以参加。其中，基础教育阶段的教师或行政人员、在少数族裔服务机构任教的教职员工可获得一分优先权；新申请人可获得三分优先权。2016年以来，该计划在菲律宾、冰岛、匈牙利、摩洛哥等地举办基础教育研讨会11场，平均每年约2场。

---

① Fulbright Teacher Exchanges. Fulbright seminars for school administrators [EB/OL]. [2021 – 12 – 20]. https：//www.fulbrightteacherexchanges.org/programs/administrators/.

② U.S. Department of Education. Fulbright-Hays seminars abroad—bilateral projects [EB/OL]. [2021 – 12 – 20]. https：//www2.ed.gov/programs/iegpssap/eligibility.html.

6. 富布赖特—海斯小组项目海外计划（Fulbright-Hays Group Projects Abroad Program，GPA）①

该计划为全美教育界从事现代外语培训和区域研究的教师、学生提供赠款，以支持他们在海外开展研究和进行课程开发。该计划要求在研究、培训和课程开发方面有小组项目；侧重于人文科学、社会科学和语言，且须侧重于以下一个或多个领域：非洲、东亚、南亚、东南亚和太平洋、西半球（中南美洲、墨西哥和加勒比地区）、中东欧和欧亚大陆以及近东；不资助以加拿大或西欧为重点的申请；区域研究须包括对一国或多国的多个方面如地理、历史、文化、经济、政治、国际关系或语言等进行全面研究的计划；符合条件的中小学教师均可以申请。

该计划包括短期研讨会（5～6周，侧重于地区研究的特定方面）、课程开发（4～6周，为课程开发获取资源材料）、小组研究或学习（12周～18个月）或高级强化语言课程（不超过1年，学习东道国语言且应达到高级水平）共4类小组项目。前3个短期项目一般资助5万～10万美元，后1个长期项目资助额度为5万～25万美元。2018—2020年共资助了65个海外小组计划，资助金额为710万美元，涉及30个国家的971人。

（二）外国中小学教师可以参与的计划

目前全球有超过85个国家和地区的中小学教育工作者参与了相关计划，赴美国进行专业学习。

1. 富布赖特卓越教学和成就计划（Fulbright Teaching Excellence and Achievement Program）②

该计划现有72个参与国和地区，面向参与国（地区）的中学教育工作者开放，优先考虑没有参加过任何富布赖特计划且在过去五年中没有国外专业经验（如学习、教学、研究或就业）的申请人。计划为期6周，参与者主要参与主办大学举办的各种专业活动，包括参加学术研讨会、观摩美国中小

---

① U.S. Department of Education. Fulbright-Hays—group projects abroad program [EB/OL]. [2021-12-20]. https：//www2.ed.gov/programs/iegpsgpa/index.html.
② Fulbright Teacher Exchanges. Fulbright teaching excellence and achievement program [EB/OL]. [2021-12-20]. https：//www.fulbrightteacherexchanges.org/programs/tea/.

学课堂和共同教学、与主办大学和当地中学师生合作进行最佳教育实践,还参加所在社区的公民和文化活动以促进相互理解。

该计划面向中学所有学科教师开放,包括将英语作为外语、STEM 教育、社会研究、特殊教育等,但申请人须有学士学位或同等学历和经验,并具有英语语言能力。计划分普通教育学类和媒体素养类:普通教育学类聚焦新教学方法,围绕以学生为中心的学习、教学技术和教学内容等主题,完成至少 40 小时的实习,目前有 62 个合作国家和地区;媒体素养类聚焦媒体素养和批判性思维技能的培养,重视团队教学,目前有 19 个合作国家和地区。

2. 富布赖特国际教师教学杰出奖(Fulbright Distinguished Awards in Teaching Program for International Teachers)①

该计划面向具有 5 年工作经验的课堂教师、指导顾问、课程专家、图书馆媒体专家、特殊教育协调员和管理人员等中小学国际教育工作者,为期 4 个月,主要参加美国主办大学的高级本科或研究生课程,观摩课堂,共同教学,与美国同行分享专业知识,设计并完成个人或团体教育实践探究项目,与同行者参与在线专业学习、社区分享教育实践等。

富布赖特国际教师交流项目自 1946 年成立以来,每年约有来自 75 个国家的 400 名教育工作者参加;自 2009 年以来累计有 90 个国家(地区)的 5700 多人参加。该计划促进了美国基础教育教师参与全球教育的实践与体验,培养了教师的多元文化理解能力。这些教师归国后继续将全球教育的影响传递到学生身上,提高了学生的批判性思维和解决问题的能力,为学生的全球化发展打下了基础。此外,参与国或地区的教师也有机会去美国学习深造,有助于建立全球教师专业网络。

二、资助鼓励高中生出国留学以培养全球胜任力

为培养学生的全球胜任力,美国国务院教育文化局为美国高中生出国留

---

① Fulbright Teacher Exchanges. Fulbright distinguished awards in teaching program for international teachers [EB/OL]. [2021 - 12 - 20]. https://www.fulbrightteacherexchanges.org/programs/dai/.

学设立了高中留学项目（High School Study Abroad），为项目提供择优奖学金，以资助高中生出国留学3周至1学年。项目的大多数课程不需要语言学习基础，扩大了学生的申请范围。美国高中留学项目主要包括以下计划①。

1. 国会—联邦议院青年交流计划（Congress-Bundestag Youth Exchange Program，CBYX）

该计划也称德国留学奖学金，由美国国会和德国联邦议院共同资助和管理，为高中生赴德国学习提供一年的全额奖学金，旨在通过公民外交加强德美关系。费用涵盖两国城市间的往返国际交通费、医疗福利、抵德一个月的语言培训费、学费和学术材料费、德国居留许可或签证相关的费用，以及在德期间的交通、住宿和膳食费和参加所需计划活动的费用等，适用于希望完全沉浸式体验文化和学习语言的有志高中生。CBYX计划始于1983年，目前累计超过26 000名青年学生参加过该计划。参与者通过入住精心挑选的德国寄宿家庭、进入德国高中就读、学习德语课程、德国城市观光和与美德政府官员会晤等，学会以新的视角来认识德国社会、经济和政治生活，拓宽眼界，同时履行公民外交官职责，增进美德之间的了解。

2. 未来领袖海外交流计划（Future Leaders Exchange Abroad，FLEX）

FLEX计划始于1993年，是根据前参议员比尔·布拉德利（Bill Bradley）的信念而创建的计划。比尔认为，确保美国与欧亚大陆国家之间持久和平与相互理解的最佳方法是使年轻人能够直接了解美国和美国人，并教育美国人了解对方的国家。该计划主要由美国国务院资助，在亚美尼亚、阿塞拜疆等22个欧亚国家遴选优秀高中生到美国与志愿寄宿家庭共同生活，并就读于美国高中。FLEX海外计划是FLEX计划的扩展版，即从吸引外国高中生到美学习扩展到派遣美国高中生到欧亚国家留学，目的是为美国高中生提供独特的交流体验，使他们建立起全球意识和拥有跨文化能力。该计划于2021年启动，2022年第一次实施，为15～18.5岁的美籍高中生提供到哈萨克斯坦、波兰或乌克兰留学一学年的全额奖学金。

---

① Bureau of educational and cultural affairs exchange programs: High school study abroad [EB/OL]. [2021-12-20]. https://exchanges.state.gov/highschool/.

3. 肯尼迪—卢格青年交流和学习海外计划（Kennedy – Lugar Youth Exchange and Study Abroad，YES）

YES 海外计划是 YES 计划的延伸，由美国国际教育委员会领导的组织联盟与美国国务院教育和文化事务局合作管理，与 AFS – USA 有限公司、美国中东教育和培训服务公司（Amideast）以及国际教育和资源网络（iEARN）合作，每年为 15～18.5 岁的美国高中生提供到伊斯兰国家留学一学年的全额奖学金。2009—2010 学年，首批参与者在 10 个指定国家开始生活和学习。2021—2022 学年，该计划参与学生可到波斯尼亚和黑塞哥维那、保加利亚、埃及、加纳、印度、印度尼西亚、约旦、马来西亚、摩洛哥、北马其顿、菲律宾、塞内加尔、泰国和土耳其等国家交流学习。参与者与寄宿家庭住在一起，就读于当地高中，并参与有关活动，深入了解东道国社会和价值观，同时帮助他国了解美国社会和价值观。

4. 青年国家安全语言倡议（National Security Language Initiative for Youth，NSLI – Y）

NSLI – Y 是美国政府倡议的一部分，于 2006 年推出，旨在通过确保美国人拥有有效沟通所需的语言技能和文化知识来促进国际合作。该计划在世界各地提供密集的沉浸式语言课程，鼓励初学者申请任何目标语言而不需要以前的语言经验。该计划基于成绩提供奖学金，资助美国青年去海外学习关键语言，激发他们对关键外语及其文化的终身兴趣。目前提供的关键外语包括阿拉伯语、印地语、印度尼西亚语、韩语、普通话、波斯语（塔吉克语）、俄语和土耳其语等。

5. 青年大使计划（Youth Ambassadors）

该计划是双向交流计划，海外计划为高中生及其导师提供参加夏季在中美洲和南美洲举行的为期 3 周的青年领导力课程所需的全额奖学金。因项目在阿根廷、智利或乌拉圭等国开展，因而高中生及其导师需要有至少两年学习西班牙语的经历或者具有中级西班牙语水平。巴西交流计划没有语言要求，但有西班牙语或葡萄牙语技能将能保障学习更加有效。参与者活动包括参加讲习班、与社区领袖会面、社区服务活动、互动培训、文化介绍、参观高中、参与当地文化活动、家庭住宿等。

从富布赖特教师和学生的国际交流项目中可见,美国联邦政府将本国和他国的中小学教师精英和学生精英囊括在内,在参与国或地区推行其教育外交的战略意图。因此,参与国或地区要客观、审慎地看待这类师生国际交流项目,尽量取其精华、去其糟粕。

三、定期开展国际教育周活动营造教育国际化氛围

国际教育周(International Education Week,IEW)是美国国务院和美国教育部的一项联合倡议,旨在促进和庆祝国际教育和全球交流的益处。该活动始于2000年,于每年11月的第三周举行庆祝活动。每年的国际教育周,时任总统均为庆祝活动发表宣言书以示对该活动的重视。如2021年国际教育周,美国总统拜登在宣言中指出:"如果我们不加速学位的获得,我们就无法在21世纪全球经济中具有竞争力。我们比以往任何时候都更需要对教育进行投资,尤其是在学校和社区仍在努力克服COVID-19大流行挑战的情况下。这种病毒要求我们的教育工作者、学校教职工员、学生和家庭具有非凡的韧性。在过去的19个月中,他们的不懈努力帮助数百万年轻人走上了充实和成功的道路。现在,我们必须将他们的决心与大胆的行动相匹配,以确保我们的儿童、我们的国家在未来能够很好地领导世界。"①

国际教育周庆祝活动鼓励所有对国际教育和交流活动感兴趣的个人和机构参与,包括学校、学院和大学、大使馆、国际组织、企业、协会和社区组织等。2021年的国际教育周,北卡罗来纳大学教堂山分校(UNC)、杜克大学(Duke)区域研究中心与北卡罗来纳州公共教育部合作,开展了主题为"世界各地和本土的食物、水和可持续性"的K-12教育工作者国际教育周系列活动。整个系列活动的主题是探讨农业、水、社区健康和福祉、文化、可持续发展与气候之间的相互联系。每个活动则重点介绍与不同世界地区相关的内容和资源,如非洲、亚洲、欧洲、拉丁美洲、中东和北非及俄罗斯

---

① EADER AIDS Office of the Federal Register. American education week, 2021 [EB/OL]. (2021-11-17) [2021-12-20] https://www.federalregister.gov/documents/2021/11/17/2021-25190/american-education-week-2021.

（表4－2）。教师可以参加一个课程来了解一个特定领域，或者参加所有课程，以更广泛地了解全球环境。参与者每次参加活动都可获得教师专业发展课时的证书，还可获得相关内容和资源。这些内容和资源有助于为学生提供解决未来可持续发展挑战所需的批判性思维技能和全球视野①。由表4－2可见，国际教育周活动精彩，相关活动由拥有丰富资源的大学研究中心主办，邀请来自大学、机构或企业的专业人士为基础教育阶段教师分享他们对世界性议题的研究与经验，兼有工作坊形式的活动，既拓宽了教师们的全球环境视野，又加深了教师们的认识与体验。

表4－2　2021年杜克大学－北卡罗来纳大学的K－12教育工作者国际教育周系列活动

时间	活动名称	主讲人	主办方
11月15日 星期一	从西伯利亚草原到圣彼得堡：俄罗斯的环境问题和行动主义	记者兼国际和俄罗斯气候政策专家安吉丽娜·达维多娃（Angelina Davydova）	俄罗斯旗舰计划和斯拉夫、欧亚和东欧研究中心
11月16日 星期二	从牛和三石火到速溶锅：东非的食物、水和可持续性	UNC环境、生态和能源计划项目艾米·库克（Amy Cooke）博士	非洲研究中心
11月17日 星期三	中东之水：意义、生存和可持续性	北卡罗来纳大学历史系莎拉·菲尔茨（Sarah Shields）博士	杜克大学－北卡罗来纳大学中东研究联盟
11月18日 星期四	葡萄、橄榄、猪：西班牙的饮食文化和身份（烹饪演示）	克里斯蒂·卡拉斯科（Cristina Carrasco）博士	欧洲研究中心
11月19日 星期五	绿色杯：拉丁美洲的可持续咖啡生产	反文化咖啡公司（Counter Culture Coffee）的瑞恩·路德维希（Ryan Ludwig）	北卡罗来纳大学拉丁美洲和加勒比研究联盟
11月20日 星期六	阿巴拉契亚山麓的老挝美食	法老达拉·普拉库松（Dara Phrakousonh）女士	卡罗来纳州亚洲中心

---

① The University of North Carolina at Chapel Hill. International education week［EB/OL］．［2021－12－20］．https：//areastudies.unc.edu/IEW.

四、持续输出教育标准，建设全球教育网络

教育标准输出除了设立分校、合作办学、提供课程、有条件认可学分等方式外，更为重要的就是学校认证。认证是美国教育界通过质量保证和持续改进进行自我监管的手段。认证过程旨在加强和维持教育质量和完整性，使其值得公众信任，并最大限度地减少外部控制的范围。美国教育机构评估认证不仅在高等教育领域广泛应用，在基础教育领域的应用范围也正日益扩大。对外国中小学校进行认证强化了美国教育领导者、规则制定者的地位[①]。

美国学校评估认证主要有两种组织形式，一种是学校内部组织评估小组进行自我评估，另一种是通过社会专门评估认证机构进行评估认证。美国的专门评估认证机构是经过政府认可的非营利性社会组织。参与评估认证的学校自愿进行，参加评估的同行专家也是志愿性的，多为兼职。美国按地域划分有六大地区性教育认证机构，主要对所辖区域内的教育机构进行评估认证，同时也对国外的教育机构进行认证。六大区域教育认证机构中，对基础教育学校进行认证评估的机构主要有西部院校联盟学校认证委员会（The Accrediting Commission for Schools, Western Association of Schools and Colleges, ACS WASC）、中部院校联盟中小学委员会（Middle States Association Commissions on Elementary and Secondary Schools, MSA – CESS）、中北部院校联盟学校认证与改进委员会（North Central Association Commission on Accreditation and School Improvement, NCA – CASI）、南部院校联盟学校认证与改进委员会（Southern Association of Colleges and Schools Council on Accreditation and School Improvement, SACS – CASI）、新英格兰院校协会（New England Association of Schools and Colleges, NEASC）等。这些认证机构历史悠久，在认证方面形成了规范有序的程序并不断更新评价标准，使其有利于向世界推行。这些认证机构主要通过以下途径输出其教育标准。

---

① 肖建彬. 高等教育向美国学习什么 [M]. 广州：广东高等教育出版社，2018.

1. 加大与海外学校的合作

中部院校联盟中小学委员会（MSA – CESS）包括小学委员会、中学委员会、国内学校咨询委员会和国际学校咨询委员会四个委员会。其中，国际学校咨询委员会成员由来自多个国家的国际学校代表组成。如现任 13 名委员中，除希腊、约旦等国的美国国际学校校长外，还吸收了其他国际学校如布基纳法索瓦加杜古国际学校、白俄罗斯国际优质学校、多米尼加共和国卡罗尔·摩根学校和沙特阿拉伯卡斯特学校等学校的校长或校主任，这些校长或校主任在当地为推广相关认证发挥了主要作用。西部院校联盟学校认证委员会（ACS WASC）的中、小学委员会本身隶属于美国国务院海外学校办公室，为美国外交部门、非政府机构和跨国公司工作的美国公民就读的美国学校和国际学校提供认证服务，目前主要为关岛、亚洲、太平洋地区、中东、非洲和欧洲等地的学校提供援助①。

2. 加强与国际机构或外国教育部门的合作

西部院校联盟学校认证委员会（ACS WASC）为保持其认证的有效性，积极与加利福尼亚州教育部（CDE）合作，使认证过程与州及联邦法规对公立学校在学生成就计划（SPSA）和地方问责计划中的要求保持一致。此外，还与国际文凭组织、国际基督教学校协会、国际学校理事会、东亚地区学校理事会、国际学校认证联盟、夏威夷教育部和其他教育组织合作，提高其教育声誉②。

3. 加强研究改进评估标准以提高适切性

南部院校联盟学校认证与改进委员会（SACS – CASI）在分析有关政策、学习条件和文化背景的前提下，开发出基于研究、基于证据的绩效标准。如 2022 年版的标准中吸纳了三个新概念：一是"以学习者为中心"，侧重于学校教育过程和实践对学习者学习过程的影响；二是"公平表现"，强调了学

---

① MSA-CESS. About us [EB/OL]. [2021 – 12 – 21]. https：//www.msa-cess.org/default.aspx?RelID = 606486.

② The accrediting commission for schools, western association of schools and colleges. ACS WASC Overview [EB/OL]. [2021 – 12 – 21]. https：//www.acswasc.org/about/acs-wasc-overview/.

校各个方面对每个学习者的公平期望;三是"学习者的幸福感",学习不仅仅依赖于熟练的指导,学校必须为学习者提供好大小环境,以使每个学习者都能成长。这些新概念反映了当今世界基础教育发展的取向。新标准还提出,如果学校能够运用这些标准来参与认证,将有助于提升学校在学习文化、学习领导、学习参与和学习成长等方面的优异表现①。

当前,美国各认证机构都加大了对外国学校的认证。截至 2021 年 12 月,美国中部院校联盟中小学委员会已经在 112 个国家认证学校 359 所(中国 1 所);西部大专院校联盟学校认证委员会认证的国际学校有 473 所(中国 60 所);南部院校联盟认证与学校改进委员会仅在中国就有认证学校 119 所。

五、加强发展以全球教育为主要特征的国际理解教育

1948 年,美国国家教育协会国际关系委员会、课程监督和开发协会及全国社会研究委员会共同提出了《美国学校中的国际理解教育:意见与建议》(*Education for International Understanding in American Schools, Suggestions and Recommendations*)报告书。该报告书长达 241 页,提出要开展国际理解教育,培养具有良好世界意识的美国人以促进世界和平。该报告书认为,具备良好世界意识的美国人的理想形象是:①认识到若再爆发世界战争,文化将濒临危机;②祈求人的自由与正义得以保障的和平世界;③了解到人类不是不可避免任何战争的;④确信教育是实现国际理解教育与世界和平的最强有力的因素;⑤了解其他国家人们的生活方式,认识到文化差异中有共同的人性;⑥认识到无限制的国家主权威胁世界和平,各国必须合作以实现和平与人类进步;⑦认识到现代技术潜藏着解决经济稳定课题的力量,国际合作有助于增进人类的福祉;⑧以时刻关注世界性问题、解决世界问题的技能与判断力去认真分析国际问题;⑨为缔造和保障人的自由与正义的和平世界做出贡献。

---

① SACSCASI. Performance standards [EB/OL]. [2021-12-21]. https://www.cognia.org/wp-content/uploads/2021/08/Performance-Standards.pdf.

该报告书被认为是美国学校开展国际理解教育的开端，其中所塑造的"世界意识的美国人"勾画了美国国际理解教育的培养目标，即让学生认识全球人口、资源、环境、经济发展、国际冲突等世界性问题，尊重、学习和理解不同民族和不同国家的文化，形成多元文化共存的观念。但与其他国家不同，美国的国际理解教育以全球教育（global education）为其主要特征，同时兼顾跨文化教育和多元文化教育视角。根据不同时期的内容与特点，美国中小学国际理解教育发展可分为以下三个阶段。

（一）世界意识培养阶段：二战后至20世纪70年代末

全球化给教育带来了新的方向，理解、宽容以及尊重其他国家和文化变得越来越重要。在教育领域内，不少有远见的教育家开始关注如何使教育适应全球社会发展，思考如何在学校课程中拓展对全世界人类议题的关注，培养具有国际视野的世界公民。国际理解教育、全球教育、环境教育、和平教育、发展教育等要素逐渐丰富了教育的全球化内容。1969年，美国外交政策协会（Foreign Policy Association）收集了教育和社会科学领域关键人物的八篇文章，编制成研究报告——《美国中小学国际教育目标、需求和优先事项审查报告》（An Examination of Objectives, Needs and Priorities in International Education in U.S. Secondary and Elementary Schools）。这份报告的中心主题是认识人类事务中迅速发生的社会和文化变化，审查国际教育发展的必要性及澄清教育目标。报告考察了美国学校如何应对当今年轻人充分参与世界事务做好准备的挑战，还对国际教育结构及其问题、高中社会研究课程、社会科学框架、世界事务教育信息传播、技术进展和全球社会概念等问题进行了探讨[①]，指出K-12课程应当增进学生对世界系统的认知与理解，使学生能够从概念、比较和全球关联的角度来看待特定现象，应提高学生以逻辑和经验为基础的分析判断能力，培养学生理解、批判性分析和判断对外政策的能力，以智慧和批判性眼光观察当今世界体系的能力，以及积极适应人类现实

---

① BECKER, J M. An examination of objectives, needs and priorities in international education in U.S. secondary and elementary schools [EB/OL]. [2021-12-23]. https://eric.ed.gov/?id=ED026933.

社会状况的能力①。在此影响下，报告《21世纪的国际教育》（*International Education for the Twenty-first Century*）也随后出炉。这两份报告不再简单介绍各国的国际教育，而是关注跨国、跨文化之间的各种问题，故而也被认为是美国全球教育诞生的象征②。

20世纪70年代中期，联邦、州教育部及各类基金会开始提供资金支持中小学校开展国际理解教育的实践，如启动全球教育课程改革，包括外语、地理、世界史等学科的教学改革，建立以国际教育为重点的公立学校，利用课外活动和技术来加强全球教育等③。1976年，美国国会对《国防教育法》重新授权时，明文支持K-12阶段国际项目的发展，并增加了公民教育的内容，以促进公民了解对国家有重大影响的全球问题，并于1979年第一次对此进行了联邦投资，用于开发相关国际理解教育课程和教师培训项目。

美国各类社会组织如美国课程发展与管理协会（Association for Supervision and Curriculum Development，ASCD）、美国全球教育论坛（American Forum for Global Education，AFGE）、美国国际跨文化教育理事会（American Council on International Intercultural Education，ACIIE）、美国教育理事会（American Council on Education，ACE）等纷纷为国际理解教育提供咨询和指导④。如1970年成立的美国全球教育论坛，总结发表了三份颇具影响力的报告：《为变化的世界而教育》（*Education for World in Change*）强调全球视野的培养应该成为美国教育的目标之一；《美国为其未来准备：教育中的全球视野》（*The United States Prepares for Its Future：Global Perspectives in Education*）阐述了世界全球化趋势不断加速，迫使美国要注重加强学生全球视野教育；《全球教育下一步：课程开发手册》（*Next Step in Global Education：A Handbook*

---

① 张蓉. 从世界意识到全球素养：美国中小学国际理解教育政策的演进［J］. 当代教育论坛，2021（2）：47-56.

② 姜英敏. 全球化视域下的国际理解教育政策比较研究［M］. 太原：山西教育出版社，2018.

③ SMITH A F. How global is the curriculum? ［J］. Educational Leadership，2002，60（2）：38-41.

④ 姜英敏. 20世纪80—90年代美国国际理解教育论争刍议［J］. 比较教育研究，2010（1）：59-62.

for Curriculum Development）总结该组织如何将全球视野融合到各级各类学校课程之中。这些报告为各州和学校的全球教育实践提供了支持，美国很多州开始积极开发旨在培养学生全球视野的教育项目，如"美国中部贸易与世界""印第安纳和世界""肯萨斯和世界"以及"肯塔基中的世界"等项目。全美社会科学协会（National Council for the Social Studies，NCSS）于1976年与联合国教科文组织在密歇根州立大学共同举办了以社会科为主题的会议，讨论了社会科在世界和平、人权和加强各国间理解等方面发挥的积极作用，建议各国基础教育应对社会科予以特别重视，并加强社会科教师的专业培训①。1979年，该协会将社会科课程目标修改为"在联系日益紧密的世界中，为将年轻人培养成为仁慈的、理性的，主动参与公共事务的公民做准备"；社会科课程的主要职能是"承担培养人类尊严和理性的义务"②。

1978年，时任美国总统吉米·卡特（Jimmy Carter）授权设立了总统外语和国际研究委员会（Presidents Commission on Foreign Language and International Studies），主要负责评估美国各级各类学校外语教育和国际研究教育的实施情况，以促进美国在日益紧密相连的世界中加强与其他国家的沟通和理解③。1979年，该委员会发布了由两份文件构成的调查报告，即《总统特设外语教育与国际研究委员会：背景研究》（*Presidents Commission on Foreign Language and International Studies：Background Papers and Studies*）和《总统特设外语教育与国际研究委员会：政策建议》（*Presidents Commission on Foreign Language and International Studies：Reports Its Recommendations*）。报告建议联邦政府每年为外语和国际研究提供的支出增加1.78亿美元，总计增加到2.45

---

① 束永睿. 美国公民教育中心发展历史研究（1964—）[D]. 北京：中国地质大学，2018.

② 姜英敏. 全球化视域下的国际理解教育政策比较研究[M]. 太原：山西教育出版社，2018.

③ 张蓉. 从世界意识到全球素养：美国中小学国际理解教育政策的演进[J]. 当代教育论坛，2021（2）：47-56.

亿美元，以提高国家整体的外语能力，培养各级教育面向的学生的国际意识[①]。委员会还提出了130多项旨在加强国际教育的建议，其中外语方面的建议主要集中在提高外语教学质量、培养教师和学生的语言能力、建立鼓励学校引进和保持清晰的外语序列的激励措施、制定语言评估的国家标准、促进更大范围的教师互动以提高对国际观点的敏感性以及提高公众对外语学习必要性的认识等方面。此外，报告对"国际教育交流"和"国际事务公民教育"各提出了八项建议[②]。

这一时期，美国出于国家防御需要颁布了一系列国际教育法案，加强了国际领域的教学和研究活动，但主要集中在高等教育领域。基础教育领域应对国际教育的基础非常薄弱，小学几乎没有外语教学，中学仅有8%的学生接受了外语课程；地理学和世界史也被排除在中小学课程之外，尤其糟糕的是教师资格考试未对这些课程做出要求，导致教师也缺乏相关领域的知识[③]。不少学者考察了美国基础教育领域的国际理解教育状况，提出了改进的设想，强调应在中小学开展跨文化、跨学科的教育。美国全球教育咨询小组从国际贸易角度建议从幼儿园到中学都开设"全球教育课"，并列入学校总课程，使学生能够系统性地接触到其他文化。各州开始将国际理解教育作为课程、咨询委员会、学区补助、全球教育中心和高中课程要求的一部分，如加利福尼亚、马萨诸塞、佛罗里达、明尼苏达、纽约、华盛顿等州制定了全球教育的相关法令和财政政策。美国各级各类学校的国际理解教育得以迅速普及。

（二）世界公民培养阶段：20世纪80—90年代

进入20世纪80年代后，受益于联邦政府专项拨款开发国际理解教育课程和教师培训项目，以及各类教育学术机构相继颁发了国际理解教育的政策

---

① TWAROG L I. Foreign language recommendations of the president's commission and the JNCL resolutions on language in American education: An analysis [J]. The Modern Language Journal, 1980, 64 (3): 303-310.

② VAUGHT G. Foreign language recommendations of the president's commission [J]. The Modern Language Journal, 1980, 64 (1): 103-107.

③ 吕晓爽. 美国中小学国际理解教育研究 [D]. 武汉：华中师范大学，2019.

咨询和指导文件，美国中小学国际理解教育发展日益深入，尤其是全球教育的内涵和外延更为丰富。

1. 国际理解教育的目标更加清晰，内容体系更加完善

1981年，全美社会科学协会（NCSS）发表了关于国际理解教育的报告，指出国际理解教育的培养目标是使学生具备在多元的、相互依赖的、自然资源有限的世界中更好地生活所需的知识、态度和技能，而中小学是使学生形成对待全球问题与事务的建设性态度和掌握相关知识的重要阵地。因此，要从中小学开始对学生开展国际理解教育。美国全球教育代表人物肯尼思·泰（Kenneth A. Tye）教授在其著作《全球教育的思想和行动》中，对当时的新泽西州、加利福尼亚州、伊利诺伊州、马萨诸塞州、佛罗里达州、明尼苏达州、纽约州和华盛顿特区等地制定的国际理解教育课程标准及教学指南进行了整理分析，指出全球教育涉及学习有关超越国界的事物，应关注政治、经济、文化、技术、生态等方面的全球性共同问题；也涉及透过他人的视角和观点，意识到个体和全体在认识世界中存在的差异性和共同性[1]。此外，他在伊利诺伊州提出的课程标准的基础上概括了全球教育的内容领域，即理解和分析政治、经济体制，特别是美国政治、经济体制；理解和学习影响世界、美国及本州历史的事件、趋势和运动；掌握人文科学中的基本理念和知识并理解这些理念和知识是如何帮助人的；掌握实际地理知识，尤其是美国地理；将从人文学科中所学到的知识应用于实际的生活中[2]。

另一代表人物科克伍德（Kirkwood）认为，全球教育不仅仅是介绍一国的情况，更重要的是让学习者通过教育去认识、掌握和理解一国的文化、语言、地理等知识的方法；全球教育使得我们认识到每个人在世界这个大社区中的角色，并教会我们如何进行跨国交往；全球教育将世界看作一个各种文化、民族和社会相互影响的统一的整体，进行全球教育最重要的原则就是以世界为中心，而不是以某一个单一民族或者国家为中心。他提出，20世纪

---

[1] 余新. 访谈美国全球教育专家肯尼斯-泰博士 [J]. 比较教育研究，2004（7）：88-90.

[2] KENNETH A T. Global education: From thought to action. Alexandria [C]. VA. ASCD, 1990, 5.

90年代美国国际理解教育应包括八个基本要素,即人类信仰和价值观、全球体系、全球问题和事件、跨文化理解、人类选择的意识、全球历史、本土知识的获得和分析、评价和参与技巧的发展①。

总体而言,20世纪80年代的学者们将世界性问题细分为和平与安全、发展、环境、人权等主题,突出强调了多元文化、世界相互依存的重要性,强调全球视角是全球教育中的重中之重;国际理解教育包括人类信仰和价值观、世界体制、全球问题、人权问题、跨文化理解、世界历史、本土文化、判断、决策和参与能力等领域的庞杂体系,学校实行全球教育可从价值观、全球问题、世界运行机制等方面推进。

1996年,美国国际跨文化教育理事会从培养全球经济竞争力的需要出发,制定了一个国际理解教育框架,建议各级各类学校依此实施国际理解教育。美国全球教育论坛组织多次发文指出,如果美国学校忽视对全球问题、挑战和文化及全球联系的学习,美国学生将无法在日益相互依赖和容易发生冲突的世界中充分准备并发挥作用;K-12学校肩负着确保美国所有公民具备必要的知识和技能、能够更好地理解国际事务的意愿以及在探讨国际事务时能采取负责任的行动的使命。

2. 把国际理解教育纳入相关学科课程标准

1987年,美国全球教育研究委员会的一份报告指出,不少美国学生甚至无法在地图上指出日本的位置,美国学生正在变成不了解世界情况的"国际知识盲"。为此,该委员会强调树立学生全球观的必要性,并建议从小学一年级到高中都应该面向世界,学习外国历史、语言、世界地理、国际商业,从事地区研究、国际交流等。美国教育学术团体提出了在中小学各学科课程中实施国际理解教育的要求和指南。1994年,美国公民教育中心(The Center for Civic Education)编制了《公民学与政府国家标准》(*National Standards for Civics and Government*),围绕公民与政府基础知识、美国民主核心价值观和基本原则、政府行为中体现出的美国核心价值观、美国与世界的联系、公

---

① KIRKWOOD T F. Our global age requires global education: Clarifying definitional ambiguities [J]. The Social Studies, 92 (1): 10 – 15.

民角色五大主题制定了国家标准①。其中,"美国与世界的联系"这一主题从培养全球意识、解决国际性问题,促进世界发展的角度出发,将国际理解教育细化为世界公民意识、交流和合作意识、国际规则意识、可持续发展意识和国际参与意识这五个相互联系的要素。全美社会科学协会(NCSS)也于同年在《追求卓越:社会科课程标准》(Expectations of Excellence: Curriculum Standards for Social Studies)中提出,社会科课程标准的总体教育目标是培养学生在一个多元化的、民主的、相互依存的世界中具有公民素质,并设定第九大课程主题轴为"全球关联",旨在为学生提供研究全球关联和相互依赖的经验②。1996年,全美英语教师协会(National Council of Teachers of English, NCTE)和国际阅读协会(International Reading Association, IRA)发布了《英语语言艺术标准》(The Standards for the English Language Arts),强调尊重文化差异,增进不同文化间的理解,发展学生认识社会和历史、识别和欣赏多元文化的能力。各州立法机构也通过了包括全球学习或外语学习在内的高中毕业要求、国际理解教育教师的培训要求以及将世界历史、世界地理、世界宗教等国际理解教育专题纳入州立标准在内的一系列授权③。

3. 国际理解教育项目研究与实践日益增加

20世纪90年代中期,美国在全国或在州的范围内开发了许多国际理解教育项目,以探寻理论指导下践行国际理解教育的策略和方法。全球参与国际理解教育项目(Global Involvement International Understanding Education)在芝加哥、纽约、费城等城市开发了国际理解教育研究相关的资料及教师培训项目。美国全球教育论坛通过"教育2000"项目,在六个社区开发了以"全球依赖"为主题的国际理解课程。国际教育联盟(The International Education Consortium)从人类学探索世界的角度,开发了全球教育课程、教师培训项目以及非西方世界文学相关项目。国家小学校长联合会(The National Association of Elementary School Principals, NAESP)将全球教育课程内容纳入

---

① 束永睿,傅安洲,胡秋梅. 从学术团体到国家智库:美国公民教育中心的历史考察 [J]. 清华大学教育研究, 2017 (10): 52–60.
② 李婉君. 美国社会科中的国际理解教育研究 [D]. 南京:南京师范大学, 2017.
③ 吕晓爽. 美国中小学国际理解教育研究 [D]. 武汉:华中师范大学, 2019.

中小学学校教育当中①。斯坦福国际与跨文化教育项目（The Stanford Program on International and Cross-Cultural Education，SPICE）以帮助师生在地理、经济学、政治学、国际安全、环境、历史、科学、外语、语言艺术及美术和应用艺术等学科领域形成多维视角、提高批判性思维和决策能力为己任，通过制作有关国际和跨文化主题的高质量课程材料，将斯坦福大学的研究、教学与学校联系起来，以支持中小学为课程国际化而做出的努力，并对全美的全球教育项目进行评估②。

4. 国际理解教育受到保守派抵制

启动和实施全球教育项目是美国学校实施国际理解教育的显著特征之一，早期很少有人对全球教育的基本原理、内容或教学提出质疑。然而，在20世纪80年代中期，全球教育项目面临了一些挑战。到20世纪90年代初，全球教育在许多州和学区成为有争议的问题。1986年，位于科罗拉多州丹佛市的美国教育部第八区办公室发布了一份题为《吹响全球教育的警哨》（Blowing the Whistle on Global Education）的批评报告，引用了几项有关全球教育项目的内容，主要是丹佛大学国际关系教学中心（The Center for Teaching Intenational Relations，CTIR）制作的教材，指责全球教育用类似"理想国"和平主义的世界观取代基督教伦理，具有反美特性；全球教育是社会变革中左翼议程的一部分，试图教导学生成为取代美国经济和政治秩序的激进分子，对国家主权和身份产生威胁。该报告引发的尖锐批评和众多指控立即在科罗拉多州引发了一场关于全球教育的主题、话题和观点的激烈辩论，并在随后几个月席卷全美③。随后，明尼苏达州的保守派发布题为《明尼苏达州公立学校的激进》（The Radicalization of Minnesota's Public Schools）的报告，攻击矛头直指该州教育部下属的明尼苏达州全球教育联盟（Minnesota Global

---

① 姜英敏. 全球化视域下的国际理解教育政策比较研究 [M]. 太原：山西教育出版社, 2018.

② Stanford University. Stanford program on international and cross-cultural education (SPICE) [EB/OL]. [2021-12-24]. https://fsi.stanford.edu/research/spice.

③ SCHUKAR R. Controversy in global education: Lessons for teacher educators [J]. Theory Into Practice, 1993, 32 (1): 52-57.

Education Coalition）和明尼苏达州大学全球教育中心（Global Education Center）。

这场论争给美国中小学校的国际理解教育带来了较大冲击。一些州开始撤回对国际理解教育的立法支持，直接导致国际理解教育失去来自政府官员、教育部、学校和基金会的支持。一些州的全球教育资料受到审查，教师因为害怕受到攻击而放弃了国际理解教育教学。加之20世纪90年代中后期，美国开始以内容标准为基础进行教育问责改革，国际理解教育作为非考试导向的领域而被边缘化，其发展一度陷入低谷。

（三）全球胜任力培养阶段：21世纪以来至今

早在1988年，美国国际教育交流协会就发表了报告《为全球胜任力而教》（*Educating for Global Competence*），首次提出了"全球胜任力"的概念。1998年，美国教育委员会下属的国际教育委员会发布了《为全球胜任力而教：美国未来通行证》（*Educating for Global Competence: American's Passport to the Future*）的研究报告。该报告讨论了在全球背景下经济竞争力和国家安全的新情况，认为新兴全球经济中有多个参与者，技术、环境、健康和人口问题都跨越了国界，为此呼吁在联邦、州和地方各级的高等教育、商业和政府之间建立新型合作伙伴关系，以确保培养具有全球意识和全球胜任力的公民[①]。21世纪以来的美国国际教育政策均围绕提升美国公民的全球胜任力目标而展开，中小学国际理解教育的目标、内容和价值观也因此发生了转型。2002年美国教育理事会递交的报告《超越9·11：国际教育的综合国家政策》中提出，为确保中小学学生有机会学习跨文化理解的知识与技能，美国21世纪的国际理解教育目标应是培养国际专家，传授国际知识以应对国家的战略需要；加强美国处理全球性问题的能力，提高公民与劳动力的国际理解素养；等等[②]。

---

① American Council on Education, Commission on International Education. Educating for global competence: America's passport to the future [EB/OL]. [2021-12-24]. https://eric.ed.gov/contentdelivery/servlet/ERICServlet?accno=ED421940.

② Beyond September 11: A comprehensive national policy on international education [C]. Education ACO, Washington. 2002.

1. 全球胜任力的概念框架

2011年,美国亚洲协会(Asia Society)与各州教育局长委员会(the Council of Chief State School Officers, CCSSO)联合出版了《全球胜任力教育:为青年参与世界做好准备》(Educating for Global Competence: Preparing Our Youth to Engage the World)一书[①]。该书构建了全球胜任力的理论模型,提出通过学科性和跨学科性知识来理解世界,以及培养学生全球胜任力的学校教学和教育政策措施等,对美国基础教育全球胜任力培养极具指导意义,也对他国具有参考价值。

该书认为,全球胜任力是指理解具有全球意义的问题并采取行动的能力和倾向。有全球胜任力的人对学习世界知识及其运作是有意识、好奇和感兴趣的。他们可以使用任何学科(数学、文学、历史、科学和艺术)的核心思想、工具、方法和原理来解决时代的紧迫问题。他们通过调查此类问题、识别多个视角、有效交流观点及采取行动改善条件来有效利用和发展相关专业知识,这四项交互动态发展的实践能力构成了综合的全球胜任力(详见表4-3)。为更好地指导教师、学校、地方教育官员、教育政策制定者使用好全球胜任力框架,该书还以艺术、英语语言、数学、科学、社会科学和世界语言六个学科领域为例,阐述了能力框架的各种行为表现。

表4-3 美国亚洲协会和各州教育局长委员会提出的全球胜任力能力矩阵

能力	说明	途径与方式
调查世界	学生调查自身直接环境之外的世界	针对具有全球意义的可研究问题: ——识别事件,产生问题,解释本地、区域和全球焦点问题的意义; ——使用各种语言、国内外资源来确定和权衡证据; ——分析、关联和综合各类证据来建立连贯性反应; ——基于信服证据形成论点,并做出正当有理的结论

[①] BOIX M V, JACKSON A. Educating for global competence: Preparing our youth to engage the world [EB/OL]. [2021-12-27]. https://www.researchgate.net/publication/271194448_Educating_for_Global_Competence_Preparing_our_Youth_to_Engage_the_World/link/54bfc4a30cf28eae4a6618cd/download.

续表

能力	说明	途径与方式
认识观点	学生认识自身和他人的不同视角	——认识和表达个人见解并识别影响个人见解的因素； ——考察他人的见解及其影响因素； ——解释文化互动如何影响情境、事件、现象和知识的发展； ——阐明获取知识、技术和资源的不同方式如何影响生活质量和观念
沟通思想	学生与不同受众有效交流想法	——识别不同受众对相同信息的不同解释和反应及判断其如何影响沟通； ——面对不同受众采取适宜的方式进行有效的倾听和交流； ——选择使用相宜的技术和媒体与不同受众沟通； ——反思在相互依存的世界中有效沟通如何影响理解与合作
采取行动	学生将想法和发现转化为适当行动来改善条件	——识别和创造机会采取个体和团体行动以改善情况； ——评估行动选项并基于可用证据、先例和潜在结果制订行动计划； ——以创意和符合伦理的方式开展个体或团体行动，以改善情况并评估行动影响； ——反思为了改善情况而倡导和做出贡献的能力

上述框架是学术团体的研究所得。就美国政府来说，全球胜任力对于国家安全及国家竞争力具有决定性作用。因此，美国教育部在《通过国际教育与国际参与制胜全球2018》中进一步将"全球胜任力"扩充为"全球和文化能力"，并制定了各级各类教育发展全球和文化能力以提高公平、卓越和经济竞争力的框架（参见前文表4-1）。

2. 全球胜任力的内容框架

美国是世界上最强大的军事和经济体，其政治和流行文化的影响力也具全球性，同时也比小国和偏远国家更容易受到国际和全球现象的影响。因此，了解本国在世界中的地位，理解世界所包含的文化、社会、政治和经济变化，对21世纪的美国教育提出了巨大挑战①。以培养全球胜任力为核心的国际理解教育延续了全球教育的内容，主要包括全球事务和挑战、全球文化和世界领域、美国与世界其他地区的关系以及世界文化、地理、历史和语言等方面的知识（详见表4-4）。

表4-4 美国中小学国际理解教育主要的内容领域②

主题领域	相关内容例举
全球事务、议题与挑战	全球生态系统：资源（可再生与不可再生资源、资源依赖、循环利用）；能源（石油、核能、太阳能、水电、节能必要性）；环境（空气、陆地、水污染、全球变暖、臭氧消耗、核废料、酸雨、土地退化、物种减少）； 全球政治系统：统一的国家机构；区域组织；联盟、条约和谈判；政治一体化、割裂主义、国家权力下放、民主化和自治趋势；国际法和国际法庭； 全球经济系统：经济制度、国际贸易、对外援助、跨境投资、发展中国家经济问题需求、贫富差距； 和平与冲突：国际范围内冲突的解决、控制以及联合国维和活动； 信息技术：互联网、信息革命、技术开发、数字媒体、数字工具； 人权与公平：人权与社会公平；食物与饥饿；健康、教育、社会福利；自治运动； 可持续发展：城市化；发展差异；土著人民虐待；人口增长、衰减与迁移；难民问题
多元世界文化	世界语言和传统语言：英语、西班牙语、中文、荷兰语、法语等； 世界历史：世界各国历史；非洲、美洲、亚洲和欧洲不同的社会属性和历史发展；科学和技术的重大发现及其社会经济影响；重要历史人物； 信仰系统：世界主要宗教及与文化相关的思想体系，如儒教、印度教、道教； 族裔多样性：种族和移民、种族偏见、土著族裔群体、族裔/文化根源、肤色意识、种族灭绝、欧洲中心主义与多文化主义

① CAROL M B. Education for international understanding and global competence [EB/OL]. [2021-12-26]. https://media.carnegie.org/filer_public/6d/b0/6db0fdc1-f2b1-4eea-982a-a313cea6822c/ccny_meeting_2000_competence.pdf.

② 吕晓爽. 美国中小学国际理解教育研究 [D]. 武汉：华中师范大学，2019.

续表

主题领域	相关内容例举
美国与世界的联系	外交政策：美国外交政策、其他国家外交政策； 国际组织：美国参与、组织理念、组织作用； 政治与战略利益：美国国家战略、与其他国家的利益关系； 公民参与和世界参与：美国公民、世界公民

3. 全球胜任力的实施策略

美国联邦教育部的国际战略、各州制定的核心课程标准明确了国际理解教育在不同阶段所要达到的目标和要求，有些学术团体和州也为学校提供了实施指南，但只有通过学校层面的实践才能真正加以实施与落实。综合来看，美国中小学校实施国际理解教育的途径主要包括在学校课程中实施、对教师开展全球教育在职培训和参与全球教育相关项目和活动。

（1）学校课程中的实施。这一途径主要有四种模式：一是模块单元式，即在某学科课程中单独设计全球教育的特别模块单元，如世界历史、世界音乐、人文地理、世界宗教、环境研究等；或是设置区域研究模块，如中东研究、亚洲艺术、欧洲历史、太平洋文化等。二是学科渗透式，即教师在讲授原有学科内容时，根据需要灵活渗透有关全球教育的内容，有意将全球主题和多种观点整合到普通课程之中。如教师在讲授美国历史时，引导学生了解在同一时期世界上其他国家发生的重大事件。三是综合主题式，即首先确定比较宽泛的主题，如"共存""多元化""稀罕""变化""冲突""交流"和"环境"等，然后根据某一主题组织课程内容和有关设计。这种实施方法需要符合综合课程的设计、教学与评价需求，同时需要全体教师参与，因实施比较复杂，有时会遭到少数教师和学科组的抵制，但从长远来看其却是实施全球教育最有效的课程组织形式[①]。四是项目式教学，即指导学生通过一段较长时间的调查、回答以及参与解决复杂事务、问题或挑战等项目活动来获得知识和技能。

---

① 余新. 访谈美国全球教育专家肯尼斯-泰博士[J]. 比较教育研究，2004（7）：88-90.

(2) 对教师开展全球教育在职培训。教师在职培训主要由致力于全球教育的学术团体和组织来提供，主要包括三种方式：一是举办全球教育主题研讨班。如印第安纳大学的全球变化研究中心（The Center for the Study of Global Change）为在职教师提供有关贸易、全球气候变化、人口危机和冲突解决等国际专题的暑期研讨班。东亚研究中心（The East Asian Studies Center）举办针对高中英语教师的东亚文学（The East Asian Literature）研讨会和针对初高中教师的国家亚洲教学联盟（National Consortium for Teaching About Asia）研讨会两个旗舰项目。此外，一些基金会也积极参与教师全球素养培训。二是建设专门的全球教育网上培训课程或资源库。哥伦比亚大学教育学院、世界智慧组织和亚洲协会于2014年联合开发美国首个在线研究生层次的教师全球胜任力认证项目（Global Competence Certificate，GCC）课程。该项目为期16个月，通过线上学习、线下实习和专题研讨来提升教师的全球胜任力，发展教师培育学生全球胜任力的能力和构建全球胜任力教育的教师学习共同体[1]。南佛罗里达大学的英语语言课程（English Language Program）网站为ESL和EFL教师提供了将全球事务、环境行动、和平教育整合到课堂中的资源，包括研究文章、期刊、会议材料、专业组织与项目、教学设计和活动链接等[2]。北卡罗来纳州公共教育部于2011年成立全球教育特别工作组（The North Carolina State Task Force on Global Education），围绕全球教育认可、全球教育资源和国际协定建立交流网络和资源[3]。三是开展全球教育校本培训。除参加国家和州层面的培训外，不少中小学校也注重通过举办全球教育工作坊、开展全球问题读书研讨、组织参加全球教育会议、邀请大学或研究机构专家到校指导等方式来拓展教师的全球视野，帮助提升教师的全球胜任力教

---

[1] 刘雨田，陈时见. 美国教师教育全球胜任力在线课程设置与实施经验——以全球胜任力认证（GCC）课程为例 [J]. 外国中小学教育，2019（7）：65-71.

[2] Global issues and activism in English language teaching [EB/OL]. [2021-12-27]. http://www.esletc.com.

[3] The North Carolina State Board of Education. Global education [EB/OL]. [2021-12-27]. https://www.dpi.nc.gov/districts-schools/classroom-resources/academic-standards/programs-and-initiatives/global-education.

学能力。康涅狄格州首府哈特福德郊外的都市学习中心（Metropolitan Learning Center）是一所小型公立学校，学校与耶鲁大学、布朗大学和当地大学建立合作关系，并与亚洲协会、国际教育和资源网络（International Education and Resource Network）、全球游牧民族（Global Nomads）、青年理解协会（Youth for Understanding）等机构或组织保持密切联系，为教师的全球教育校本培训提供了丰富的资源和机会①。

此外，各州及中小学校鼓励师生参与全球教育相关项目和活动，利用假期参与各种国际交流活动，也积极与国外地区和学校建立合作关系，开展师生交流项目以拓宽师生的全球视野，建立不同文化背景下人员间的直接联系，将教师的全球经验、学生的全球经验和学校教育联系起来，促进了国际多元文化的理解与尊重。

---

① 张蓉.培养教师的全球素养：美国的举措及启示［J］.南京师大学报（社会科学版），2018（6）：48-55.

第三节
美国基础教育国际化发展的启示

一、将基础教育国际化活动纳入成熟项目中进行管理与实施

在1998年重新授权的《高等教育法》第601条A部分的内容中,美国国会认为,在复杂的全球化时代,美国的安全、稳定和经济活力取决于美国在世界地区、外语和国际事务方面的专家与公民对这些事务的了解程度,以及在这些领域的强大的研究基础;通信技术的进步、区域和全球问题的增加,使得对其他国家的了解以及用外语进行交流的能力对于促进各国及人民之间的相互理解与合作更加重要;冷战后世界地缘政治和经济格局的巨大变化,创造了美国对非通用外语和他国专业知识的需求[①]。为此,出于全球一体化和国家安全的需要,美国教育部拨款资助推进《高等教育法》第六条款和富布赖特—海斯项目,支持美国高校在外语、地区和国际研究等基础设施上的建设,确保为非通用外语、世界领域和跨国趋势领域稳定地提供有专业知识的毕业生。其中,第六条款的项目主要提供国内语言和区域培训、研究和推广,富布赖特—海斯项目则支持提供现场发展这些技能的机会,两者构成了美国联邦政府投资国际服务管道的重要基础项目。基础教育国际化相关活动也被纳入这两个渠道之中。

(一)基础教育学校师生国际交流与合作纳入了富布赖特计划之中

1961年美国国会通过了《富布赖特—海斯法案》后,为增进美国与其他国家之间的相互了解,当年年底国务院成立了教育和文化事务局(The

---

① U. S. Department of Education. International education programs service [EB/OL]. [2021 - 12 - 20]. https://www2. ed. gov/about/offices/list/ope/iegps/title-six. html.

Bureau of Educational and Cultural Affairs，ECA），负责管理所有的国际交流计划或项目，其中富布赖特计划和国际访客领导计划属于旗舰交流计划。在国际化发展要求和趋势从高等教育领域向基础教育领域扩展之际，美国没有另起炉灶，而是在原有的富布赖特计划中增加了面向基础教育工作者、学生和学校的交流项目，一方面利于统一管理和划拨资助资金，提升联邦教育项目管理的成效，另一方面可以更好地利用已建立起来的国际教育资源和平台为基础教育服务。

（二）基础教育学校的外语教育纳入国家资源中心管理

依据《高等教育法》第六条款关于外语教育和研究的项目，美国目前形成了语言领域中心、国家资源中心（NRC）、外语和地区研究奖学金（FLAS）以及国际学术与研究（IRS）等核心计划阵列，同时还有7个相互关联的计划，包括本科国际学习和外语课程（UISFL）、商业与国际教育计划（BIE）、国际商业教育中心（CIBEs）、语言资源中心、美国海外研究中心、国际公共政策研究以及外国信息获取技术创新与合作计划（TICFIA）等。

这些计划代表了美国全面扩大国际教育的举措。近年来，美国加强了K-12阶段国际教学和课程的举措，如国家资源中心项目的范围拓展到小学和中学（K-12）的外语部分以及对专业学校的服务，更加强调综合全球力量及其区域的影响。语言研究中心作为少数语言资源和培训中心，致力于提高美国有效教授和学习外语的能力，赞助有关K-12阶段和高等教育阶段的外语教学方法和策略、绩效测试、教育技术及材料开发的研究、培训和传播。这些拓展有利于增加学生对世界的了解，并吸引他们成为未来的区域研究专家，增加学生以后从事国际学习的可能性。

（三）注重发挥大学、学术机构和非政府组织等多方力量共同推进国际教育发展

如在国际教育周庆祝活动中，可以由中小学校自行开展相关活动，但更多的是由高校从事国际研究的中心或机构利用已有优势为中小学师生设计与实施相关的课程和体验活动。前述项目从高等教育到基础教育阶段的拓展也说明了多方力量协同推进处理国际化事务的思想与实践。斯坦福大学国际和跨文化教育计划（SPICE）自1976年实施以来，利用斯坦福大学多样化的教

师和项目兴趣,将知识、探究和实践与示范性课程材料联系起来,为中小学教师制作了100多个关于非洲、亚洲和太平洋、欧洲、拉丁美洲、全球环境以及国际政治经济学的补充课程单元;借鉴模拟和角色扮演、辩论、读者剧场、视觉和表演艺术课程、期刊写作练习以及合作小组活动等跨学科方法,致力于提高中小学教师的全球素养和全球教育能力。

二、加强对新移民的教育以促进其尽快适应和融入美国生活

作为一个移民国家和发达国家,美国吸纳了许多外国人成为移民或参与国际交流学习,其中有为数不少的非英语国家学龄儿童和青少年。如从2009年秋季至2018年秋季,美国公立中小学的总入学人数从4940万人增加至5070万人,各公立学校学生的种族或民族分布也发生了变化:白人学生比例下降至47%,西班牙裔学生比例增加至27%,黑人学生比例下降至15%,亚裔学生维持在5%,有两个或两个以上种族背景的学生占比约为4%,美洲印第安人和阿拉斯加原住民学生占1%,太平洋岛民学生占比少于0.5%[①]。

为帮助移民家庭和儿童就读,指引学校更好地为移民儿童提供教育服务,美国移民局、教育部和司法部采取了多项措施。

1. 发布教育指引

2015年1月,美国教育部和司法部发布了教育服务相关情况说明书。2016年9月,美国教育部还推出了新来者工具包(new comer toolkit),以帮助中小学教师、校长和其他学校工作人员实现以下目标:增加文化、语言融合与教育的机会;帮助新移民了解其法定义务;为新移民及家庭提供学校和教师信息;为新来者提供学术支持以使其达到英语语言能力,并达到大学和职业准备标准;支持新移民发展社交情感技能[②]。该工具包由英语语言习得

---

① National Center for Education Statistics. Racial/Ethnic enrollment in public schools [EB/OL]. [2021-12-21]. https://nces.ed.gov/programs/coe/indicator/cge.

② U.S. Department of Education. New comer toolkit [EB/OL]. [2021-12-21]. https://www2.ed.gov/about/offices/list/oela/new-comer-toolkit/ncomertoolkit.pdf.

办公室牵头，组织规划、评估和政策发展办公室（OPEPD）、特殊教育和康复服务办公室（OSERS）、校长和教师大使研究员以及白宫拉美裔卓越教育倡议组织（WHIEEH）等部门共同开发，旨在通过促进卓越教育和确保平等入学等来提升学生成绩，为其全球胜任力做准备。工具包明确了新来者的定义及其对美国社会的作用，以及学校支持新来者适应美国学校、社会和文化的主要途径、策略与方法，其中特别强调为新生提供高质量的指导、支持新来者的社会情感需求、与家庭建立伙伴关系的方略，对学校、教师具有极强的指导作用。

2. 提供英语学习支持

为加强移民学生的英语学习，美国国家层面专门设有教育部英语习得办公室（The Office of English Language Acquisition，OELA），以帮助确保英语学习者和移民学生达到一定的英语水平并取得学业成功。该办公室的主要任务是通过形成政策决定提供国家领导；管理拨款计划，为专业人士的教学（如：国家专业发展计划，NPD）和支持英语学习者做好准备；投资于实际应用研究和评估研究，帮助英语学习者达到大学和职业学习标准；通过国家英语习得信息交换所（National Clearinghouse for English Language Acquisition，NCELA）为英语学习者传播相关教育研究、实践和政策信息，还为所有学生提供双语读写能力或多语读写技能的学习机会[①]。NCELA每两年一次向国会提交关于州拨款计划实施情况的报告，整理分析各州在促进所有英语学习者达到英语熟练程度水平、在阅读或语言艺术和数学方面达到学术标准所采取的举措。

在州层面，州教育局利用《中小学教育法》条款三（为英语水平有限的移民学生提供语言教学）规定的州拨款资金（由教育部中小学教育办公室管理的旨在改善英语学习者教育的资金）——依据本州移民儿童和青少年总数及其中英语学习者的数量而获得的补助金和专项拨款资金（每州每年50万美元），除一小部分（约5%）用于开展州级活动（如建立和实施标准化

---

① U. S. Department of Education. OELA，welcome［EB/OL］.［2021-12-21］. https：//www2. ed. gov/about/offices/list/oela/index. html.

的进出程序、提供专业发展机会、为显著改善学习者的进步和成就的次级受助者建立认可计划）外，其余部分用于向个别地方教育机构（LEAs）或财团提供次级拨款。次级受助者可以使用这些资金来实施旨在帮助英语学习者在阅读或语言艺术、数学和科学方面达到英语熟练精通和学术标准的项目，也可以开发和实施新的语言教学教育项目（LIEP），并扩展或增强现有计划；还可以在个别学校内实施全校范围的项目，或实施全系统项目以重组、改革或升级所有与英语学习者相关的项目、活动或行动[1]。2015—2018财年，全美52个州的教育机构与条款三相关的资金拨款总额约为6.8亿美元，其中加利福尼亚州获得最多，约1.5亿美元[2]。

地方教育机构在遵循联邦和州关于英语学习者教育法规的前提下，开展了一系列工作：进行英语学习者的识别；提供基于研究和实践的效果显著的教学流程；运用州评估机制，对英语学习者的英语学习情况、阅读水平以及语言艺术和数学成就进行年度评估，以改变无效教学，确保教学有效进行；告知父母其孩子被识别为英语学习者的原因、孩子的实际英语能力水平和相应的评估方法等，同时告知孩子已参与或将参与的教学的方法、项目与孩子的语言和适龄学术学习需求的匹配度、退出项目的具体程序以及他们作为英语学习者父母的权利；等等[3]。美国公立中小学校为各种族非英语母语的学生（称为"英语学习者"）提供了专门的语言援助计划，以确保他们达到相应的英语水平，并达到所要求的学术内容和成就的标准[3]。如2018年秋季，美国全国的公立学校英语学习者约有500万人，占公立学校在校生总数的10.2%，高于2010年秋季的数据（450万人，占9.2%）。各州的比例有所

---

[1] National Clearinghouse for English Language Acquisition. Title Ⅲ State Formula Grants [EB/OL]. [2021-12-21]. https://www.ncela.ed.gov/title-iii-state-formula-grants.

[2] National Clearinghouse for English Language Acquisition. The biennial report to congress on the implementation of the Title Ⅲ State Formula Grant Program: School Years 2016-2018 [EB/OL]. [2021-12-21]. https://www.ncela.ed.gov/files/biannual-reports/OELA-Bi-Report16-18.508.pdf.

[3] Debbie Zacarian. Serving English learners: Laws, policies, and regulations [EB/OL]. [2021-12-21]. https://www.colorincolorado.org/sites/default/files/Policy_Guide_Final.pdf.

差异，其中西弗吉尼亚州最低，仅占 0.8%；加利福尼亚州最高，占 19.4%[①]。语言援助计划既有利于新进学生习得英语，尽快适应学校学习与生活，也有利于其家庭更快融入美国当地的生活和工作，吸引更多国际人士赴美学习、工作与生活。

三、重视运用国际教育评估与调查结果以提升基础教育质量

与许多发达国家一样，美国注重从国内和国际视野同时评估本国的教育质量和公平，在开发国家教育进展评估（National Assessment of Educational Progress，NEAP）的同时，积极参与国际性的教育评估，并作为与其他国家教育进行比较的第一步。2000 年以来，美国参加的国际评估和调查包括 TALIS（教学和学习国际调查）、PISA（国际学生评估计划）、PIAAC（成人能力国际评估计划）、TIMSS（国际数学和科学研究趋势）和 PIRLS（国际阅读素养研究进展）。美国教育部特别重视各种国际教育评估和调查结果的分析与运用。

1. 统一数据管理

美国教育部将国际教育评估的管理和国内 NEAP 评估管理一同放在国家教育统计中心（The National Center for Education Statistics，NCES），使该统计中心成为收集、分析和报告美国和其他国家教育相关数据的主要联邦实体。该中心一方面履行国会任务，对美国教育状况的统计数据进行完整的收集、整理、分析和报告，审查和报告外国的教育活动；另一方面及时和准确响应来自国际组织的调查请求，如响应经济合作与发展组织（OECD）、联合国教科文组织（UNESCO）和欧盟统计局（Eurostat）的要求，同时开展各种数据处理活动，如对 NCES 数据进行转换，对未发表的数据进行特别分析，并对国际出版物进行审查，促进和开发国际教育比较分析项目等[②]。

---

① National Center for Education Statistics. English language learners in public schools [EB/OL]. [2021-12-21]. https：//nces. ed. gov/programs/coe/indicator/cgf.
② The National Center for Education Statistics. International data and indicators [EB/OL]. [2021-12-24]. https：//nces. ed. gov/surveys/annualreports/international-indicators.

2. 进行比较分析

美国的教育统计数据向公众开放，政府相关部门、教育研究机构及个人可以对国际教育评估进行多方面、多层次的研究分析。如：美国的教育体系（入学率、毕业生、毕业率、学杂费、教师工资、受教育程度、收入）与其他国家相比如何？美国各州与其他国家的教育系统相比如何？其他国家的学校教育怎么样？美国可以从他国那里学到什么，哪些方面有效或无效，哪些可以被美国采用或适应？这些分析为美国的教育政策、研究和实践提供了改善的重要依据。

3. 适时发布国际比较报告

美国每年定期发布全美教育发展状况的报告。如《教育状况》（Condition of Education）2021年度的报告中，将美国教育状况在关键指标上的表现与其他国家进行比较，包括入学率、学生在国际评估中的表现、教育支出和教育成就等方面的国际比较。如2019年TIMSS测试中，美国四年级数学成绩位列64个国家中的第16位，科学成绩位列第8位；八年级数学位列46个国家中的第8位，八年级科学位列第11位。《教育统计摘要》（Digest of Education Statistics）中的第6章将美国与其他国家的各种教育实践和成果（如经济指标和价格指数）以表格形式进行比较，为世界各国的教育者提供了分析视角。

总而言之，美国的国际教育评估与其国内的NEAP评估一起相互补充，推进基础教育形成了"基于证据、循证干预、循证决策、最佳结果"的循证学校改革理论模型和主流路径[1]。

四、加强基础教育国际援助以维持其世界地位

美国政府认为，对国际教育的投资是其国际发展工作力量的倍增器。加强对发展中国家的教育体系的援助可以推进美国的外交政策目标，促进美国和国际的安全并有助于加速国内外的经济增长。《加强教育在发展中的责任

---

[1] 李华，程晋宽. 循证学校改革：美国基础教育改革路径探索[J]. 教育研究，2019（10）：62-73.

法案》(The Reinforcing Education Accountability in Development Act, READ) 确保了基础教育投资的效率和有效性。根据该法案,美国国际开发署领导制定了有史以来第一个美国政府国际基础教育战略——《美国政府国际基础教育战略(2019—2023)》(U. S. Government Strategy on International Basic Education 2019—2023)。该战略于2018年10月发布,呼吁加强美国国际开发署、国务院、农业部、千年挑战公司、和平队、劳工部、教育部、财政部、国家安全委员会和国防部共十个政府部门和机构之间的合作与协调,以改善伙伴国的基础教育。该战略提出了两个主要目标,即提高学习成果以及增加所有人特别是边缘化和弱势群体获得优质基础教育的机会,进一步表明了美国政府对国际教育的承诺,并提供了在紧迫的国际教育挑战中推进全球外交和发展领导力的机会[1]。

美国国际开发署教育中心在开展基础教育援助时,优先考虑国家重点和所有权,将投资重点放在可衡量和可持续地改善学习和教育成果方面,以实现包容与公平的优质教育,同时注重加强地方机构的制度和发展能力建设,强调利用证据和数据推动决策和投资,加强合作并利用资源。具体来说,美国基础教育援助的主要策略包括以下三个方面。

第一,发挥核心技术,如阅读、计算能力和社交情感学习等方面的优势,巩固其在基础技能方面的全球领导力。如美国国际开发署在塔吉克斯坦开展名为"与我一起阅读"的为期五年的项目,通过增加适龄阅读材料、为教育工作者提供针对特定阅读(如盲文)的在职培训、增加政府对阅读的支持等工作,改善塔吉克斯坦80%的学校中一至四年级学生的阅读效果。至2021年9月,该项目已惠及塔吉克斯坦各地的2.8万多名教师和66.4万多名学生。

第二,为开发署的外籍工作人员、执行伙伴和捐助者开展培训。如2020年美国国际开发署于6—11月开展了全球教育培训学习系列,发布了关于学前教育、残疾包容性教育、青年劳动力发展、阅读和复读等7个在线学习模

---

[1] USAID. U. S. Government education strategy [EB/OL]. [2021-12-25]. https://www.usaid.gov/education/usg-strategy.

块；召集 52 位专题专家召开了 10 场网络研讨会，采用在线教育形式为参与者创建了一个持续的学习体系，建立了跨国家和跨部门的关系网络，有助于提升其援助效果。

第三，多途径提升教师教学质量。美国国际开发署支持教师政策和专业发展体系的改革。自 2017 年起与利比里亚教育部合作启动了为期五年的教师和教师培训师的培训，以帮助提升儿童的阅读技能；2020 年在波黑开展"加强和推进基础学习和教育"（ENABLE）和"通识教育活动"（TABLA）项目，以提高职前和在职教师培训的质量。其中，ENABLE 项目为改进 STEM 教学方法制定了新标准和指南，还力促 STEM 教育融入美国教育系统；TABLA 项目则帮助该国起草了一个在职教师培训项目认证的教育培训框架。

总体来说，美国基础教育援助过程中注重受援国的发展有效性，关注其边缘化和弱势群体的教育发展，体现了美国基础教育援助更加开放和包容的特点。但同时也应该看到，美国在全球范围内开展基础教育援助并非是一种单纯的利他行为，教育援助服务于美国国家利益的这一本质不会改变①。美国的对外援助一直是具有双重目的，即在改善发展中国家的生活的同时促进美国利益的增长。

2021 年 7 月 26 日，美国国务院和教育部发表了一项联合声明——《重新参与世界，让美国变得更强大：美国对国际教育的新承诺》（*Reengaging the World to Make the United States Stronger at Home：A Renewed U. S. Commitment to International Education*），重申美国对国际教育和交流的承诺。这是 20 多年来美国政府首次发布这样的声明，对于美国国际教育具有里程碑式的意义。声明表示，美国将继续积极参与到国际教育的各个方面中去，并承诺采取一些行动来支持国际教育，如欢迎国际学生到美国留学，支持本土学生出国留学，加强国际研究合作，建设国际化的美国校园和教室；联邦政府承诺与高等教育机构、学校、州政府和地方政府、非政府实体、商界以及其他利益相

---

① 邬浛文，孔令帅. 美国国际基础教育援助战略的背景、特点及走向——基于《美国政府国际基础教育战略（2019—2023 财年）》[J]. 世界教育信息，2021，34（4）：31-37.

关者合作，支持国际教育领域的发展；安全有保障地欢迎国际学生、研究人员、学者和教育工作者到美国学习、教学与研究，鼓励参与者、学科、认证学校及大学多样性发展；增加国际教育机会，包括在无法亲身体验的情况下，利用技术让美国学生、研究人员、学者和教育工作者与国外同行建立联系等。从这些行动措施可以看出，美国正在积极改善特朗普时期的不利政策对国际教育和国际关系造成的负面影响，重新提升对国际教育的重视和支持程度。这项联合声明必将对美国和他国的教育国际化产生直接的、重要的影响。

第五章

德国基础教育国际化的发展

德国是一个包括16个联邦州的联邦共和国。与欧盟其他国家相比，德国是欧盟中人口最多的国家，根据德国联邦统计局2021年发布的数据，德国人口约为8319万人，其中外籍人口1091.54万人（土耳其人最多，约147.64万人），占人口总数的12.2%[①]。德国教育管理体制类似于美国的联邦结构，教育和文化艺术事业主要由各州负责，对中小学教育、高等教育、成人教育和进修等方面进行立法和行政管理。每个州基于其历史、地理、文化和社会政治特点自主管理各州的教育、科学和文化事务。因此，各州之间的义务教育年限、学校类型、课程设置和教材使用都各具特色，体现出多元化的发展特征。联邦政府主要负责教育规划和职业教育，并通过各州教育和文化事务部长常务会议（Kultusministerkonferenz，KMK，下称"文教部长会

---

① 中国外交部. 德国国家概况 [EB/OL]. [2021-12-26]. https://www.fmprc.gov.cn/web/gjhdq_676201/gj_676203/oz_678770/1206_679086/1206x0_679088/.

议")协调全国的教育工作。文教部长会议的主要目的在于将各联邦州之间的差异控制在一定范围内,并确保教育资格、证书的相互承认和跨州流动,以实现"多样性的统一"。

根据《波茨坦公告》,二战后苏、美、英、法四国负责领导和管理德国的教育重建工作。在这种特殊的历史背景下,战后德国基础教育天然地带有国际化色彩,即东德教育苏化,西德教育欧化[①]。1991年,文教部长会议通过了关于统一德国文化、教育与科学的《霍恩海姆备忘录》。该备忘录强调统一德国要加强与欧洲的紧密联系和与中东欧各国合作的力度,不仅要实现原东、西德教育事业的"内部统一",也要实现统一德国与欧洲其他国家的"外部统一"[②]。德国基础教育国际化从此踏上了欧洲一体化的快车。

---

① 刘佳,杨明全. 德国基础教育国际化的实践策略探析 [J]. 郑州师范教育,2019 (5):42-47.

② 李爱萍,杨梅. 20世纪德国基础教育改革政策的演进与启示 [J]. 外国教育研究,2004 (11):25-29.

第一节
德国推动基础教育国际化发展的政策

根据德国基本法规定，德国大多数教育和文化政策的立法属于各州的职权范围，联邦负责外交事务，从而负责国家级教育领域的国际关系管理。国家一级的教育国际化事务管理部门主要是德国联邦教育与研究部（BMBF）的"欧洲和国际合作教育研究总局"。该局是联邦教研部的八个总局之一，负责德国教育和研究的国际合作事务，主要包括欧洲和欧盟内部的合作、世界各地的双边关系、德国在经合组织和联合国等多边组织中的代表权等。德国外交部也管理部分教育国际化事务，如对德国海外学校的管理。

在实践中，联邦外交事务方面的权限和各州的文化主权意味着联邦和各州之间需要基于伙伴关系开展互相信任的密切合作。根据1993年3月发布的《联邦与各州在欧洲联盟事务中的合作法》规定，如果欧盟事务涉及各州立法或行政权力，联邦政府必须征求联邦委员会的意见。如果重点是各州在教育、文化或广播领域的专属立法权，那么自2006年联邦制改革以来，德意志联邦共和国作为欧洲联盟成员国所享有的权利的行使，也必须由联邦政府委托给联邦参议院任命的各州代表进行[①]。

各州主要通过文教部长会议广泛参与外交文化政策、国际文化关系和欧洲合作问题。该领域的协调委员会是欧洲和国际事务委员会，该常设委员会在教育国际化方面的主要任务如下：协调欧盟在教育、文化和研究以及欧洲委员会教育和文化活动方面的合作；在联邦、州会议和学术组织的早期磋商中为所有州制定共同立场；处理外国文化政策的基本问题并协调各州观点以

---

① Bundesministerium der Justiz Gesetz über die Zusammenarbeit von Bund und Ländern in Angelegenheiten der Europäischen Union [EB/OL]. [2021-12-27]. http://www.gesetze-im-internet.de/euzblg/_6.html.

达成联合声明;协调各州在文化协议框架内或通过其他文化交流活动讨论双边外国文化政策问题;在多边领域协调各州在教科文组织、经合组织的委员会和专家会议上的教育和文化政策问题;在联合讨论框架内与联邦,特别是联邦教育和研究部(BMBF)、联邦外交部开展定期对话①。

但 2012 年自组建第十八届联邦政府以来,联邦层面就已通过修订基本法、增加常规投入等各种方式试图突破联邦与州之间的限制,第十九届联邦政府更是将"继续加大联邦政府参与学校教育的权限"作为其执政纲领之一。2020 年 10 月,文教部长会议通过了《关于学校系统共同基本结构和各州在中央教育政策问题上的国家责任的协议》,目的是共同提高教育制度的质量和透明度,提高资格的可比性,并确保学生、家长和教师的跨国流动性。

德国在国家级层面专门制定的教育国际化政策极少,主要是推动欧盟和联合国教科文组织的有关政策。德国教育国际化发展主要体现在欧洲联盟框架内的合作和与非欧盟国家的双边或多边合作,基础教育也不外如此。州层面少有关于教育国际化的专门政策,主要是对国际化事务的相关管理、国际项目的落地以及在学校管理、学校活动安排、课程规定等方面为国际化做准备。

一、联邦与州的教育国际化的政策目标与任务

2007 年 12 月,文教部长会议发布《教育和文化事务部长常务会议关于欧洲联盟项目的教育、科学和文化政策的立场》,明确文教部长常务会议的立场框架是根据欧盟法律框架以跨国合作的目标及其核心任务为基础的。其主要目标如下:保证和发展学校和大学的质量;促进和确保教学与学习的流动性;保护和促进德国的文化多样性;在国家和国际背景下代表各州利益。相关核心任务如下:①在国家文化主权范围内交流关于教育、科学和文化政

---

① KMK. KMK-Verfahren in Angelegenheiten der Europäischen Union [EB/OL]. (2007-12-13) [2021-12-27]. https://www.kmk.org/fileadmin/Dateien/veroeffentlichungen_beschluesse/2007/2007_12_13-Europaeische-Union-KMK.pdf.

策的具体国家概念的信息和经验;②确保资格的可比性和互相承认;③开展国家和国际层面的教育监测;④定期发布教育报告;⑤开展认证和评估;⑥建立分级结构①。文教部长会议关于在欧盟内的教育国际化政策一直沿用至今。

2010年5月,文教部长会议《关于欧洲教育领域流动性的声明》进一步指出,德国对未来欧洲统一进程重点关注的是在欧洲教育合作中采取具体行动。促进学习者和教师的流动是欧洲教育合作的一个关键要素,也是博洛尼亚进程和欧洲联盟在教育领域的一项关键任务。欧洲教育合作有助于发展年轻一代的欧洲意识,形成对欧洲的归属感并激发对欧洲的热情。具体来说,学习流动使青年能够获得新知识和跨文化能力,提高语言技能,促进个人发展,并增加他们的就业机会。此外,通过与其他欧洲国家的合作伙伴进行交流,学生和教师以及受训人员在欧洲国家之间架起了桥梁,为国际理解、消除偏见和欣赏欧洲多样性做出了重要贡献②。为此,文教部长会议表示:①明确欢迎欧洲联盟和博洛尼亚进程为促进教育领域的跨国流动而采取的各种举措;支持在基于成员国既定传统和条约规定、尊重文化财富和教育系统多样性的前提下开展欧洲在教育、科学和文化方面的合作。②进一步确定文教部长会议的核心任务是:发展高质量的教育,发展面向欧洲的教育,特别是通过学习和传播成员国的语言,促进学生和教师的流动,包括通过促进文凭和学习时间的学术互认;促进教育机构之间的合作;就成员国教育系统和文化领域的共同问题开展信息和经验交流。③教育、科学和文化是各州的核心领域,超出了经济动机的目标,因此今后不得从属于经济、社会或就业政策。

---

① Kultusministerkonferenz. Positionspapier der Kultusministerkonferenz zur Bildungs-, Wissenschafts- und Kulturpolitik im Hinblick auf Vorhaben der Europäischen Union [EB/OL]. (2007 - 12 - 13) [2021 - 12 - 27]. https://www.kmk.org/fileadmin/Dateien/veroeffentlichungen_beschluesse/2007/2007_12_13-Bildungs-Wissenschafts-Kulturpolitik-EU.pdf.

② Kultusministerkonferenz. Erklärung zur Mobilität im Bildungsbereich in Europa [EB/OL]. (2010 - 05 - 07) [2021 - 12 - 27]. https://www.kmk.org/fileadmin/veroeffentlichungen_beschluesse/2010/2010_05_27-Mobilitaet-im-Bildungsbereich.pdf.

文教部长会议上表明的第③点建议促成了德国联邦政府关于教育外交的政策。联邦政府认为,除政治和经济关系外,文化和教育政策是德国外交政策的"第三支柱",不能再从属于经济、社会或就业政策。由此,联邦外交部确定了德国单列的外国文化和教育政策的重点:①通过知识和文化的共同生产促进人与社会间的对话;②为全球预防危机和冲突做出可持续的贡献;③促进欧洲一体化;④保护文化多样性和人类遗产;⑤将德国作为一个现代化的、有吸引力的教育、科学、研究和专业发展地,作为与其他社会联系的创意和文化场所;⑥在欧洲和全世界推广德语。

二、基础教育国际化纳入国际化发展战略

在经济全球化和欧盟不断发展的背景下,德国联邦和州政府认识到教育、科学和研究的国际化具有越来越重要的意义。2002年7月,德国联邦教育与研究部出台了《教育与研究向世界开放——通过国际化实现创新》战略文件,强调加强与欧洲国家和世界其他国家进行国际合作的重要性。该文件提出了德国加强教育国际合作的八大优先任务:一是在所有教育领域促进外语教学,使国民掌握两门外语;二是扫除欧洲范围内学位、学历等值认证的障碍;三是促进德国研究机构和高校作为德国企业的重要伙伴积极参与欧洲研究框架项目;四是致力于在欧洲实行费用合理的共同专利,以便于科研成果申请专利,激励创新;五是加强德国科学、技术、教育在所有层次与外国的合作;六是利用现有的研究机构和研究项目强化在欧洲范围内的专业研究合作以提高效率;七是科技合作要致力于促进创新和提高竞争力并符合中小企业的利益,使中小企业更多地参与双边研究和教育合作;八是定期发布德国本国教育发展报告,以便与他国教育进行比较①。优先领域的第一项、第二项和第八项促成了基础教育在欧洲和国际范围内的交流与合作。

为应对教育、科学和研究的国际合作新趋势与新挑战,德国联邦政府分别于2008年和2017年出台了教育与研究国际化战略。2008年的战略突出了

---

① 叶澜. 中国教育学科年度发展报告·2005 [M]. 上海:上海教育出版社,2007.

"加强德国在全球知识社会中的作用"。2017年的战略突出了"国际合作——联网与创新"的主题,并制定了五个战略目标:①保持并提高德国科学与研究系统的卓越性;②发挥德国在国际中的创新能力;③扩大在国际中的职业培训和资格培训;④与新兴工业化国家和发展中国家加强合作;⑤加强国际合作,塑造全球化知识社会、共同迎接全球化挑战、走向全球化知识社会的道路①。此外,德国政府每两年发布一次教育和科研领域的国际合作报告,及时跟踪、反馈、改进和宣传实施情况。尽管上述国际化战略主要集中在职业教育和高等教育领域,但这些都为基础教育国际化的发展营造了良好的氛围,并提供了榜样和可借之力。

三、联邦州基础教育国际化发展领域要点

联邦各州的文教部长会议负责推进基础教育国际化发展,其推进工作主要从以下四方面展开。

一是欧盟合作。欧洲和国际事务委员会(EuKiA)是文教部长会议的负责机构,主要处理欧盟问题、双边和多边合作问题,并在战略点上协调各个政策领域;还定期与负责的联邦部委如外交部、联邦教育和研究部就当前的欧盟项目进行联合讨论。涉及基础教育的欧盟项目包括欧洲教育和培训合作战略框架 ET 2020、"伊拉斯谟+"计划("Erasmus+")、数字欧洲计划、欧洲公民计划、全球欧洲计划等。

二是多边合作。主要负责与联合国教科文组织、经合组织、欧洲委员会及多边组织欧安组织的合作。如参与经合组织主持的国际基准和指标的研制工作(如 PISA 测试)、联合国教科文组织的"全民教育"全球行动方案以及欧洲委员会关于语言、历史、政治教育、古迹保护、文化促进及新信息技术应用和使用等领域的合作。

三是双边合作。其中的优先事项是与法国和波兰的交流合作,德国与法

---

① BMBF. Internationalisierung von Bildung, Wissenschaft und Forschung [EB/OL]. [2021-12-29]. https://www.bmbf.de/SharedDocs/Publikationen/de/bmbf/pdf/internationalisierung-von-bildung-wissenschaft-und-forschung.pdf?_blob=publicationFile&v=2.

国、波兰建立了单独的合作机制，重点是相互推广语言、合编德法或德波历史教科书等。此外，与韩国合作的基本领域是学生和教师的交流以及历史政治教育，与中国的合作则主要是互相推广语言。

四是 D-A-CH 合作。即德国、奥地利和瑞士之间的三国教育合作，三者合作长达数十年。2017 年，德国文教部长会议、瑞士各州教育部长会议（EDK）和奥地利联邦教育部共同更新了教育领域的合作备忘录。更新后三国合作的重点主要在教育、流动性和互认问题、语言政策合作、职业培训、教师培训、数字世界教育、国际教育合作和国外学校质量发展等领域。

第二节
德国基础教育国际化的主要举措

德国基础教育国际化的主要举措包括制定制度以保障运行、利用各种交流项目促进学校和师生的国际交流、在课程中推动国际理念和跨文化理念、参与国际评估与测试等方面。

一、制度规范管理和保障基础教育国际化发展

德国在基础教育国际化领域制定了多项管理制度，涵盖从国际化学校运行、国际教师选派、德语推广到国外人员毕业证书认定等领域，为营造良好的国际化发展环境提供了保障和基础。

联邦外交部将文化和教育作为德国第三大外交支柱，全面负责教育外交事宜，具体负责海外文化支援服务、将德语作为外语全球语言推广项目、海外德语学校和全球合作学校网络建设等事项。为规范和引导上述项目和活动取得预期效果，联邦外交部联合各州议会或州文教部长联席会议，制定了相关的法律或管理规范。如关于德国海外学校的管理方面，德国定义其海外学校是德国与伙伴国之间交流、联合和民主学习、学校个性发展、双文化以及跨文化交流的场所；学校要致力于在国外推广德语和德国文化，并帮助吸引高素质的学生和专家前往德国。为此，德国制定了《德国海外学校质量指导框架》（2006年出台，2019年更新）、《德国海外学校促进法》（2013）、《国外学校和欧洲学校的教师请假、借调或分配指南》（2020）、《关于在德国海外学校使用教师的行政协议》（2021）等法律、协议和决定等，为德国海外学校的申请、开办、人员使用、课程设置、考试与文凭、资金支持、学校质

量监督等提供了全方位的指引和保障①,有利于促进海外学校作用的发挥。同时,明确了联邦和州政府在各自责任职权范围内,共同为保障和促进德国海外学校发展而开展工作的方式,如提供人员和预算资源;通过学校期末考试授予学生德国学位和相应资格及承认学校机构;发展和保证学校质量等②。

为推进联邦有关国际化的工作,各州结合州实际情况通过制定和修改学校法、课程政策等推进基础教育国际化事务。如文教部长会议为了在学校系统中渗透全球跨文化理念和实践,陆续发布了《学校中的欧洲教育》《关于加强外语能力的建议》《跨文化教育和学校教育》《双语教育》等指导性文件,有力推进了中小学校的国际化进程。

二、积极推动学校和师生的国际交流合作③

德国各联邦州管理教育国际交流事务的协调机构是文教部长会议秘书处的教育交流服务处(Der Pädagogische Austauschdienst des Sekretariats,下称PAD)。教育交流服务处于1952年成立,主要工作包括提供项目信息与咨询、协调和监督计划参与者、评估项目成果和管理资金等。作为对外文化和教育政策的一部分,教育交流服务处接受联邦外交部的资助,为教师和学生实施学校伙伴关系和交流计划,如学校未来伙伴倡议(PASCH)和文化志愿服务。同时,作为欧盟教育方案的国家机构,负责协调德国"伊拉斯谟+"("Erasmus+")的学校教育项目(2013年以前称作夸美纽斯项目),也在"伊拉斯谟+"框架内协调欧洲学校网络ETWINNING的有关工作。教育交流服务处上承欧盟、欧委会和联邦政府,下接联邦各州,支持学校和教育机

---

① Bunderministerium der Justiz. Gesetz über die Förderung Deutscher Auslandsschulen [EB/OL]. [2021-12-24]. https://www.gesetze-im-internet.de/aschulg/BJNR330600013.html.

② KMK. Auslandsschulen [EB/OL]. [2021-12-24]. https://www.kmk.org/dokumentation-statistik/beschluesse-und-veroeffentlichungen/bildung-schule/auslandsschulen.html#c2622.

③ KMK. Das Bildungswesen in der Bundesrepublik Deutschland 2017/2018 [EB/OL]. [2021-12-29]. https://www.kmk.org/fileadmin/Dateien/pdf/Eurydice/Bildungswesen-dt-pdfs/dossier_de_ebook.pdf.

构之间的交流项目和伙伴关系，为促进学生、教师和教育专业人员的流动、促进外语学习和将德语作为外语的推广发挥了极其重要的作用。

（一）加强学校的国际伙伴合作与交流

德国学校国际交流主要依托联合国教科文组织、欧盟、文教部长会议、联邦外交部和民间企业赞助的项目进行。德国现有 300 所不同类型和性质的联合国教科文组织联盟学校（ASPnet），这些联盟学校与 182 个国家的 11 500 多所教科文组织联盟学校密切合作，形成学校网络，成为全球公民教育和可持续发展教育领域实现《2030 年教育议程》的行动者和发起者[①]。

欧盟"伊拉斯谟 +"计划中的 eTwinning 免费电子网络，允许不同学科、不同学校类型和学年的教师与欧洲的合作学校取得联系，并基于互联网开展教学。通过与欧洲的课程合作，学生可以真正学习外语并提高媒体素养。目前德国有 8350 所学校的 20 600 多名教师注册。2017 年和 2018 年，每年约有 200 名德国教师参加网络研讨会和工作坊的继续教育课程。

联邦外交部的"学校：面向未来的合作伙伴"计划，旨在扩大合作学校的网络并加大学校合作，以进一步巩固将德语作为外语在合作国家教育系统中的地位。为此，该计划与海外教育中央办公室（Zen tralstelle für das Auslandsschulwesen）、歌德学院、德国学术交流服务处（DAAD）和 PAD 合作实施该项目。目前合作学校包括约 140 所德国海外学校和 1100 多所合作国家的学校。新冠肺炎疫情之后，该项目的学校可以通过虚拟交换来进行国际交流，同样可以获得资助以保持国际学校的合作伙伴关系。教育交流处与德国电信基金会开展"JIA 学校伙伴关系"倡议，支持与东欧学校组织基于MINT（新技术融合管理）的项目学校，与海外教育中央办公室一起帮助东欧的准 MINT 教师参加课堂学习。墨卡托基金会的合作伙伴学校也资助开展中德学校交流领域的灯塔项目。

海外学校是对外文化和教育政策的核心要素。它是德国和东道国的社会和文化沟通的桥梁，在国外学校系统中促进了德语教学。目前德国海外学

---

① Deutsche UNESCO Kommision. UNESCO – Projektschulen in Deutschland [EB/OL]. [2021 - 12 - 28]. https：//www. unesco. de/bildung/unesco – projektschulen.

校、提供德语常设会议德语证书的学校以及由歌德学院监督的"FIT学校",累计教授了50多万名学生,且人数还在不断攀升。

此外,德国学校还与东欧、中东欧和东南欧以及波罗的海沿岸等国家和地区的学校开展了伙伴关系合作交流。

(二)鼓励教师进行国际交流

德国中小学教师和其他教育人员的国际交流主要依托各种双边工作影子计划和交流项目来进行,目前已与比利时、法国、英国、意大利、西班牙、美国和中国建立了双边关系项目。在联邦外交部的"学校:面向未来的合作伙伴"计划中,德国为来自中欧、东欧和欧洲东南部、独立国家联邦(独联体)、亚洲、拉丁美洲和非洲的外国德语教师实施培训和工作影子项目。不同学校类型和级别的教师都可以参加这些课程。2017年约有750名教师参加了该项目。

州层面还有为德国海外学校和德语文凭学校(DSD)教师开展的项目,旨在提高他们对德国文化的了解程度并提升语言技能。每年大约有30位当地教师到德国参加培训或在德国学校教书。欧盟和欧洲委员会也有为德国海外教师或外国教师开展的培训措施,如双边合作课程——德法双语教学教师资格项目或联邦教育和科研部资助的"欧洲相遇学校"项目(Europa Macht Schule),促使欧洲学生参加德国学校的课程,并通过一个特殊项目展示其祖国文化。

外语助教国际交流计划(Fremd Sprachen Assistenzkräfte,FSA)支持外国学生学习德语。德国选送准教师到合作伙伴国家学校教授德语,主要是在中学,也有在小学和高等教育机构的,同时外国学生也被选送到德国学校学习。该计划促进了东道国学生的德语学习,同时也扩大和加深了德国准教师的语言能力和跨文化能力。目前,德国与欧洲的许多国家如法国、英国、意大利和西班牙,以及与澳大利亚、新西兰、加拿大、美国、俄罗斯联邦和中国等均有合作。

此外,德国还与美国富布赖特委员会一起组织面向教师和准教师的继续教育和培训。

(三) 推动学生进行国际交流

为推动学生进行国际交流，德国一方面提供资金支持，如高中生交换期在 6 个月至一年以内的，可以获得每月 504 欧元不等的资助；交流地点在欧洲的，可以获得往返各 250 欧元的补助，在欧洲以外的则可获得往返各 500 欧元的补助，这些补助均不需要偿还。另一方面，通过各种项目来促进高中生进行国际交流。

欧盟的"伊拉斯谟+"项目支持学生和教师在国外进行短期和较长时间的交流。在 2014—2020 年规划期间，欧盟有超过 400 万名学生、教师和年轻志愿者获得出国学习的助学金和补贴。学校领域的"伊拉斯谟+"项目主要支持两个关键行动：关键行动一——个人学习流动，即对学校和学前教育机构的教师、校长和教育专业人员进行在职培训；关键行动二——合作促进创新和交流良好的做法，即促进学校或学前教育机构之间的伙伴关系及其他类型的伙伴关系，包括面向学校发展和教师培训的跨部门伙伴关系。在 2017 年和 2018 年，德国每年约有 3 万名学生参加了该交流项目。学生访问在国内或在国外的合作伙伴学校，并参加在学校伙伴关系框架内的课程的学习。这些伙伴关系的项目活动由联邦外交部提供支持资金，多年来一直在美国、中欧、东欧和欧洲东南部国家、波罗的海沿岸国家和以色列等国家和地区推广。

2008 年以后，联邦外交部发起"学校：面向未来的合作伙伴"计划 (Schulen: Partner der Zukunft，简称 PASCH)，学生可以向世界各地的学校申请交换，通过融入东道主国和寄宿家庭的课程，开展以主题或项目为导向的交流，以了解跨文化解决问题的方式，加深处理不同观点的经验并克服文化障碍。该计划的目的是建立一个由 2000 多所与德国有特殊联系的合作学校以组成全球网络，激发年轻人对现代德国和德语的兴趣和热情。目前该计划连接着全球的 60 多万名学生。

教育交流服务处组织的"国际优胜者计划"（简称 IPP 计划）邀请学习德语的外国学生到德国进行为期四周的学习、参加语言课程学习及寄宿家庭住宿等活动，目前有 90 个国家参与；另一个"德语+"项目中，外国学生团组在寄宿家庭逗留两至三周，期间与寄宿家庭子女一起上课，学习德语课程,目前有 18 个国家参与。上述两个项目每年约有 900 多名学生被邀请到德国参与学习交流。

自 1986 年以来,德法达成了一项中期个人学生交换协议(BRIGITTE-SAUZAY Programme),即在伙伴国停留 2～3 个月,同时交换伙伴进行回访。此外,自 2000—2001 学年以来,德法还有一个为期一年的交流计划(VOLTAIRE),即参与交流计划的学生在德国和法国各学习 6 个月。

德美伙伴计划(German-American Partnership Program,GAPP)成立于 1972 年,是美国与德国之间运作规模最大、最成功的双边学生交流和伙伴关系计划。目前双方共有 750 所合作伙伴关系学校,每年约有 10 000 名学生和 1300 名教师分别前往德国和美国交流学习。该计划由 PAD 和纽约歌德学院联合管理,目的如下:促进对伙伴国产生持久兴趣;加强德国和美国之间的关系;促进美国高中的德语教学;增进师生的跨文化交流;提高德国学生的英语技能及对教师的英语培训等。双方合作学校协调参与学生的团体规模和年龄,一般组织 10～20 名学生参加,每年或每两年举行一次。交流活动包括至少 10 天的寄宿家庭生活,至少 5 天时间用于访问学校、参加课程、编写报告或就共同主题、项目开展工作[1]。该计划对希望建立互惠和长期伙伴关系的德国和美国普通教育和职业学校进行资助,是德国对外文化和教育政策的一部分,由联邦外交部提供资金,也得到了私人捐助者的支持,同时也是唯一获得美国国务院年度援助奖的短期交流计划。

三、学校教育教学中推广落实欧洲概念[2]

1978 年 6 月 8 日,德国文教部长会议提出了"课堂中的欧洲"(Europa im Unterricht)建议,首次提出了学校欧洲教育的使命和指导方针,并于 1990 年进行了更新。2008 年 5 月,文教部长会议对《学校中的欧洲教育》

---

[1] KMK. German American Partnership Program (GAPP) [EB/OL]. [2021-12-24]. https://www.kmk-pad.org/programme/german-american-partnership-program-gapp.html.

[2] KMK. Europabildung in der Schule [EB/OL]. (2020-10-15) [2021-12-28]. https://www.kmk.org/fileadmin/Dateien/veroeffentlichungen_beschluesse/1978/1978_06_08_Europabildung_2020-10-15.pdf..

(Europa bildung in der Schule）进行了根本性修订，并于 2020 年再次更新。修订重点是更加注重学生群体的目标和加强实际相关性。根据当时的政治形势，该建议描述了要教授的面向欧洲的能力、各个科目和学习领域在各类学校以及课外活动领域中的具体要求，还提出了发展该学习领域的措施。从"课堂中的欧洲"到"学校中的欧洲教育"，表明德国对欧洲概念的日益认同，并将欧洲的意识理念贯彻落实到学校的教育教学实践之中。

（一）《学校中的欧洲教育》提出的背景

欧洲的多样性不仅是地理多样性，还包括共同的历史遗产、文化传统和价值观，以及共同解决问题的结构。欧洲内部及其与世界其他地区的关系也是多方面的。内部的挑战如和平解决冲突、可持续的经济和生活方式以及消除贫穷、疾病、歧视和种族主义等，外部的如国际经济和政治的相互依存以及利益的平衡等，都需要欧洲内部和世界范围内的合作。对个体来说，欧洲一体化进程意味着要在欧洲背景下看待本地、本区域和本国的历史和传统，要与其他语言和文化的人共同生活，并寻求解决欧洲社会挑战的办法。

二战后欧洲和解在很大程度上是通过学生和青年交流中的个人接触来促成的。民族主义和区域化趋势的重新抬头都表明，建设和维护一个和平欧洲共同体是一项长久任务。提高子孙后代对欧洲和平与民主共存的基本联系的认识，通过生动调解加强他们对共同欧洲的信心，从而使他们能够参与欧洲的进一步发展，这是所有欧洲人的中心任务。

欧洲大陆经历战争冲突之后，所有欧洲人都有责任保持和发展和平的欧洲。在应对金融和货币危机、气候变化、数字化、可持续性、大流行病以及区域和社会差距等特殊挑战时，也必须维护欧洲和平价值观，并为解决全球问题做出贡献。欧洲各区域和邻里合作具有特别重要的意义，而不仅仅是在教育领域。德国牢牢扎根于欧洲组织和机构，要归功于德国对欧洲和欧洲合作的承诺。因此，加强欧洲合作和负责任地履行自己在欧洲的作用是德意志联邦共和国的基础之一。

学校作为接触所有儿童和青年的社会机构，在促进欧洲和平中负有特殊的责任。它是传达和实践欧洲思想的中心场所，也是青年发展塑造欧洲个人和社会未来所需知识、技能和能力的中心场所。2017 年，欧盟委员会强调通过教育和文化提高欧洲意识，并提出了创建欧洲教育区的愿景，其目的是为所有年轻人提供最佳的教育和培训机会以及在欧盟范围内的就业机会。

（二）《学校中的欧洲教育》提出的目标和原则

鉴于欧洲发展和教育的进一步发展，文教部长会议在2020年更新了先前关于学校欧洲教育的建议，将其与关于历史政治、人权和民主教育的建议和决定进一步联系起来。欧洲教育必须满足生活在欧洲的年轻人的需要，使他们能够积极称职地参与欧洲的社会、职业、政治和文化生活。

1.《学校中的欧洲教育》提出的目标

欧洲教育的目标主要包括以下四方面：

一是促进儿童和青年对欧洲特性的认识，培养欧洲能力，特别是促进跨文化能力、参与能力和塑造能力以及多语言能力，使他们能够积极行使作为欧盟公民的受保障权利，能够独立反思审查德国在欧洲、欧洲委员会和欧盟中的积极作用，参与欧洲一级的政治决策进程，并应对全球化挑战。

二是培养欧洲团结的意识，即"在多样性中团结"，了解欧洲意识在许多生活领域和地区发挥作用以及欧洲决策的必要性。教育人们承认欧洲的自由和民主，促进人们有关自我效能、社会行动和承担责任的意愿。

三是激发和扩大人们对语言和文化多样性的兴趣，防止形成偏见，形成容忍、尊重其他生活方式和国际理解的能力。

四是围绕欧洲教育，学校利用各自的区域联系和与学生生活世界的联系作为学习过程的起点，如流动经验、学生群体语言和文化异质性等，适当处理和分析欧洲一级的时事及欧洲与全球面临的挑战。

2.《学校中的欧洲教育》的实施原则

在学校中开展欧洲教育应该遵循以下四项基本原则：

一是民主性原则。即对欧洲特别是欧盟、欧洲委员会的发展以及欧洲与邻国的关系、欧洲和国际合作的当前及未来形态等，都可用批判性和争议性的方式进行讨论。

二是整体性原则。即学校中的欧洲教育是整个学校社区的责任，所有类型学校、所有学科和所有学习领域都应在教育教学中为发展欧洲维度做出贡献。各州课程和教育计划应以不同方式学习具体目标、主题，采取适当的学习内容和工作形式。

三是合作性原则。学校中的欧洲教育涉及公民教育、民主和人权教育、可持续发展教育、数字世界教育、跨文化教育和人格教育等多方面，为跨学科或综合教学提供了指导，并促进了与校外和国际伙伴的合作。例如欧盟"伊拉斯谟+"项目促进了学前教育机构、所有类型和级别的学校及教师培训机构的对外合作机会，不仅有助于提高欧洲技能，而且有助于提高技术、方法和个人技能。

四是交流性原则。国际交流对参与的学生和学校的教学人员产生了特别持久的影响，交流还为民主教育、宽容教育、学生个性发展和整个学校的进一步发展提供了宝贵的机会。因此，应该尽可能多地为所有类型的学校和社会各阶层的学生提供学习欧洲或欧洲教育、接受国际交流的机会。

(三)《学校中的欧洲教育》的行政措施

为了加强师生和专家对学校欧洲教育的实践，联邦各州达成以下措施协议：

——将欧洲教育纳入专家和教师的初始教育、继续教育和培训中；

——促进由欧盟、PAD、青年工作或其他专业和资助机构资助的德国和国外学校的教师培训和实习、外语助教和国际志愿人员交流方案；

——在课程规范中扩大与欧洲教育的内容联系；

——鼓励和支持国家研究所制定和实施的以加强跨文化能力和欧洲能力为目的的教学，特别注意使用多种语言；

——加强学校发展欧洲形象的活动，如欧洲学校和欧洲议会大使学校；

——促进学校参与有关欧洲教育的经验交流活动，如最佳做法实例、校外支助系统等；

——鼓励和支持学校参加文教部长会议建议的相关竞赛和项目，如欧洲竞赛、欧洲学校奖、联邦外语竞赛、青年辩论、欧盟学校项目日、伊拉斯谟日和欧洲周等；

——促进学校到欧洲机构和欧洲学习场所的旅行，以促进民主教育和文化纪念；

——扩大各州、州研究所和学校参与欧洲和国际级项目或计划的机会，如"伊拉斯谟+"、eTwinning、PASCH 网络、PAD 学校伙伴关系方案、欧洲和国际青年工作专家以及支助机构的项目等；

——加强边境地区学校和机构之间的合作（含线上形式）；

——提升教育行政部门工作人员的欧洲能力（如在欧洲机构工作、提高外语技能等）；

——促进可持续性领域的跨国联合项目。

（四）《学校中的欧洲教育》的实施情况

发展欧洲教育是一项全面的学校教育任务，涉及各级学校和所有类型学校。同时，欧洲问题及其发展涉及多个学科，为跨学科学习开辟了前景。欧洲教育主要通过学科教与学、学校教育活动和创建欧洲学校得以贯彻实施。

1. 在学科领域中渗透欧洲教育

在专门知识和专门技能的基础上，各州课程和教育计划以不同方式包含了欧洲教育的明确目标、能力期望和获得欧洲能力的内容领域，以期使学生能够参与欧洲的社会、文化、政治和经济生活（表 5-1）。

表 5-1 德国欧洲教育在中小学校学科领域中的学习重点

领域类别	学科类别	主要知识与能力
社会科学	历史科	了解欧洲国家及其社会的起源、发展和关系，以及二战后和冷战结束后在欧洲和解与统一的过程中如何克服民族主义对抗、战争和恐怖，并将其视为欧洲统一和深化一体化进程中的历史性成就
	政治教育科	了解在面对全球挑战时欧洲一级政治决策的结构和进程，在确保和平、自由和民主方面的作用，从而发展欧洲政治判断和行动能力
	经济法律科	了解经济和法律基础，特别是欧盟的经济和法律基础，发展对经济、生态和社会目标之间利益平衡的敏感性，以及欣赏欧洲一体化对确保繁荣的贡献
	地理科	在可持续性的意义上了解和参与塑造欧洲多样化的自然和文化区域，同时了解欧洲的全球网络及其在 21 世纪重大挑战中的特殊作用（如气候变化、地缘政治冲突、空间和社会差距或移民流动等挑战）

续表

领域类别	学科类别	主要知识与能力
语言学习	德语	了解德国语言文学与欧洲语言文学环境间的联系和相似之处
	外语	了解对话和沟通的能力是外语学习的目的之一； 古代语言有助于加深对欧洲共同遗产的理解； 双语教育旨在提高欧洲语言知识，实现使用多语言的目标，为经济全球化和欧洲一体化进程所要求的流动性和网络化做好准备
艺术学习	艺术科	提供了对欧洲文化传统的直接访问； 在表演艺术、音乐和视觉艺术等学科的直接参与和反思中，以一种特殊方式将共同点和传统与非欧洲影响联系在一起
自然科学	生态学科	重点是对跨界现象的理解（如物种保护、减少塑料、共同应对大流行病等问题）

注：本表内容根据有关资料整理。

2. 在学校中开展欧洲活动

除在学科教学中外，欧洲教育相关活动也被纳入学校计划、学校发展规划、使命宣言和旅行考察中，成为整个学校的任务。学校主要通过创设环境氛围和开展相关活动等来贯彻实施欧洲教育：

一是经常性开展以欧洲为主题的公民教育项目或跨国区域项目，如每年的欧洲日、欧盟项目日和欧洲周等。

二是参加与欧洲竞赛有关的年度活动和获奖者研讨会，如法德青年办公室（FGYO）或德国-波兰青年办公室（DPJW）等组织的在欧洲范围内举办的比赛。

三是访问欧洲机构，如欧洲议会、欧洲委员会及其下属机构等，更深入地了解欧洲政治结构及处理欧洲问题和挑战的有关决策。

四是基于德国学校的异质学校社区特点，以跨文化方式组织教学和共同学习，通过接近性和直接性方式体验欧洲、邻近地区和世界的共同点和多样性，促进欧洲人民和世界人民之间团结和平共处的能力。

五是参与教育促进可持续发展的有关项目，如环境和可持续性学校网络、教科文组织联盟学校，加强学校与欧洲伙伴在环境问题上的合作和国际环境意识。

六是加强与其他欧洲学校的伙伴合作关系。如欧盟的"伊拉斯谟+"（2014—2020 年）项目合作、城镇结对的跨国学校戏剧和会议项目、跨界文化和体育活动、虚拟会议（如 eTwinning 数字平台），以及教师校长和外语助教等教学人员的国际交流、欧洲实地考察及旅行研学等。

（五）创建欧洲学校

欧洲学校最早是欧洲共同体组织建立的国际学校，包括幼儿园、小学和中学。学校里通用英、法、意及欧洲各国语言。随着德国对"欧洲进学校"的日益重视，联邦各州有不少学校申请创建欧洲学校，致力于培养欧洲人的意识。欧洲学校集外语教学、双语教学和跨文化教学于一体，重视加强与欧洲他国和世界其他国家的交流与合作，成为德国基础教育国际化的重要实施主体。鉴于学校事务属于州一级管理，德国各州对欧洲学校的运作与管理并不完全相同，其中北莱茵－威斯特法伦州和柏林－勃兰登堡州的欧洲学校就各具特点。

1. 北莱茵－威斯特法伦州的欧洲学校

北莱茵－威斯特法伦州学校和继续教育部于 2008 年制定了专门的《欧洲学校认证》法规[①]，并于 2013 年进行了修订。该法规规定，欧洲学校的培养目标是通过向学生传授全面的欧洲知识，提高其语言和跨文化技能，最终使其成为负责任的欧洲公民。为了创建欧洲学校，该州的欧洲学校协会（die Arbeitsgemeinschaft Europaschulen，ARGEUS）负责执行统一的认证程序。所有想冠名为"北莱茵－威斯特法伦州的欧洲学校"的申请学校，需要具备以下强制性条件[②]：

（1）扩大外语范围。欧洲学校必须提供至少一种外语，且非各类型学校培训和考试所规定的语言。

（2）提供双语教学或双语课程。双语教学可以灵活形式进行，但双语课

---

① Ministerium für Schule und Bildung des Landes Nordrhein-Westfalen. Zertifizierung von Europaschulen［EB/OL］.［2021-12-30］. https：//www.europaschulen.nrw.de/.

② Ministerium für Schule und Bildung des Landes Nordrhein-Westfalen. Zertifizierung［EB/OL］.［2021-12-31］. https：//www.europaschulen.nrw.de/zertifizierung.html.

程必须安排入学校课程表，且六个月内每周必须至少提供两节课。

（3）有国际项目和伙伴关系。包括以项目为导向的伙伴关系、参与欧洲共同体和各种机构资助的欧洲项目和定期举办的竞赛、基于内容的交流项目、为学生提供欧洲他国学习或实习的机会等。这些必须明确是学校的工作重点。

（4）学校课程以欧洲内容为导向。建议提交一份"欧洲课程"文档，说明各学科教授欧洲内容的安排。

（5）学校计划要明确关注的欧洲情况，且记录在案（如学校计划、学校网站或学校传单等）。

（6）有欧洲学校的评估。包括对个别项目和整个项目的评估，且必须记录在案；在学校质量分析中提供有关欧洲概况的信息。视学校规模，应设立一个由家长和学生代表参加的指导小组。

上述申请条件主要针对中学，小学条件略有修改，即不需要双语课程，国际项目和伙伴关系也可以通过电子邮件或信函的方式沟通，不允许学生在公司工作，应通过其他与欧洲文化相关的节日来体验跨文化差异等。特殊学校参照类似条件参加认证。

除强制性条件外，还有一些附加条件。初中和高中的附加条件如下：对与欧洲领域有关的教师进行在职培训；提供欧盟语言认证 Certilingua 卓越标签；提供获得其他国际语言证书的机会；促使学生能够在国际背景下有针对性地使用现代媒体进行交流；与欧洲机构合作；与其他欧洲学校组织沟通。小学的附加条件如下：对与欧洲领域有关的教师进行在职培训；鼓励学生在国际背景下有针对性地使用现代媒体进行交流；促进欧洲内外部多样性的发展。

从申请条件可以看出，尽管欧洲学校认证是在欧洲概念下创建的，但其实质是欧洲范围内的国际化，对于加强欧洲各国间的教育与交流具有积极意义。

认证活动每年举行一次，已有"欧洲学校"称号的学校也需每5年按照条件提交建设报告以重新确认资格。若认证时未满足个别条件，学校需根据建议加以改进，若经过调整期仍不符合，则会撤销其称号。这些措施保证了欧洲学校的整体质量。截至2021年，北莱茵-威斯特法伦州的欧洲学校数量增至244所①。

2. 柏林-勃兰登堡州的欧洲学校

自1992年以来，柏林州立欧洲学校（Staatliche Europa-Schule Berlin，SESB）将多样性、跨文化合作与复杂语言相结合，以不同教学语言和文化呈现出了一种特殊的、发展成功的教育形式，为柏林国际家庭和有移民背景的家庭提供了一种新的选择。截至2021年，柏林州立欧洲学校有33个分支机构，其中小学18所、中学15所，学生共有约7000人，提供9种语言组合的双语教学，包括德语与英语、法语、希腊语、意大利语、波兰语、葡萄牙语、俄语、西班牙语以及土耳其语等②。

不同于北威州，柏林州的欧洲学校被纳入特殊教育学校类型。2012年3月，柏林州参议院教育、青年和家庭部发布机构法令——《柏林州立欧洲学校（SESB）作为特殊教育学校的框架》，并于2018年进行了修订③。根据该法令，柏林欧洲学校是在文化异质学习群体中始终以双语教学的特殊教育形式进行综合教育和培训的机构。同时作为柏林的公立学校，欧洲学校也受《柏林学校法》《柏林小学条例》《柏林第一学校条例》和《高中条例》等条例的约束，需要达成不同阶段的教学与考试要求。

柏林欧洲学校采用在中小学校设立分支机构的方式推行其教育理念与教育模式，准确来说是"校中校"。依据《柏林州立欧洲学校（SESB）建立新址指南》的要求，原则上柏林的每所普通教育学校和职业学校均可设立

---

① Ministerium für Schule und Bildung des Landes Nordrhein-Westfalen. Die Landesregierung zeichnet sieben neue Europaschulen in Nordrhein-Westfalen aus [EB/OL]. [2021-12-31]. https：//www.europaschulen.nrw.de/artikel/landesregierung-zeichnet-sieben-neue-europaschulen-in-nordrhein-westfalen-aus.html.

② Senatsverwaltung für Bildung, Jugend und Familie. STAATLICHE EUROPA-SCHULE BERLIN Leitfaden für die Einrichtung eines neuen Standortes [EB/OL]. [2021-12-31]. https：//www.berlin.de/sen/bildung/schule/besondere-schulangebote/staatliche-europaschule/.

③ Senatsverwaltung für Bildung, Jugend und Familie. Rahmenvorgaben der Staatlichen Europa-Schule Berlin (SESB) als Schule besonderer pädagogischer Prägung [EB/OL]. [2021-12-31]. https：//www.berlin.de/sen/bjf.

SESB 分支机构。因要确保能够提供从一年级到高中的长期双语教育，故而在同一语言组合的小学和中学之间、综合中学之间、社区学校和文法学校之间都要有密切的合作，且需要以书面协议为基础，以尽量减少小学后的过渡问题。设立该类学校分支机构需要遵循以下程序。

（1）确定需求。在新地点设立 SESB 分支机构只能在语言组合需求确定之后进行，并且须考虑学校地点的优缺点（目前柏林的德英和德法的语言组合需求过剩）。在小学设立的话，第一年要有 50～60 名感兴趣的学生（至少 52 人），可分成两个平行班，以确保稳定的工作负荷和必要的母语与伙伴语言的分班教学；同时需要获得列入财政预算的许可。上述需求申请须经地区学校监督员和地区学校管理机构进行评估，从规划到审批的过程约须 2 年。

（2）获得学校利益相关者的支持。学校的各类组织如全体教工大会、全体家长代表和全体学生代表必须就建立 SESB 分支机构的问题进行表决，且必须以超过三分之二的多数来决定设立 SESB 分支机构的申请。

（3）获得区域学校监督员的赞成票。区域学校监督员是参议院教育、青年和家庭部各区域分支机构的第一部门负责人。因为 SESB 分支机构没有入学区，在学校所在地设立 SESB 分支机构是一项超区域服务，各区学校管理机构必须审查建立该设施的数量、空间情况及各区可用学校名额的情况，同时审查学校建立 SESB 分支机构的要求的达成度，对申请提出书面意见并向学校提供咨询意见。地区议会（BVV）也要提出有关预算的意见。总而言之，作为学校管理机构的地区办公室有权决定在学校所在地设立 SESB 分支机构，并将该决定提交地区议会咨询。分支机构设立后如果要改变语言组合的数量，也需获得学校监管机构的批准。

（4）获得联邦设立批准。参议院教育、青年和家庭部在设立 SESB 分支机构的整个过程中提供咨询和支助，如个人咨询、实地考察学校所在地、提供中央文件等，最后对提交材料进行审查，批准设立 SESB 分支机构。

从审批程序可见，柏林州对欧洲学校的设立秉持科学和审慎的态度，同时也尽量提供可能的支持。从设立标准看，柏林欧洲学校为有特别需求的家庭提供特殊的教育组织形式，属于教育实验性质。因此，在新址启用时，小学只允许先开设一个班，容纳 24～26 名学生。学生经过语言水平测试后方可入读，一般有三个语言组测试，即母语（德语）、伙伴语言和双语，无论选择哪组测试，主语言成绩均需达 80％ 以上，如双语组的第一种语言水平在 80％，另一种至少须达 60％ 以上。可见，该类学校的学生都是有语言天赋的孩子。目前入读的学生中，大部分是有双语和双文化背景的。

所有新入读 SESB 的学生有一年的试读期，从 2020—2021 学年起改为两年试读期。在试读期结束时，学校班级会议或班级委员会决定该生是最终录取还是转入普通班级。如果不能成功完成双语课程，或是认为学习负担过重，都不可以留读。因此，选择入读欧洲学校纯属家长自愿行为，且被详细告知学习类型和内容、持续时间、观察时间、语言强度、孩子可能承受的额外负担，以及转学对孩子的不利影响等相关事项，并签署书面同意入读书。

2018—2019 学年实行的新框架，对入读柏林欧洲学校（小学至高中学校）的条件和标准、欧洲学校的课程特别是外语和双语课程设置标准、学业评价和教师队伍等方面进行了修订。柏林欧洲学校在实现框架要求的同时，将文教部长会议关于学校欧洲教育的建议付诸实践，在学校中全面系统地发展关于欧洲的教育，优异学校还可获"优秀欧洲教育"的认证。此外，SESB 的伙伴语言多在亚非拉等后殖民国家作为全球语言使用，使得学校教育纳入非欧洲的经验和观点，成为后殖民时期和"世界主义欧洲"的教育模式，在更大范围内走向国际化。

3. 欧洲学校的特征

尽管各州的欧洲学校标准不大一致，但均体现出了以下特征：一是对欧洲问题的整合。即欧洲学校在基于文教部长会议关于《学校中的欧洲教育》，以及基于欧洲议会和欧盟理事会关于终身学习的关键能力的基础上，根据各州课程或未来教育标准，制定和实施其欧洲课程计划和欧洲教育活动，促进了对欧洲专题的认识和审查。二是强化外语学习。欧洲学校的外语教学超出了一般学校类型的外语范畴，分布在常规课程、必修选修课和额外教学中，中学还提供双语课程。三是开展以项目为导向的学校合作和实习。欧洲学校定期开展跨国项目，与其他欧洲国家的学校、培训公司或其他合作伙伴保持积极和持久的合作伙伴关系。四是重视教师的专业发展。提升教学人员关于欧洲相关领域的知识和外语技能（资格）等专业化水平是欧洲学校的培训理念。五是辐射其所在地区。欧洲学校支持在其区域环境中传播欧洲理念，让该地区的其他学校和其他机构以及来自政治、商业、艺术和文化的合作伙伴参与到欧洲教育工作之中。欧洲学校参与学校网络建设，并作为欧洲理念的推动者脱颖而出。六是保证教育质量。欧洲学校的概念有助于改善教学服务，是教育质量的组成部分，更是学校服务质量的标志。欧洲学校通过定期进行系统评估以确保欧洲教育的实施和学校的教育质量[①]。

整体上，欧洲学校的学生从小学一年级起就选定了一门外语，一直学十二年，初中毕业时已能熟练运用，有的学生还能自由地讲四种语言[②]。欧洲学校的课程设置符合各州教育部的课程标准，而且始终以多语文化特点为导向。欧洲学校重视项目导向型的学校合作和实习，定期开展教育项目，主动与外国学校、培训机构、欧盟机构、基金会合作，将欧洲化的教育课题融入课堂之中。欧洲学校的学生国境意识淡薄，而欧洲意识较浓厚；中学毕业后可以自由报考欧盟其他国家的大学，大学毕业后多到欧洲的国际机关和企业工作，真正融入欧洲[③]。

四、跨文化教育促进多元文化融合

面对全球化、移民、欧洲一体化、难民流动等社会多元化背景对学校教育所提出的挑战和问题，德国文教部长会议于1996年首次发布《关于跨文化教育和学校教育的建议》，跨文化教育被定义为一项贯穿学校各领域的任务。随着社会条件和跨文化教育内容的变化，跨文化能力作为所有儿童和年轻人在全球化世界中的关键素质日显重要。因此，文教部长会议于2013年

---

① Bundesnetzwerk Europaschule e. V. Länderübergreifende Kriterien [EB/OL]. [2021-12-31]. https://www.bundesnetzwerk-europaschule.de/kriterien-f%C3%BCr-europaschulen-173.html.

② 克里斯托弗·福尔. 1945年以来的德国教育：概览与问题 [M]. 肖辉英，等译. 北京：人民教育出版社，2002.

③ 马健生. 教育国际化政策及其实施效果的国际比较研究 [M]. 北京：北京师范大学出版社，2018.

12月对该建议进行了重大修订,主要目的是克服所谓的"移民融合政策"带来的问题。为提升该领域主管人员的专业知识,2014年5月28日在柏林举行了专题讨论会,重点讨论如何执行该建议。2015年10月,文教部长、移民组织和教育媒体出版商在常设会议上通过了《在教育媒体中介绍文化多样性、融合和移民的联合宣言》。2017年6月,文教部长会议还通过了一份关于联邦各州执行该建议情况的报告①。

(一)"跨文化教育和学校教育"提出的背景

随着社会文化多样性的增加及所有人平等参与社会生活各个领域的相关要求日益强烈,跨文化开放和减少结构性歧视已成为特别的挑战。跨文化学习的核心先决条件是在所有科目中共同学习。跨文化能力不仅仅意味着参与其他语言和文化活动,更重要的是能够考虑自己对他人的看法,并置于社会结构条件下去发展这种意识和反思能力。因此,学校面临的任务是为所有儿童和青年提供充分参与教育的机会,无论其出身如何,都能在教育方面取得最大成功,从而为和平民主共存做出贡献,为在全球化世界中负责任地采取行动提供指导。

(二)"跨文化教育和学校教育"的一般原则

实现平等参与在很大程度上取决于教育系统和个别学校在多大程度上成功地使所有学生获得合格毕业的资格。一所没有歧视的多元化学校应有意识地应对学生的社会、文化和语言异质性,能够使学生充分发挥自己的潜力,获得跨文化能力,并为成功的职业生活和终身学习奠定基础。为实现这些任务,学校系统应遵循以下原则来指导跨文化发展。

(1)学校应认为多样性既是一种常态,也是每个人的潜力。学校要尊重所有学生,创设一种使所有成员都感到自己参与其中的跨文化学习和生活场所;重视并利用所有学生的经验和特殊能力作为教育资源,为他们提供适当的个人支持以达成更高期望;积极反对歧视,制定克服结构、惯例、规则和程序等不利或排斥因素的行动方针;有意识地将学生和家长的语言和文化多

---

① KMK. Interkulturelle Bildung [EB/OL]. [2021 - 12 - 28]. https://www.kmk.org/themen/allgemeinbildende-schulen/weitere-unterrichtsinhalte-und-themen/interkulturelle-bildung.html.

样性视为跨文化学习的机会,欢迎他们广泛参与学校活动。

(2)学校应通过所有科目教学和课外活动帮助学生获得跨文化能力。学校通过传授跨文化知识和认识,多角度审视、反思和评估社会文化发展过程,营造与他人沟通合作的社会文化,开展和平处理冲突等行动,多方面支持学生获得跨文化技能。

(3)学校是获得语言技能的中心场所,应确保所有学生都能在课堂上和课外的活动中获得所需的能力。获得语言技能应作为各级学校和学科的一项持续任务组织起来。

(4)学校应积极与家长建立教育伙伴关系。学校应发展一种家长参与、欣赏和认可的文化,为拥有不同语言、文化异质性及不同德国学校学习经验的学生的家长采取有针对性的措施,提供不同的联系与合作机会。

(三)"跨文化教育和学校教育"的行政措施

联邦各州于2012年承诺采取相关措施来推进跨文化教育:采取措施优化平等参与和获得教育、培训以及普通教育的框架条件,提高所有学生的跨文化能力;根据需要进一步加强教育和培训,提高教育工作人员的跨文化能力;增加有移民背景的教师、教育工作者和社会教育者的比例;扩大与家长的合作,激活社会环境中的支持潜力。

这些自愿承诺在各州的许多措施中得到落实。例如,学校将跨文化教育列为教育计划中的任务目标,并纳入学校质量指导框架加以审查;所有州培训机构为所有阶段的教师提供跨文化能力的培训;所有州都采取措施促进语言发展,支持和发展学生的多语种能力;所有州都采取措施促进学校与学生父母,特别是与有移民背景的学生父母之间的合作;许多州采取有针对性的措施来增加具有移民背景的教学人员的比例。

(四)"跨文化教育和学校教育"的学校实施情况[1]

随着移民人口的增加,德国各州都大幅增加了学位和资源,如增加教师和

---

[1] KMK. Berichte der Länder über die Umsetzung des Beschlusses [EB/OL]. (2017-05-11) [2021-12-28]. https://www.kmk.org/fileadmin/Dateien/pdf/Bildung/AllgBildung/2017-05-11-Berichte_Interkulturelle_Bildung.pdf.

其他学校系统的工作人员，以确保为移民儿童提供教育。各州进一步调整其课程和教育计划，特别加强了语言教育。有些州已经提出了学校系统性发展跨文化教育的措施。总体来看，各州主要围绕上述行政措施来推进跨文化教育。

以柏林州为例，其近几十年来一直面临来自国外和周边地区移民及由此产生的语言、文化和社会异质性的挑战。为应对这些挑战，柏林州于 2010 年 6 月 28 日将跨文化教育作为学校的一项具有约束力的特殊教育任务写入了《柏林学校法》，要求学校在制定教育和培训措施时要引入"学校设计的跨文化方向"和"跨文化视角"。其中，基础教育阶段开展的工作包括以下五个方面。

1. 将跨文化教育纳入各级教育计划

《柏林学校法》规定，在新的 1~10 年级的课程框架中，要将跨文化教育纳入学校课堂实施课程，增强学生在所有科目中的跨文化能力。跨文化教育主题也纳入"柏林学校质量行动框架"，作为衡量一所学校的质量标准。"柏林日托中心和日托中心教育方案"在"社会和文化环境"教育领域中也描述了学校与父母一起实施的跨文化能力目标。

2. 将跨文化能力纳入教师继续教育和培训的内容

自 2001 年以来，柏林州学校教师使用跨文化教育手册学习有关跨文化教育在学校教育中实施的基础和可能性。自 2009 年 9 月以来，柏林州参议院教育、青年和家庭部出版了关于跨文化教育理论和实践主题的专业材料，指引学校在实例帮助下将跨文化问题纳入课堂，并提高教师的相关认识。州培训机构在实施新框架课程的继续教育中，将"跨文化教育和学校教育"作为 13 个主题领域之一，围绕跨文化能力、在跨文化背景下与学生父母合作、跨文化背景下的冲突澄清、移民历史、宗教间对话、多语种教室、融入原籍语言、学校文化背景下的跨文化教育等有关内容进行培训，还为新教师和转岗人士编制了一份关于语言发展主题的全面培训目录。如 2016—2017 学年，全州继续教育的重点是在 1~10 年级新框架课程的基础上开展异质性小组学习；在 2016—2018 学年，"伊拉斯谟＋"框架内的双边区域伙伴关系主题连续两年均是"加强教师的跨文化能力"；而在夏洛滕堡－威尔默斯多夫区有三所学校开发了适当的教师培训模块和教材。

3. 将促进语言发展作为发展跨文化能力的主要措施

一是开展个性化的德语学习。德语习得是日托机构和"日托促进法"教育政策的重点。《柏林学校法》要求所有儿童在入学前进行语言评估。柏林州免费为每个孩子提供语言学习日记，有针对性地监测和记录语言的发展情况，用以规划和实施个人支助措施。通过在入学后的 6 周内对学习起点进行调查，教师可以全面了解从幼儿园到小学过渡期间学生的语言和数学的发展水平，以便根据学生的具体需要调整教学策略。这一做法对移民学生非常有帮助。二是为德语非母语学生开展双语教学。即为德语非母语的有移民背景的学生提供额外的语言教学，以促进儿童语言和身份的发展，使他们同时获得两种语言能力。柏林州提供双语教育的学校模式，该类学校以柏林框架课程为基础，但突出双语教育与跨文化学习的有机结合，如将两种母语作为教学工作语言，建立由德语和非德语学生各半组成的学习小组等语言密集型教育方案。三是为没有德语基础的新移民儿童和青少年设立欢迎班（Willkommensklassen），帮助他们学习德语以成功过渡到常规班，同时在常规班中设立"桥梁课程"以提供额外的语言支持。四是设立州语言教育中心。2015—2016 学年，州语言教育中心开始运作。该中心为日托中心、学校、教师和其他教育工作者提供材料和咨询，同时管理关于语言教育的示范方案和项目，如语言和文字教育项目（BISS）、德语文凭（DSD）计划等。

4. 以家校合作促进跨文化融合

一是使用各种媒体做好宣传。自 2008 年 3 月以来，州政府出版了《具有移民背景的学校和家庭之间的合作手册》和《共同为儿童利益——家庭和学校之间的教育伙伴关系》等材料，促使家校合作成为共识，使有移民背景的学生父母更多地参与学校生活，支持子女的学校学习；还为小学和特殊学校学生的家长制作信息手册，向他们介绍学校类型、教育途径和重要的教育问题。"没有德语知识的新来者"试点项目为有移民背景的父母制作了一部关于柏林学校的电影，有德语、罗马尼亚语、保加利亚语、土耳其语和阿拉伯语多个版本，以帮助家长深入了解柏林学校系统。二是实施家校合作项目。自 1999 年以来，柏林成人教育中心专门为有学龄儿童的非德国籍父母开设免费课程。柏林日托中心的"社区母亲"（Stadtteilmütter）和"育儿领航员"（Elternlotsen）等项目为移民家庭提供低门槛的育儿工作以促进其融合进程。2009 年还制定了一个专门的家长课程，系统地教授与学校有关的内容。

5. 增加移民教育人员的比例

2010 年，州参议院教育、青年和家庭部为具有移民背景的教师启动了名为"多样性造就柏林"的网络倡议。该网络的区域协调员、志愿网络成员与柏林四所教师培训大学和学校合作，为有移民背景且对教师职业感兴趣的学生提供咨询意见。此外，柏林教师培训大学与参议院行政当局和柏林移民教师网络合作，每年举办一项为期一天的活动，向学生介绍教师培训和教师职业领域，以吸纳更多有移民背景的人员加入教师队伍。

五、外语教育中加强文化多样性教育

外语教育可以传授跨文化、语言和沟通技巧，在了解欧洲邻国和欧洲共同文化遗产方面具有关键作用。为此，德国传统上对外语教学十分重视。1994 年 10 月 7 日，文教部长会议通过了题为《外语教学的基本概念》的决议，指出未来的目标是让学生具备多种语言的能力：原则上让尽可能多的学生学习两种外语；鼓励追求更高学历的学生有机会学习三种甚至更多的外语；建议开展双语教学等。这份长达一百多页的文件提供了关于德国外语教学状况的全面信息。1999 年文教部长会议达成协定，规定文理中学的学生可以从六年级开始学习第二外语，从八年级开始学习第三外语。近年来，德国对外语教育更是不断加强。2011 年 12 月，文教部长会议通过了《关于加强外语能力的建议》，指出在欧洲政治和经济一体化及市场国际化的背景下，使用多种语言的重要性日益增加。语言和文化多样性是一种财富，必须通过适当的教育措施——外语教学来加以利用。该建议制定了面向未来的外语教学指导方针和行动领域，具体内容如下[①]。

---

① KMK. Empfehlungen der Kultusministerkonferenz zur Stärkung der Fremdsprachenkompetenz [EB/OL]. (2011 – 12 – 08) [2021 – 12 – 28]. https：//www.kmk.org/fileadmin/veroeffentlichungen_beschluesse/2011/2011_12_08 – Fremdsprachenkompetenz.pdf.

（一）外语教育的目标

德国面向未来的外语教育的目标是扩大使用多种语言的语言教育，加强欧洲的文化多样性，促进流动和融合，为国际化的经济和工作世界做好准备。这些目标需要通过小学的高质量语言教学和中学的多样化语言教学来实现，其中英语作为通用语发挥着特别重要的作用。

（二）外语教育的指导方针

2008 年，欧洲理事会关于"欧洲使用多种语言战略的决议"呼吁，成员国政府和欧洲联盟委员会应"努力确保从幼年开始向青年人提供广泛的、高质量的语言和文化教育，使他们能够掌握至少两种外语"。因此，德国各州开展外语教育应该遵循以下方针：一是外语教育应该从小学教育到高等教育进行系统互联的实施。其中，小学到高中的外语学习最终水平应根据欧洲委员会的《欧洲语言共同参考框架》（下称 CEFR）及其能力水平来确定。二是跨文化背景下组织语言教学和语言能力培养是外语教师教育和培训的重要组成部分。三是外语教学以标准为基础，以能力为导向，教学时应采取复杂的开放式任务，安排具有挑战性的学习。四是重视双语学科教学，将外语作为工作语言以加强专业和语言学习，并为日益国际化的培训、学习和工作生活做好准备。五是应利用各种资源开展外语教学，如全日制课程、课外学习场所、交流方案、出国留学、职业培训、实习、语言旅行、竞赛及国家和国际公认的证书认证等。

（三）外语教育的行动领域

1. 小学阶段

小学外语教育借鉴学前教育和德语非第一语言的语言学习经验和知识，侧重促进跨文化学习、接受性和生产性语言的使用；要以功能交际能力、语言学习能力和语言意识为导向，有条件时可以实施多种方式的双语教学，四年级结束时应该达到 CEFR A1 的水平。

2. 初中阶段

初中外语教育在小学基础上继续加强语言学习能力和语言意识的基础培养，应根据学生的能力、经历和兴趣差异设置外语必修课和选修课程；系统实施以个人能力和个人发展为导向的教学，提高学生的书面语和口头语的语言能力。10年级结束时，第一外语应达到CEFR B1的参考水平，同时至少掌握另一种外语的基本知识。拓展课程可辅之以学科领域的双语教学。

3. 普通高中教育

普通高中外语教育重点是加深跨文化学习，以普通大学入学资格的教育标准为基础，提升书面能力、口语能力和语言意识。课程结束时，第一外语应达到CEFR B2的参考水平，新外语应达到B1的参考水平。除了成绩外，CEFR的等级名称也可用于记录证书上的外语能力。如Europass和Certilingua证书是全欧洲认可的关于外语、双语和跨文化能力的证书，有助于向职业培训和学习过渡。

4. 准教师培训和在职培训

多语种培训已成为现代外语教师教育的组成部分之一，也反映了现代外语教育的目标和指导方针。准教师和现任教师通过参加大学提供的初级、中级和高级培训，保持和不断提高其外语能力水平；或者出国留学以确保和发展语言及跨文化能力。准外语教师的外语技能至少要达到CEFR C1的参考水平。为保证外语专业教学的人力资源，高等教育机构还为教师提供以德语作为第二语言或外语（DAZ/DAF）以及双语教学课程等的培训，同时鼓励和吸纳具有适当专业背景和资格的母语人士来支持高质量的外语和双语教学。

（四）外语教育的实施情况[①]

2000年以来，在小学开设外语课程成为德国各州的普遍趋势。目前，德国所有联邦州都已经在小学开设外语课程，其中有6个州从一年级开始设置外语课，通常一至四年级每周2课时。选修课程主要从一年级开始，但课时比例各不相同。需要特殊教育支持的学生可接受能力相当的不同外语教育。如巴伐利亚州有近50%的小学开展外语教学，25%的小学从三年级开始开展外语教学，部分文理中学开始进行双语教学。很多学校从六年级开始开设第二外语教学或课程，针对有语言学习天赋的学生，学校还加开第三、第四外

---

① KMK. Fremdsprachen in der Grundschule-Sachstand und Konzeptionen 2013 [EB/OL]. (2013-10-17) [2021-12-28]. https：//www.kmk.org/fileadmin/Dateien/veroeffentlichungen_beschluesse/2013/2013_10_17-Fremdsprachen-in-der-Grundschule.pdf.

语教学或课程。巴伐利亚州在六年的实科学校里也引进多语言教学，特别是针对就业市场的需求，开设了法语或西班牙语的第二外语教学或课程。

小学必修外语主要是英语和法语。此外，有些州还提供了邻近国家的语言（如丹麦语、荷兰语、波兰语、捷克语）、外国公民使用的语言（如意大利语、葡萄牙语、俄语、西班牙语、土耳其语）、少数民族地区使用的语言（如索布语或文迪什语）或当地语言（如弗里斯兰语、低地德语）等的选修课程。选修课程用于学习原籍语言和邻国语言，一般以综合方式纳入或在学校工作组中实现。工作组中提供阿拉伯语、汉语、日语等语言选择。此外，部分指定小学还提供英语－德语、法语－德语、西班牙语－德语、意大利语－德语、土耳其语－德语、葡萄牙语－德语、荷兰语－德语等组合的双语教学。柏林欧洲学校还提供希腊语－德语、俄语－德语和波兰语－德语等组合教学。汉堡州有开设双语教学的学校，如西班牙语、土耳其语、意大利语和葡萄牙语等双语学校，还设有浸入式外语学习的学校，包括英语浸入式、法语浸入式、低地德语浸入式等。

小学外语教学评价的重点是口语，侧重能力、主题和情境导向，以学习发展报告形式反映绩效评估（成绩）。有些州也包括书面评价，但通常没有数量、形式或内容的规定。为了记录个人语言学习过程，所有州都建议使用小学特定版本的欧洲语言档案（Europäischen Sprachenportfolios）来反馈学生的外语学习和发展水平。

鉴于从小学向中学过渡的重要性，各州致力于加强地区小学和中学间的密切合作。有些州将合作义务写入课程概述，并载入各自的学校立法。合作目的在于进行专业交流，协调内容和方法，并促进中小学外语教学方法和教学质量的改善。各州合作交流的组织形式多种多样，有跨学校网络的密集合作、联合区域服务会议、相互观课、诊断结果交流等。专家顾问还向教师提供培训、咨询、讲义、过渡设计指南或语言组合设计建议等。

总体而言，德国所有州的中小学校已将外语教学确立为一门新学科实施，并尽可能将外语作为其他科目和学习领域的教学语言，即开展双语教学，以帮助学生提升交际能力和跨文化能力，为其在欧洲生活、工作和国际化发展做好准备。

六、推广双语教学提升跨文化能力[①]

德国文教部长会议多次强调双语教学的重要性。在1978年11月13日关于"对外文化政策"、1989年4月24日关于"欧共体教育和文化政策"以及1990年12月7日关于"欧洲教育"的决议中,均呼吁建立和扩大双语教育方案。根据1991年10月11日的决定,文教部长会议认为双语教学对促成语言领域天才的发展极具贡献。1994年10月7日关于外语教学基本概念的决议中,再次将双语教学列为倡议之一。1998年3月20日,文教部长会议发表了题为《双语教学概念——经验报告和进一步发展建议》的报告,首次论述了德国普通学校实施双语教学的情况和前景。自2006年以来,德国双语教学在数量和质量上都变得越来越重要,双语教学概念也不断发展。2011年12月8日,文教部长会议采纳欧洲联盟委员会关于"促进语言学习和语言多样性行动计划"、欧盟和欧洲委员会关于促进双语教学以提高学生语言和跨文化能力的重要措施的建议,在《关于加强外语能力的建议》中再次强调了双语教学的特殊重要性,并建议为尽可能多的学生提供双语课程。

德国的双语教学通常被理解为非语言科目的学科教学,是一种新型的跨学科教学模式,即由学科教师使用外语进行专业教学。这一定义与欧洲和国际层面的"内容和语言融合学习"(content and language integrated learning,CLIL)相符合。双语教学鼓励多视角学习,除了学科课程中规定的主题和内容外,还可从国家或地区角度考虑主题,从而促进跨文化能力的培养。在实践中,双语教学科目通常先以外语授课或分阶段授课,必要时再以母语补充授课以确保理解专业词汇。

(一)关于双语教学的背景

德国开展双语教学源于二战后的法德和解。1963年的"爱丽舍宫条约"特别强调语言和文化的相互交流。1969年,巴登-符腾堡州的赫高文法学校

[①] KMK. Konzepte für den bilingualen Unterricht – Erfahrungsbericht und Vorschläge zur Weiterentwicklung [EB/OL]. [2021-12-29]. https://www.kmk.org/fileadmin/Dateien/veroeffentlichungen_beschluesse/2013/201_10_17-Konzepte-bilingualer-Unterricht.pdf.

开设了第一个双语课程班，以法语教授历史和地理等科目。由于推动力主要来自法德和解，几十年来双语的重点是法语。随着英语重要性的凸显，以英语为工作语言的双语课程从20世纪80年代开始稳步增加。欧洲边界开放促使公众对加强语言和跨文化教育必要性的认识日益提高。20世纪90年代，其他工作语言如西班牙语、意大利语和俄语的双语教学也有增加，边境地区以邻国语言（如波兰语、捷克语和荷兰语）开设的双语课程也明显增加。双语教学最初为文法学校表现优异的学生开设，后来各州将教学范围扩大到小学、中学和综合学校等其他类型的学校。到2013年，德国全国共有1500多所学校提供了双语课程。

早期的双语教学更侧重于语言习得方面，即学习者学习学科内容且接触外语时间越长时，其外语水平就会相应越高。因此，20世纪90年代初，德国没有立即完全用外语授课，而是先尝试以主题式的双语单元形式来开发入门课程，从七年级开始在额外增加的专业课程中开设外语课程或教学，使入门变得更加容易。后来双语教学逐渐将重点转移到主题内容的教学上，外语作为教学工作语言的作用也得以加强。

（二）双语教学的意义与目标

双语学习的目的是鼓励和指导学生在更广泛的专业背景下尽可能真实地使用外语，通过主题扩展和深化联系促使学生更加积极、独立地使用语言并提高专业话语能力。例如，在双语授课的社会科学学科中，学生通过外语文本体验其他国家的观点，从对历史和社会主题的对比分析中获得国际理解和跨文化能力。

（三）双语教学的教学原则

双语教学是一种跨学科的教学，在教学设计中要使用目标语言的真实材料，以便对该主题及相应观点进行比较分析，进而批判性评估。在教学内容上要与德国课程中的知识和技能相对应，但选择示范性内容时可有差异和不同重点，如历史科完全以语言为基础，科学科以特定学科的符号系统为特征，体育和艺术科以口头语言为主，等等。在教学方法上要充分考虑学科教学和外语教学的要素，保证所采用的教学和方法与学生水平相适应；在师资方面需要教师具备相应的外语教学能力。双语教学也可探索发展专门的教学方法，通过模块、工作小组、双语等不同组织形式促进对其他科目的扩展。

针对德语非母语学生的双语教学应另增教学目标，即在两种外语交织情况下确保第一语言的学习。

（四）双语教学的实施情况

双语教学的特殊作用和有效性已得到研究证明和认可。德国各州各级各类学校和各种组织形式的双语教学经验也表明，双语教学不仅仅是促进天才成长的工具，而且能够促使学生有动力在外语环境中从事专业工作。因此，大多数州对双语教学进行了规定，有的州将双语教学内容和方法纳入外语或社会科学科目的课程规定中；有的州通过行政条例、法令或通知的形式对初中和高中的双语教育做出具体规定。如柏林州将"促进双语制和多语制"写入该州学校法（2004年1月版），于2015年通过《普通教育中双语教学实施规则》（2020年修订），就州内学校实施双语教学的范围、定义、教学方式、双语班级或学习小组的分配、教学以及双语课程的退出、考试、评估和证书、教师及专家会议等予以规定[①]。

从整体来看，联邦各州都提供了双语教学或双语课程，但各州双语教学的普及程度因学校类型、语言和学科的不同而异，具体如下。

1. 从双语学科教学中使用的语言来看

综合所有组织形式可见，英语和法语的双语教学最多，所有州都有开设，其次是西班牙语（8个州）和意大利语（7个州），其他如汉语、丹麦语、波兰语、土耳其语等仅在1~2个州开设。从各州来看，柏林州最多，有9种双语教学；其次是汉堡州，有7种；而萨克森自由州和北威州均有6种；另有6个州仅开设英语和法语课程或教学。

2. 从开设的科目情况来看

德国双语教学在13门科目中开设：最多的是地理、历史、政治/社会研究/经济等科目，各州均有开设；其他依次为生物（14个州）、体育（13个州）、艺术科（2个州）、音乐和数学（各10个州）、化学（8个州）、宗教/哲学和物理学（各7个州）、自然科学（6个州）；营养/家政学仅1个州开设。

---

① Senatsverwaltung für Bildung, Jugend und Familie. Bilinguale Bildung [EB/OL]. [2021-12-31]. https://www.berlin.de/sen/bildung/schule/besondere-schulangebote/bilinguale-bildung/.

3. 从师资情况来看

为确保双语教学的人员配备，通常每所学校至少有两名具有各自教学资格（学科和外语）的教师。各州担任双语教学的教师原则上由具有特定学科教学资格且具有高水平外语能力（通常达到 CEFR C1 水平）的教师担任。有些州也聘用接受过专门培训的母语人士进行双语教学。

针对负责双语教学的教师的培训，许多州在教师培训中分两个阶段组织实施。在第一阶段完成了一门学科和一门外语学业的预备教师可接受额外的双语培训以获取双语教学资格；在第二阶段教师继续教育培训中，可以根据教师的大学或外语资格与特定科目相结合，主要是提升学科教师的外语能力以帮助教师获得双语教学资格。实践中，所有州都定期为双语教师，特别是担任双语科目教学的教师提供关于双语教学和学习的方法培训，如个人培训、区域培训、研讨会等。有些州还通过区域伙伴关系资助教师到目标语言国家交流。在双语教学资格认证上，除了在欧洲共同参考框架的水平上证明外语能力外，有些州还根据年度单元课程、培训课程、两年证书课程或继续教育提供认证服务。

4. 从评估认证情况来看

德国各州对参与双语教学的科目、学生在双语教学中获得的能力的测试和认证方式不一。大部分州对双语教学进行认证。认证内容包括参与的科目、学生要达到的欧洲语言共同参考框架的能力水平以及双语中学毕业证书的形式等。有的州的认证内容还包括两国高等教育入学资格的获取，如参加以双语教学和外语专业考试为基础的国际中学毕业证书，如剑桥高级英语证书。认证形式也是各有特点，有的在证书表格上附加备注，有的附加证书，也有的颁发单独的毕业证书表格，用于评估、记录和认证学习所获得的能力。另外，有 11 个州参加了欧盟 Certilingua 计划，经过认证的学校可以授予学生多语种、欧洲和国际能力的卓越标签及 Abitur 证明。

5. 从配套资源情况来看

为实现双语教学目标，各州采用的教学和学习资源包括教科书出版商的出版服务、目标语言国家的作品、本州开发的材料以及来自因特网的讲义和材料等。实施双语教学的学校注重提供多样化的语言选择和与其他国家跨文化接触的机会，通常会利用法德和德波青年办公室以及欧盟的国际项目，如

eTwinning、Comenius、Leonardo 项目以及学生交流方案来与伙伴合作学校建立双语教学的伙伴关系；经常性参加联邦外语竞赛和其他关于特定语言或主题的竞赛来提升双语教学质量。

双语教学在培养学生的跨文化意识和能力上功不可没，在外语能力培养上也不逊色。由德国文教部长会议委托进行的"德国－英语－学生国际表现"的研究结果表明，经过二十余年的探索，德国各州双语科目班学生在所有外语能力领域的成绩都远高于平均水平；在某些能力领域，双语学生在九年级结束时领先非双语班级学生大约两年。此外，学生对外语学习的态度和对实施双语教学的学科的学习也表现得更加积极和开放。为此，文教部长会议建议未来要进一步加强以下工作以提升双语教学质量：一是通过确定相关的专业思维策略和相应的典型语言实现形式来发展学生的专业语言能力。二是明确双语教学能力的具体化特征以更好地实施以能力为导向的双语教学。三是尽可能将双语教学的范围扩大到所有普通和职业教育学校，以提高更多学生的外语和专业能力。四是鼓励大学和在职教师培训中心更多地开展与双语教师资格有关的培训，使更多教师具备双语教学资格。五是教师培训项目应更多地关注双语问题，应扩大双语教学中外语助理的配套使用范围、增加目标语言国的培训和教学经验。六是扩大学生的学习认证。七是应加强和建立更多的双语学校网络，以便学生可以利用跨国和国际合作的机会学习。八是要加强学术研究与支持，针对学科的外语教学及其特殊的（技术）语言、技术方法、跨文化任务和目标、语言能力和跨文化能力的诊断与绩效评估的使用等开展实证研究。

柏林州在其 2021 年 12 月发布的《多语种和世界主义——促进柏林多语种的概念》中也提出，双语教学将学科教学与双语语言环境相结合，将学科学习过程与语言习得过程相结合，这种以应用为导向的外语学习加强了多语种教育，为日益国际化的柏林社会提供了进一步教育和培训的重要资源，未来将加强以双语教学著称的柏林欧洲学校的建设，增加其站点和语言组合教学[1]。

---

[1] Senatsverwaltung für Bildung, Jugend und Familie. Mehrsprachig und weltoffen—Konzept zur Förderung der Mehrsprachigkeit in Berlin [EB/OL]. [2021-12-31]. https://www.berlin.de/sen/bildung/schule/besondere-schulangebote/.

第三节
德国基础教育国际化发展的启示

一、因地制宜,充分利用本土教育国际化资源

德国地处欧洲中部,与周边九国相邻,特别是德国重新统一以后,中心地理位置更为突出。它是东西欧之间和斯堪的纳维亚与地中海之间的交通枢纽,其间水、陆、空道路条条通过德国。作为欧盟和北约的一员,德国被称为"欧洲的走廊"。这样的地理位置决定了德国必然要与欧盟他国密切往来。为此,德国充分利用欧盟框架下的各级各类教育合作项目来促进学校、教师和学生的合作与交流。基础教育领域的"伊拉斯谟+"、eTwinning 平台、外语援助计划和国际获奖者计划等项目,或是欧洲语言日、欧洲周、欧洲模拟议会等活动,极大地拓展和丰富了德国的国际化资源。同时,在欧盟基础上,德国还发展了本国的教育国际项目,如外交部的 PASCH 项目,有机地将德国海外学校、德语培训学校、德语证书考试等机构组成学校网络联盟,为德语推广和国家文化推广畅通了渠道。

德国移民(外籍)人口超过 10%,面临较大的教育压力,但同时也为多语言发展和跨文化能力培养提供了沃土。德国提倡在外语教育、跨文化能力培养、双语教学等领域充分利用好移民资源,一方面吸收符合条件的外籍人士,为其提供相应的培训以使母语非德语者具备教师资格;另一方面在高校或教师教育学院中向有移民背景的学生宣传教师职业前景,鼓励其从事教师职业,从而扩大了外语教师、双语教师等多语种教师的来源渠道。

此外,德国作为联合国教科文组织委员会的委员国家,积极倡导和实施教科文组织的有关议题,如学校可持续发展教育、全球公民教育、跨文化和全纳学习等;鼓励各级各类学校申请成为教科文组织项目学校(UNESCO-

Projektschulen)和教科文组织联盟学校网络成员（UNESCO Associated Schools Network，ASPnet）[①]，将项目学校与德国各地的学校网络联系起来，又与其他国家的学校合作，就学校教育教学工作中有效巩固和平与民主教育、纪念文化、人权教育、多样性生活和可持续发展教育等议题举办年度研讨会和会议等活动，极大地推动了基础教育国际化的发展。

二、研究利用国际评估与测试结果，以提升基础教育质量

2001年，德国学生在OECD首次发布的PISA测试成绩中位列32个国家中的第21位，这个结果让德国感到震惊，也促使德国政策制定者采取行动来改善基础教育质量。

（一）开发实施国家教育标准

德国文教部长会议包括每个州的部委或参议员，针对PISA测试所反映出的德国基础教育问题，特别是教育质量不均衡问题，于2003年起开发实施国家教育标准，为学生学习、教师教学、学校安排和组织教学活动提供明确的参照体系，以保证各地、各类学校教育水准的可比性及所颁教育证书的等值性。后经2004年、2012年和2020年多次修订，该标准全面覆盖从小学到高中的整个基础教育阶段。国家教育标准明确规定了学生在修完特定年级时应达到的最低能力水平，对学校评估和教育体系起到监测作用，为各联邦州提供了统一的质量发展标准，以保证不同地区、不同学校学生的毕业标准，促进了各州、各类型学校教育质量的发展。

（二）设立教育质量发展研究所

为落实2003年文教部长会议通过的国家教育标准，2004年6月，德国在柏林洪堡大学创立了教育质量发展研究所（Institut zur Qualitätsentwicklung im Bildungswesen，IQB），旨在开发标准化的监测系统，定期测试各州的学校质量表现和制定课程与绩效标准。该所由具有实践经验和学校行政经验的教师以及心理学、教育科学和社会学领域的专家组成，主要任务是通过考试检

---

① der Deutschen UNESCO-Kommission. unesco-projektschulen [EB/OL]. [2021 - 12 - 31]. https：//www.unesco.de/bildung/unesco-projektschulen/unesco-projektschule-sein.

验国家教育标准的达成情况，对标准提出修改建议，并进一步开发能力水平模型和教育标准。其工作重点包括改善德国学校教育，与国际教育水平接轨，支持各州努力提高教学水平与学校教育质量，促进质量发展和质量保证经验的跨州交流，提升德国教育体系的可比性和渗透性等。此外，为了支持联邦各州实施教育标准，该所每年在三年级和八年级开展学习水平的比较研究①。该所的成立标志着德国基础教育质量保障体系得以完善。

（三）实施全面教育监测

德国文教部长会议于2006年通过了《文教部长会议关于教育监测的总体战略》的决议，并于2015年6月进行了修订，重新调整了教育监测总体战略的方向。其间，文教部长会议还于2009年12月通过了《使用教育标准促进教学发展的概念》。这一概念汇集了各州以往执行教育标准的经验，特别针对所有联邦州的教育行政部门、学校监察局、学校管理、教师培训和州立机构代表等有关行动者提供了一个共同的方向，即利用教育标准对学习能力进行必要的审查，以进一步改进教学。这个概念也是《文教部长会议关于教育监测的总体战略》的补充决定。该总体战略认为，教育系统在个人发展、社会参与、个人职业发展及一国的经济成功和社会凝聚力等方面发挥着关键作用。因此，提高整体教育质量，改善所有学生的教育机会是前瞻性教育政策的中心任务。总体战略包括四个概念上相互关联的领域：一是参加国际学校绩效调查（如PIRLS、TIMSS和PISA），了解本国或各州在国际比较中的位置；二是进行统一测验以检测在各教育阶段完成之前，各州在多大程度上实现了国家教育标准；三是比较学校一级的质量保证程序与国家教育标准是否相符，促进州内及州际教育质量均衡发展；四是联邦和各州共同发布教育发展报告，向社会公众说明教育发展状况②。德国教育监测总策略的实施有助于保证德国学校接近国际水准，提高各州各类学校之间的可比性，促

---

① Institut zur Qualitätsentwicklung im Bildungswesen. über das IQB [EB/OL]. [2022-01-03]. https：//www.iqb.hu-berlin.de/institut/about/.

② KMK. Gesamtstrategie der Kultusministerkonferenz zum Bildungsmonitoring [EB/OL]. [2022-01-04]. https：//www.kmk.org/fileadmin/Dateien/pdf/Themen/Schule/Qualitaetssicherung_Schulen/2015_06_11-Gesamtstrategie-Bildungsmonitoring.pdf.

进教育结果层面的均衡发展。作为以教育过程结果为导向的新治理理念的体现，总体战略从此成为所有州教育政策循证的共同基础。

（四）建立国际教育比较研究中心

为统筹不同机构对国际教育比较研究的资源与力量，联邦教研部与各州文教部长会议于2010年10月在慕尼黑共同设立了国际教育比较研究中心（Zentrum für internationale Bildungsvergleichsstudien，ZIB），旨在提供高质量的国际比较教育监测服务，在国际比较教育研究背景下保持和提高德国教育研究的国际声誉。其中心任务是在德国规划、实施和评估PISA研究，以及开展基于PISA研究的相关项目，具体包括实施PISA研究的国家项目管理，如编写国家报告；协调国际学术机构在国际教育比较研究或大规模评估方面的持续合作；开展实证教育研究及培养青年研究人员；汇编综合研究结果；等等[1]。该研究中心由联邦和州政府共同资助，在慕尼黑工业大学教育学院、德国国际教育研究所（DIPF）和莱布尼茨科学与数学教育研究所（IPN）设立捐赠教授职位以开展PISA研究。如德国国家PISA团队就设在慕尼黑工业大学教育学院内，独立对研究结果进行分析和解释；2018年9月的捐赠教授职位，研究重点是分析学校和教学的相关因素及其影响，以及系统性地总结与教育政策和实践有关的问题，为进一步实践和政策做好准备[2]。国际教育比较研究中心的设立是德国教育监测制度化战略的重要步骤之一，通过有效开展教育国际比较研究推动了德国基础教育的改革进程。

此外，针对如何提升德国各州基础教育的透明度、质量和可比较性，以及未来如何更好地合作和提高可比较的成绩，德国联邦政府与文教部长会议于2018年3月发布了关于建立国家教育委员会（Nationaler Bildungsrat）的联合执政协议，目的是帮助16个联邦州的中小学教育水平和毕业证书的含金量趋近等值，满足学生州际转学的需求，同时帮助雇主对来自不同地区的中学毕业生的能力和成绩做出更为可靠的判断。但由于该委员会的成立威胁

---

[1] KMK. Zentrum für internationale Bildungsvergleichsstudien [EB/OL]. [2022-01-04]. https://www.kmk.org/themen/qualitaetssicherung-in-schulen/zib.html.

[2] Zentrum für internationale Bildungsvergleichsstudien. Zentrum für internationale Bildungsvergleichsstudien [EB/OL]. [2022-01-04]. http://zib.education/home.html.

到州级教育权力,且个别州认为自身已足够强大,可以自己制定具有约束力和统一化的标准,实施全国性标准降低了自身水准[1],2019年底随着巴伐利亚州和巴登-符腾堡州的退出,国家教育委员会的组织宣告失败。2020年秋季,文教部长会议进行了新的尝试,成立了"常设科学委员会"(SWK)独立开展工作,旨在提高教育系统的质量和可比性,而联邦政府不再参与。客观来说,尽管国家教育委员会运作不成功,但提高德国基础教育质量的工作核心还是没有改变,且相关部门仍在寻求更加适合的方式来发挥作用。

经过上述改革运动和努力,德国在随后的PISA测试中的表现不断改善,2015年的阅读、数学和科学成绩分别位列参与国的第8位、第11位和第9位,成为少数几个在所有科目上均有所改善的国家之一。

三、加强移民教育,促进其与本土文化的融合

2020年,德国人口中有移民背景的人士占四分之一以上。有的州如不来梅州(38.0%)、黑森州(35.8%)、柏林州和巴登-符腾堡州(均为34.7%)、汉堡州(34.4%)的比例均超过三分之一以上[2]。自2015年以来,德国难民移民的增加所带来的社会挑战及由此对教育造成的压力更是显著增加,在入学要求、课程设置与标准、毕业资格考试、师资培养等方面对德国传统学校教育构成了极大冲击。文教部长会议通过了一系列关于处理异质性和跨文化教育的宣言和建议,联邦各州也有针对性地采取了有关措施,以促进有移民背景的学生的教育参与率的提高和教育成就的增加,从而也形成了"一体多元、存异求同"的德国教育特点。

(一)通过德语学习强化德国本土文化和价值观

德国认为掌握德语是成功融入社会的先决条件。尽快尽早支持所有学生

---

[1] Bayern und Baden-Württemberg steigen aus [EB/OL]. [2022-01-04]. https://deutsches-schulportal.de/bildungswesen/nationaler-bildungsrat-bayern-und-baden-wuerttemberg-steigen-aus/.

[2] Bundesamt für Migration und Flüchtlinge. Atlas über Migration, Integration und Asyl 11. Ausgabe [EB/OL]. [2022-01-05]. https://www.bamf.de/SharedDocs/Anlagen/DE/Statistik/Migrationsatlas/migrationsatlas-2021-11.html.

的语言习得至关重要,对移民及其子女尤其如此。联邦各州针对基础教育阶段的移民儿童实施了多样化的语言支持措施,在语言教育内容上还要求德语课应以德国法律、历史和文化为核心,从而传递德国的民主价值观。黑森州出台了《学校整体语言支持框架》(Schulisches Gesamtsprachförderkonzept),涵盖了从日托中心和向小学过渡的初级课程到中小学的系列措施,旨在加强基本技能、提高阅读能力及扩大文本和语言能力[①],其中在移民比例高的小学通过实施德语和电脑(PC)模块来支持德语学习,即通过使用电脑上的学习程序来补充课程,为学生提供有针对性的个人支持。各州在州或区域范围内一般组织开设一年期的强化班(或欢迎班),移民学生在强化班所在学校的整体氛围中除学习德语基本知识外,还融入常规班级的音乐、美术和体育学科学习,为学生过渡到常规班做好准备。或学校在常规课程中提供长达两年的强化课程,为缺乏德语基础且无法参加强化班的新移民插班学生提供帮助。如北威斯州在假期期间为来自不同类型学校的新移民学生开设为期7天的强化德语课程(FerienIntensivTraining-Fit in Deutsch),并辅以各种日常实践练习。从2018年开始,该计划于复活节、夏季和秋季假期期间在全州数百所学校实施。

(二)家校密切合作促进家庭整体融合

父母在有移民背景的儿童和青少年融合方面发挥着特殊作用。早在2013年,文教部长会议和移民组织就通过了《关于学校和家长之间教育和教养伙伴关系的联合宣言》,就学校实施促进教育和教养伙伴关系的具体措施提出了建议。实践中,学校注重营造互相尊重、充满尊重的多元文化氛围,制定了教育伙伴关系可持续发展的策略:一方面对移民家长进行学校系统、跨国文凭、学生入学、工作和学习选择等方面的指导,定期交换教育经验和信息;或是向学生父母提供参加学习的机会,如开设家长课程、家长学院、演讲、社团工作或者公开访谈等,提升学生家长对学校教育的认识;一起探讨

---

① Hessisches Kultusministerium. Schulisches Gesamtsprachförderkonzept [EB/OL]. [2022-01-06]. https://kultusministerium.hessen.de/Unterricht/Sprachkompetenz/Schulisches-Gesamtsprachfoerderkonzept.

德语和多语言对学生学习的重要性，同时为学生家长提供语言推广服务，支持学生父母提升自身的语言能力以尽快融入社会，更通过自身能力的提升促进其子女的学业成就。另一方面，学校引导学生家长积极参与孩子的教育过程，使其经常与教师探讨孩子的发展，鼓励学生父母有意识性地、反思性地看待其子女的教育；通过学生家长代表机构在学校行使权力，参与学校组织的讨论，培养学生家长良好的沟通和合作意识。此外，学校还与学校心理咨询中心、教育咨询中心、儿童和青少年援助中心、社会福利机构、宗教团体、基金会组织和非营利性机构等社会组织合作，在社区层面为学生家长搭建支助系统，有力推动了移民家庭的融合。

（三）教师教育中融入跨文化教育专题

联邦各州在制定教师教育大纲时因地制宜地融入了跨文化教学内容，将迁移、融合和异质性等主题纳入课程，为教师提升跨文化能力和处理异质性能力提供培训。德国教师教育中的跨文化意识和能力培训主要有以下两个方面。

1. 在准教师培训中加入跨文化教育的学习

2019 年修订的《教师教育标准：教育科学》中的"能力四"提出，教师要具备了解在学生的社会、文化和技术生活条件中影响学生个人发展的不利条件和障碍的能力，在理论训练阶段要了解教育过程设计中的跨文化维度，在实践培训阶段要能够注意到每个学习小组的社会和文化多样性[①]。在"能力七"中提出，教师要能够诊断学生的学习条件和过程，并有针对性地支持学生，向学生及其家长提供建议；在理论训练阶段要知道异质性和多样性的概念及其特点，在实践培训阶段要能够识别学生个人的学习起点，并实施特殊支持计划。这些标准和要求有助于使未来的教师能够专业地处理学生的多样性和异质性情况。

2. 教师在职培训中融入跨文化教育元素

如柏林州美术教师培训课程中，柏林艺术大学在提供的培训课程中探讨

---

① KMK. Standards für die Lehrerbildung：Bildungswissenschaften [EB/OL]. [2022-01-06]. https：//www.kmk.org/fileadmin/Dateien/veroeffentlichungen_beschluesse/2004/2004_12_16-Standards-Lehrerbildung-Bildungswissenschaften.pdf.

如何对来自不同社会和文化背景且没有艺术教育背景的儿童开展教育。不来梅州为所有教师开展处理异质性领域的培训，如跨文化教育、以德语作为第二语言教育和包容性教育等强制性课程[①]。此外，吸引有移民背景的人士加入教师队伍促进融合进程也是主要经验。如下萨克森州持续开展"更多移民成为教师"项目，自2014—2015学年以来，在汉诺威、哥廷根、奥尔登堡、吕讷堡等地的教学专业培训中心学习研讨会中，组织了"教室的多样性＝教师的多样性"区域迎新日，目的在于激励有移民史的学生参加教师培训方案，从而成为教师。该州于2010年9月成立了"具有移民历史的教师网络"（Migranetz），围绕"融合""跨文化教育"和"所有人参与"等主题，为教师提供成长和经验交流的空间，促进了学校和社会的跨文化交流。

四、注重开展学校实验，探索各类教育议题

联邦各州均允许部分学校有别于文教部长会议的相关协议开展学校实验（Schulversuchen）。如前文所述的欧洲学校、未来伙伴合作项目学校等，均有别于普通学校，在跨文化教育、双语教育、国际交流等方面进行了有益的探索，促进了德国基础教育学校的多样性和丰富性。德国开展学校实验主要具有以下特征。

1. 立法保证学校依法开展教育实验

早在1990年，文教部长会议就讨论确立了《实施学校实验和相互承认相应资格的协定》，并于2018年进行修订以适应新形势发展。该协定明确学校开展实验的期限最长是10年，极少数指定学校允许长期实验。各州应在实验计划开始前至少6个月将本州拟计划开展实验的基本情况、开始和持续时间、参与的学校数量和类型及名称、实验的目标和问题、实验的监督监测和评估、有别于相关协议的情况、学校实验是否必须被录取或报告的声明等信息提交给学校委员会征求意见，获得13票及以上票数的实验计划才能通

---

① KMK. Lehrerbildung für eine Schule der Vielfalt [EB/OL]. [2022-01-06]. https://www.kmk.org/fileadmin/Dateien/veroeffentlichungen_beschluesse/2020/2020_12_10-Zwischenbericht-Umsetzung-Schule-der-Vielfalt.pdf.

过。实验完成后一年内还要提交最终报告,以决定实验是否继续,或转为具有特殊概念的学校。根据协议,在学校实验过程中获得的证书、学位和权限一般是被相互承认的①。

2. 学校实验内容丰富,形式多样

如欧洲学校实验欧洲教育内容,也进行双语教学实验。全球教育试点学校从最初在课程中实验全球教育的内容和方法,后来扩展到在全校实施全球教育,包括每学年为学生组织约100次教育活动,提供教学材料,提供教师培训并建立实验学校间的网络等②。东威斯特伐利亚地区的两所学校开展"人人生物"(Biology for Everyone)实验,尝试对过渡班或欢迎班的新移民学生按照国家课程标准教授生物学科,促进学生在具体学科学习中更有目的地习得德语,同时也让学生提前熟悉常规课程③。

3. 合作机构多元

推动学校开始实验的机构不一,有的是与非政府组织合作,有的是与大学或研究机构合作进行。如欧洲学校总体上接受欧盟组织的领导与资助。全球教育试点学校项目由联邦经济合作与发展部(BMZ)资助,由一个非政府组织具体负责实施,在2011—2014年指导和支持1所小学和3所中学全面实施全球教育,包括编制学校计划、设置课程、开展跨学科项目和工作组教师培训等。"人人生物"实验由比勒费尔德大学生物教学系(Biology Didactic Department at Bielefeld University)于2016年夏季建立,该生物教学系负责开发教材,探索创建了一套经过实地测试的教学模式,并为相关教师提供培训。

---

① KMK. Durchführung von Schulversuchen und gegenseitige Anerkennung der entsprechenden Abschlüsse [EB/OL]. [2022-01-07]. https://www.kmk.org/fileadmin/veroeffentlichungen_beschluesse/1990/1990_02_16-Schulversuche.pdf.

② Claudia Bergmüller. Global education and the cooperation of NGOs and schools: A German case study [EB/OL]. [2022-01-07]. https://files.eric.ed.gov/fulltext/EJ1167815.pdf.

③ Mario Schmiedebach, Claas Wegner. The Influence of Content-learning on the Integration Perspectives of International Students in Germany [EB/OL]. [2022-01-07]. https://files.eric.ed.gov/fulltext/EJ1200221.pdf.

第六章

基础教育国际化发展展望

对基础教育国际化发展进行反思是时代的需要,也是基础教育自身发展与完善的需要,由此需要明确基础教育国际化发展的立足点和价值所在,梳理实践中的成功经验,审视尚存在的制约因素或发展梗阻,从而提出促进其发展的思路或策略。

第一节
基础教育国际化的实践经验与理论基础

一、基础教育国际化发展的实践经验

（一）基础教育国际化是实现国家利益的重要战略

大多数国际化活动是经济和社会驱动的结果，高等教育领域的表现尤为明显，不同国家的基础教育国际化也或多或少有所体现。从经济的角度来看，学校招收国际学生，收取高额学费可以提高学校收益、缓解财政投入不足等问题，同时也是一项为国家赚取利润的教育服务贸易。从学校的社会使命来看，一方面学校任务之一是提高师生的国际意识和跨文化能力，培养能够参与全球经济竞争的人才；另一方面学校是个大熔炉，对移民学生的教育可帮助移民家庭更快融入当地社会，从而起到维护社会稳定的作用。出于上述原因，各国出台的基础教育国际化相关政策或措施总体上包含了贸易、移民和教育三种不同的政策利益，并使得国家或联邦政府对地方（省或州）教育政策和实践产生了强烈影响[①]。国家在基础教育国际化的倡导、发起、价值导向和目标引领中具有决定性作用，推动基础教育国际化发展是维护国家安全的一种体现，其最终目的在于维护本国的经济发展利益和社会发展利益，增强本国和本民族文化的软实力，占据发展制高点，提高本国的综合国际竞争力，从而在激烈的国际竞争中赢得主动。如发达国家的基础教育国际化，特别是公立学校大量招收国际学生及在海外设立国际学校等的行为，更

---

① ELNAGAR A, YOUNG J. International education and the internationalization of Public schooling in Canada: Conceptualizations and approaches [EB/OL]. [2022-01-20]. https://files.eric.ed.gov/fulltext/EJ1288172.pdf.

多地体现为经济驱动和移民驱动,而发展中国家的基础教育国际化最初以满足教育需求导向为主,但受经济发展和社会发展驱动的影响更加明显。

(二)培养国际化人才是基础教育国际化的价值所在

让受教育者了解国际问题,了解世界各国经济、政治、文化、生态和技术等系统间的相互关系,认识到世界上不同人之间的相同性与差异性,学会从他人的视角和心理出发来看待世界,学会理解、欣赏与尊重不同文化背景的人,成为当今全球经济一体化、政治主体多极化、文化和价值观多元化背景下世界各国人民的共识,也是各国推动教育国际化发展的价值所在。基础教育国际化也被提升到新的高度,逐渐被明确地纳入各国教育发展政策之中;其人才培养目标和具体标准更强调具有国际理念和全球视野,相应的教育内容、教育方法、教育手段等也要符合世界发展的新趋势,以期促进全球的合作共生。如日本提出中小学所有儿童应能够接受不同文化背景的人且能与之共存;建立植根于自己国家传统和文化的自我认识;能够表达想法和意见并学会采取行动等国际社会需要的态度和能力(或基础)①。英国支持其国际教育服务的广度和多样性,巩固其作为世界各国和个人首选合作伙伴和提供者的地位②。美国提出要从协作与沟通、世界和语言遗产、多元视角和国内及全球参与四个方面发展所有学生的全球和文化能力。中国明确提出要加强中小学国际理解教育,帮助学生树立人类命运共同体意识,培养德智体美劳全面发展且具有国际视野的新时代青少年③。各国应对全球化趋势的出发点不尽相同,发展的侧重点不同,采取的应对措施也各具特点,但从基础

---

① 文部科学省. 国際社会を生きる人材を育成するために-概要 [EB/OL]. [2022-01-10]. https://www.mext.go.jp/b_menu/shingi/chousa/shotou/026/houkoku/attach/1400628.htm.

② GOV. UK. International Education Strategy: global potential, global growth [EB/OL]. [2022-01-10]. https://www.gov.uk/government/publications/international-education-strategy-global-potential-global-growth/international-education-strategy-global-potential-global-growth#foreword.

③ 中华人民共和国教育部. 加快和扩大教育对外开放 大力提升我国教育的国际影响力 [EB/OL]. (2020-06-18) [2022-01-10]. http://www.moe.gov.cn/jyb_xwfb/s271/202006/t20200617_466545.html.

教育开始培养未来的国际化人才的理念和取向却不谋而同，体现了世界人才培养目标的共通性。

（三）课程改革是推动基础教育国际化的着力点

全球素养、全球胜任力、世界公民等培养目标日益成为基础教育课程改革的主要目标，国际理解教育、多元文化教育、跨文化教育等也逐渐被纳入课程改革的主要内容中。如美国的全球教育主要在社会学科、外语学科等课程中进行，培养目标是让身处不同文化背景的学生获得处理国内面临的问题及作为世界公民遇到问题时所需的知识、勇气和能力。德国的欧洲教育、双语教育和跨文化教育促使学生参与其他语言和文化的活动，审视自己对他人的看法，并置身于社会结构条件中去发展这种意识和反思能力。日本的国际理解教育通过综合学习和外语教育帮助学生从不同学科中去认识身边的社区生活，进而扩大到对本地区和全国，最后扩大到对整个世界的全面认识与理解。中国的外语教育和学科渗透式国际理解教育的重点是使学生具有全球意识和开放的心态，了解人类文明进程和世界发展动态；能尊重世界多元文化的多样性和差异性，积极参与跨文化交流；关注人类面临的全球性挑战，理解人类命运共同体的内涵与价值。可见，课程作为教育的核心所在，是各国推进基础教育国际化发展的重要载体和着力点。

（四）提高教师国际化素养是推进基础教育国际化纵深发展的保证

在国际化发展过程中，许多组织或研究者特别关注提高教师的国际化知识与能力。他们提出，无论是对国际化发展的目标，还是在学科教学中实施有关国际化教育内容，基础教育学校教师的准备都显得很不充分，包括职前教育和在职培训。为此，他们也提出了相应的解决措施。德国文教部长常务会议（KMK）和德国联邦经济合作与发展部（BMZ）于2007年共同发布《全球发展教育跨课程框架》（2015年更新）后，德国的全球教育虽然成为一些小学跨学科课程的教育目标，但全球教育并不是教师教育或教师在职培训的义务主题；确保项目成功的重点不是关注外部、丰富教学，而是帮助教师找到适合全球教育和课程的学校方案；提供必要的在职培训以确保教师能够在没有非政府组织支持的情况下实现全球教育①。

美国亚洲协会一项对5000名教师进行的调查结果显示,不到5%的受访者表示有丰富的亚洲知识背景,只有25%的人参加过亚洲方面的课程;时间紧迫且缺乏专业知识时,教师们对教学会感到不适应。要将全球视角引入课堂,必须从帮助教师发展自身观点开始②。为此,美国全球教育论坛出版了200多种课程方面的书籍,并举办了教师的职前和在职期间讲习班;美国国家人文基金会为教师提供关注其他国家或全球视角有关的夏季研讨会和研究机构;国家和平队协会赞助了一个为K-12教师促进课堂全球化视角的全球教学网络,并提供助学金给进行课程创新的教师;世界银行研究所创建了"世界发展联系网",为在非洲、拉丁美洲、东欧和中东等的15个国家的课堂提供使用互联网技术连接和培训的服务,促进美国学校与基于互联网的世界联系学校开展国际合作项目。

日本文部科学省中小学教育小组委员会认为,尽管国际教育在县和市教育委员会组织的培训中有所涉及,但没有系统性,多是外国经验者和国际志愿人员的经验,或是关于外语教育的讲座,加上工作繁忙,参与教师人数呈下降趋势,没有培养出优秀的国际教育从业人员③。总体来说,日本教师国际教育培训的重要性尚未得到充分认识,既缺乏直接有助于课程制作的实践培训,如教学计划和教材开发方法,也缺乏从事国际教育的核心教师。因此,日本为支持和振兴学校的国际教育,制定了提高教师国际教育领导能力的培训方案,举办参与性、实践性的讲习班,以提高教师的教学方法和教材开发等实践能力,同时挖掘学校外部的人力资源和组织及其所开发的学习计划和材料等教育资源。

---

① Claudia Bergmüller. Global education and the cooperation of NGOs and schools: A German case study[EB/OL]. [2022-01-20]. https://files.eric.ed.gov/fulltext/EJ1167815.pdf.

② CAROL M. BARKER. Education for international understanding and global competence [EB/OL]. [2022-01-20]. https://media.carnegie.org/filer_public/6d/b0/6db0fdc1-f2b1-4eea-982a-a313cea6822c/ccny_meeting_2000_competence.pdf.

③ 文部科学省. 第2章 国際教育を取り巻く現状と課題[EB/OL]. [2022-01-20]. https://www.mext.go.jp/b_menu/shingi/chousa/shotou/026/houkoku/attach/1400595.htm.

中国教师的国际化素养与国际化要求与他国相比还有较大的差距，在国际教育专业知识储备、国际规则知晓程度及国际理解教学能力上均有欠缺，难以在行政国际化、人力国际化、课程国际化、推动建立伙伴关系上发挥重要作用[①]。因此，还需要充分利用国外优质资源，建设适应国际化发展要求的教师队伍，即有计划、有步骤、有针对性地选派教育管理干部、科研人员、学科骨干教师及外语教师赴海外进修培训；建立有效的海外研修质量和效益评估指标体系，促进派出人员学有所成且发挥示范引领作用；采取灵活多样的方式引进和利用海外智力资源来我国学校任教；等等。

上述各国提升教师国际化素养的举措重点各异，但都逐渐体现出以下趋势：一是在教师教育中尽早让准教师学习全球教育、跨文化教育等相关主题，并尽可能提供机会让他们能够去亲自经历与感受国际交流与合作；二是通过"走出去"和"引进来"分类对在职教师进行专题培训；三是采取措施吸引优秀外籍人士加入本地教师队伍，发挥其"鲶鱼效应"，激活本土教师的国际意识。

二、基础教育国际化发展的理论基础

基础教育国际化实践对国家经济和社会的效益价值引发了理论界对公共教育目的、资助机制和治理结构等基本问题的思考与争议。不少学者指出，市场经济正在使公立学校教育的本质被重新定义为一种可交易和具竞争性的商品；目前教育政策问题的解决方案越来越受到市场化、私有化和绩效概念的驱动；公共教育国际化的概念与公共教育商品化、市场化和私有化的新自由主义论述相一致；全球公民、跨文化和国际能力以及"推进知识经济"等成为教育国际化迅速发展的合理化理由。也有学者认为，国际化不仅是一个政治和社会进程，而且也是一种文化现象，对教育现代化具有相当大的影响。

这些理论在一定时期内影响着不同国家政府教育国际化的政策与实践。

---

① 王国强. 江苏基础教育国际化：现状、问题和对策 [J] // 教育的应然样态——我的教育理解. 南京：江苏人民出版社，2019：45-46.

总体来看，基础教育国际化是随着经济全球化进程而不断发展的，各国基础教育国际化的政策和实践主要受教育全球化思想和人力资本理论的影响。

（一）教育全球化思想

全球化不仅是一个客观的历史进程，还是一种话语体系和知识谱系。全球化理论不是一种理论，而是一个理论群，其中包含多种理论①，是有关全球化的一种话语系统。目前，关于全球化的理论主要包括世界体系理论、依附理论、全球体系理论、文化全球化理论和全球化变革论等。这些理论在教育领域的运用和发展形成了教育全球化思想，主要探讨全球化进程如何在世界范围内影响国家教育政策的制定和教育的实践。教育全球化思想依据全球化的时空观来重新审视教育的核心问题：一是全球化进程对国民教育制度的自主权产生了什么影响，它在何种程度上改变了相关的教育政策和教育实践；二是全球化是怎样通过教育改革措施和教育活动来改变教育制度的；三是全球化对世界各国、各地区和不同人群的教育公平产生了什么影响②。以全球化为研究对象并对世界各国的教育理论、教育改革和实践产生重大影响的理论主要有新自由主义理论、批判理论和后现代主义理论等，并由此形成了以下关于全球化教育政策和教育实践研究的几种不同的理论视角。

1. 新自由主义和新保守主义视角的教育全球化思想

新自由主义和新保守主义正是全球化教育改革的理论基础。新自由主义继承古典自由主义经济理论中的自由经营、自由贸易等思想，强调自由化、私有化和市场化，认为离开了市场就谈不上经济，无法有效配置资源，反对任何形式的国家干预。在教育全球化进程中，新自由主义思想主张把市场引入教育领域，认为市场竞争能够提高学校教学水平、提高教育效率和减少学校成本，以市场化、私营化、选择、竞争、解制、放权、绩效等典型的意识形态来制定教育政策并引导教育改革③。新自由主义思想主张以市场机制运

---

① 戴维·赫尔德，等. 全球大变革——全球化时代的政治、经济与文化 [M]. 杨雪冬，等译. 北京：社会科学文献出版社，2001.
② 蒋衡，朱旭东. 当代西方教育与全球化理论研究评析 [J]. 比较教育研究，2010（6）：14-19.
③ 朱旭东. "教育全球化"的意识形态批判 [J]. 教育发展研究，2005（9B）：25-31.

营学校，学生是学校教育的服务对象和培育目标，也是教育消费者，因此学校教育等同于商品由学生自主选择，即强调"消费者选择"。新自由主义思想还将教育与经济密切联系起来，主张全球教育发展要以满足全球化对技能劳动者日益增长的需要为目标，要通过提高教育标准、严格考试要求、培养学生就业以应对全球化条件下的经济竞争。总体来看，新自由主义的教育全球化思想表面上看是通过市场建立竞争机制，实际上是在极端不平衡的国际秩序基础之上，借助强大的语言、技术和资本优势在全球范围内扩张市场的一种策略。

新保守主义强调在全球化进程中国家要加强对教育的控制，其政策主张包括国家课程、国家考试、高学术标准、传统教育和爱国主义教育等。而统一的标准、内容和监控被认为是实现学券制、择校等市场化措施的首要条件。基于消费者选择的市场理性能保证好学校有足够生源，淘汰不良学校，从而整体提高教育质量[1]。总之，新自由主义和新保守主义教育全球化思想认为，经济全球化和政府职能的变化将影响到全球教育体制和教育政策[2]。这些思想激发了研究者关于国际化和本土化关系的理论探讨，同时也提出在实践层面要警惕全盘西化或"以西方为中心"的倾向。

2. 后现代主义理论视角的教育全球化思想

后现代主义不是一个总体性范畴，它涉及哲学、历史、精神分析学、文学理论、音乐、美术、舞蹈、建筑等诸多领域，包括作为一种社会理论的后现代主义、作为一种哲学思潮和文化思潮的后现代主义[3]。作为哲学思潮的后现代主义的基本理论立场是强调反思与批判现代性，把批判作为认识的工具；主张多视角、多元化思维而反对单一思维；强调非理性思维而反对理性主义、科学主义与技术理性；强调不确定性和差异性而反对普遍性；推崇对话，主张人际沟通与关系重建；倡导人与自然交融而反对人类中心主义和主

---

[1] 蒋衡，朱旭东. 当代西方教育与全球化理论研究评析 [J]. 比较教育研究，2010 (6)：14 – 19.
[2] 江海燕. 教育现代化的理论和实践探索 [M]. 北京：中国社会科学出版社，2019.
[3] 杜以芬. 后现代主义社会理论维度探析 [M]. 北京：中国社会科学出版社，2018.

客二分①。总而言之，后现代主义对一切反映现代性的事物和思想进行批判与超越，是对一切传统及现代的物质生活及精神生活的全面解构②。

受后现代主义思潮影响，后现代主义教育思想强调多元、崇尚差异、主张开放、重视平等、推崇创造、否定中心和等级，去掉本质和必然，否定绝对真理的合法性③；提出与现代化教育思想不同的教育目的观、课程观、师生观、评价观和管理观等，具体如下：个性化、多样化的后现代主义教育目的；非线性、复杂性的后现代主义课程范式；关注个体、回归生活的后现代主义教学指向；相互尊重、平等对话的后现代主义师生关系；具丰富性、差异性的后现代主义教育评价；人性化、民主化的后现代主义教育管理；等等④。总的来讲，后现代主义教育思想的特征是：反对权威和去中心化；主张教育多元化和差异性；强调合作与交流；鼓励自我意识和创造性；强调平等关系；等等⑤。教育中的后现代主义反对全球教育一体化，认为全球教育将走向个体化和多元化。

3. 多元文化主义和跨文化主义视角的教育全球化思想

20世纪60年代以来，大量移民涌入欧洲、美国、加拿大和澳大利亚等发达国家和地区，多元文化主义逐渐受到社会的广泛重视。多元文化教育作为一种教育理念、一种教育策略和一场教育改革过程，试图构建一个满足各族群文化并存的局面的教育模式，以达成以下目的：一是提升不同文化的价值功能；二是关注人权并让人人都尊重那些与自己不同的人；三是尊重人类对生活方式的选择权；四是促进社会正义和所有人的机会平等；五是促进团体间权利的平等分配⑤。随着全球化进程的加快，全球社会的巨大变革对多元文化教育发展产生了深刻影响，呈现出由国家多元文化教育向全球社会多

---

①⑤ 孙小军. 略论后现代主义教育 [J]. 焦作师范高等专科学校学报，2006（4）：46-48.
② 武博. 后现代主义语境中的教育观 [J]. 当代教育与文化，2014，6（4）：8-15.
③ 韩立福. 浅论后现代主义教育观 [J]. 大家参考·教育管理，2007（2）：20-25.
④ 武博. 后现代主义语境中的教育观 [J]. 当代教育与文化，2014，6（4）：8-15.
⑤ 万明钢. 论多元文化教育的发展与面临的困境 [J]. 西北师范大学学报（社会科学版），2007（1）：58-62.

元文化教育转变的历程，即不仅协调和解决国家内部的多元文化主义问题，还致力于发展学生的全球性认同、知识、态度与技能，解决诸多全球多元文化问题，推动全球多元文化社会平等与和谐发展①。多元文化教育以消解文化霸权，实现各族群文化的分享、平等和对话为己任，但在强调文化的相似性、共同点还是强调文化的多样性之间面临两难，集中体现在面临多元、全球一体化挑战的同时如何保持民族自身的独特性和国家认同，即如何调适国家、民族利益与全世界共同利益之间的关系，此外也要考虑如何协调文化诉求、经济诉求与政治诉求的复杂关系等②。2008年，欧洲委员会颁布的《跨文化对话白皮书》宣告了多元文化主义在欧洲的失败。批评者指出多元文化教育存在缺陷，即多元文化教育的理论根基带有明显的民族主义性质，在此基础之上的课程内容、教育教学活动可能促使少数族群形成"我族中心主义"观念，进而造成"逆向歧视"；多元文化教育对文化与身份认同的理解带有本质化与还原论倾向，不能解决种族冲突或文化冲突的问题，甚至构筑了文化屏障③。对多元文化主义的批评与质疑最终使跨文化主义登上历史舞台。

跨文化主义倡导不同文化背景人群在相互尊重的基础上扩大交流，通过交流协商、确认差异进而实现跨文化合作，最终形成共同的价值观念，提升整个社会的凝聚力。多元文化仅仅是对文化多样性现状的静态描述，而跨文化主义是不同文化群体间关系不断进化的动态概念，是以多元文化主义为前提，在地方、区域、国家或国际层面上的"跨文化"交流和对话的结果。相应的，多元文化教育是以尊重不同文化为出发点，为促进不同文化集团间的相互理解，有目的、有计划地实施的一种共同平等的异文化间教育④，即通

---

① 杜钢. 美国——民族国家多元文化教育向全球多元文化教育的转向[J]. 教育学术月刊, 2010 (1): 88 - 92.

② 胡玉萍. 美国多元文化教育的理论困境与转向[J]. 北京行政学院学报, 2012 (4): 97 - 101.

③ 姜亚洲. 跨文化教育——从多元文化到跨文化[M]. 上海：上海交通大学出版社, 2021.

④ 柴宝勇, 朱其剑. 超越与反思——当代西方多元文化主义的教育观述评[J]. 理论与改革, 2007 (4): 156 - 160.

过学习其他文化,进而接受或包容这些文化。跨文化教育则是旨在超越被动共存,通过创造对不同文化群体的理解、尊重和对话,在多元文化社会中实现一种不断发展和可持续的共同生活方式①。跨文化教育一方面是出于跨文化整合政策的需要,试图使拥有不同文化背景的学习者能应对学校、社区和社会中的文化冲突;另一方面是由于文化间边界进一步模糊,特定区域内人口构成更加多样化,与来自不同文化背景的他人交流成为常态。

在跨文化主义理论逻辑下,培育学习者的跨文化能力是跨文化教育的目标所在,跨文化能力(异质群体间合作能力)成为人们需要具备的关键能力之一②,心理社会功能维度和技能、知识与态度维度以及情感、行为与认知水平维度可建构跨文化能力的ABC模型,其中身份认同是核心因素③。跨文化教育不仅仅是对常规课程的简单附加,它需要关注整体学习环境和教育过程的各个方面,如学校生活和决策、教师教育和培训、课程、教学语言、教学方法和学生互动以及学习材料等④。

除上述教育全球化思想外,有学者还提出了辩证认识全球化的批判教育理论。该理论瞄准教育中的阶级、种族和性别不平等现象,认为现行学校体系并非新自由主义教育改革所标榜的为社会全体提供了平等受教育的机会,全球化更加加剧了社会的不平等;只有教给学生真正的知识,特别是让那些因种族、性别和阶级而处于社会劣势的群体获得更多知识,才能改变现有的

---

① UNESCO. UNESCO Guidelines on intercultural education[EB/OL]. [2022 - 01 - 23]. https:// unesdoc. unesco. org/ark:/48223/pf0000147878.

② VáRHEGYI V,NANN S. Identifying intercultural competences—A research report on the field research performed in the intercultural project [EB/OL]. [2022 - 01 - 25]. https:// ec. europa. eu/migrant-integration/library-document/intercultool-project-developing-framework-model-and-assessment-tool-intercultural_en.

③ VáRHEGYI V, NANN S. Framework model for intercultural competences [EB/OL]. [2022 - 01 - 25]. https://ec. europa. eu/migrant-integration/library-document/intercultool-project-developing-framework-model-and-assessment-tool-intercultural_en.

④ UNESCO. UNESCO Guidelines on intercultural education[EB/OL]. [2022 - 01 - 23]. https://unesdoc. unesco. org/ark:/48223/pf0000147878.

社会不公平现象①。还有的国外学者将依附理论、世界体系理论运用到教育领域，提出了反全球主义教育思想②。这些思想都在一定程度上对基础教育国际化发展产生了影响。

(二) 人力资本理论

1961年，美国经济学家、诺贝尔经济学奖获得者舒尔茨（Schultz）在美国经济年会上发表题为《论人力资本投资》的演讲，标志着现代人力资本理论诞生。他认为人力资本是由人们对自身的投资而形成的有用能力所组成的，是自身知识、能力和健康等的总和；人的知识、能力、健康等人力资本的提高对经济增长的贡献远比物质资本、劳动力数量的增加更为重要。舒尔茨的人力资本理论的主要观点如下：①人力资本凝聚在人身上，是人的知识、技能、经验、智力、体力、健康、熟练程度等各方面的综合表现。②人力资本可通过投资获得，也可以通过学校教育、在职培训、营养、医疗保健、就业过程中的劳动力迁移等方面的投资活动积累发展。③投资人力资本会获得较高的投资收益率。④在投资过程中，物质资本等生产要素存在要素边际收益递减，但人力资本投资会产生递增收益。⑤人力资本和物质资本都会推动经济增长，但人力资本才是经济增长的主要源泉。20世纪80年代以来，以知识经济为背景、以技术内生化和知识积累内生化为特征的新经济增长理论开始兴起。该理论把人力资本视为经济增长模型中的内生变量，强调内生知识的积累，认为无论是学校教育形成的人力资本还是通过"做中学"（learning by doing）形成的人力资本都会对经济增长起到重要的促进作用③。人力资本理论揭示了教育对经济发展的重要作用，认为教育能够提高劳动者的素质，从而促进劳动生产率的提高；能够优化人力资源配置，从而适应经济结构的调整；能够提高管理者的决策水平和管理水平，从而提高经济效

---

① 蒋衡，朱旭东. 当代西方教育与全球化理论研究评析 [J]. 比较教育研究，2010 (6)：14-19.

② 邬志辉. 从教育现代化到教育全球化——全球化背景下中国教育发展面临的挑战研究 [D]. 上海：华东师范大学，2001.

③ 石东伟，王霞，曾馨瑢. 人力资本、产业发展与城市化耦合发展研究 [M]. 成都：四川大学出版社，2018.

益；能够促进高科技发展，从而促进经济增长①。

在教育国际化进程中，人力资本既是成本因素，又是竞争力的来源。一方面，人力资本理论主导世界教育的话语，它支持教育发展并使教育产业利润最大化，因为素质、成绩和分数与人的未来经济收入直接相关，家长为子女寻找考试辅导、文艺培训和私人辅导的投入将物有所值②。另一方面，全球竞争不论在微观层面还是宏观层面均进入了人力资本竞争时代。人力资本已逐步成为最稀缺也最具决定性的要素，它决定了一个企业、地区和国家的竞争优势③，促使政府审视和调整现有的人才政策，如更倾向于制定促进人才流动的政策，通过增强人才流动性不断更新人才的知识、阅历、技能和方法等，从而保持和提升国家的竞争力；或是不断改进教育与培训体系，鼓励终身学习，发展多样化的有利于人才成长的机制体制④。此外，各国努力完善组织制度建设，提升政府人才管理的综合调控和协调能力，尽量纠正市场在人才国际流动中的部分失灵行为等，通过各种优惠政策或便捷通道吸引高素质的国际化人才。

---

① 严建国. 人力资本理论下的教育与经济发展的关系浅析 [J]. 科教导刊, 2011 (6): 3-4.
② 乔尔·斯普林. 论教育全球化 [J]. 清华大学教育研究, 2010 (6): 1-18.
③ 杨伟国. 中国宏观人力资本竞争力审计报告·2014 [M]. 北京: 中国人民大学出版社, 2014.
④ 红亮, 赵志耘. 中国海外高层次科技人才政策研究 [M]. 北京: 中国人民大学出版社, 2014.

第二节
中国基础教育国际化面临的形势与挑战

当今世界正面临百年未有之大变局,新一轮科技革命和产业变革深入发展,国际力量对比深刻调整,和平与发展仍然是时代主题,人类命运共同体理念深入人心。同时,国际环境日趋复杂,不稳定性、不确定性明显增加,新冠肺炎疫情影响广泛而深远,世界经济陷入低迷期,经济全球化遭遇逆流,全球能源供需版图深刻变革,国际经济政治格局复杂多变,世界进入动荡变革期,单边主义、保护主义、霸权主义对世界和平与发展构成威胁[①]。我国教育发展基础更加坚实,但发展条件深刻变化,需要深刻认识错综复杂的国际环境给教育带来的新矛盾和新挑战,深刻认识我国社会主要矛盾变化给教育带来的新特征和新要求,并对此做相应的调整与改革,加快和扩大教育对外开放,形成方位更全、领域更宽、层次更多、更加主动的教育对外开放局面。

一、国际形势变化对推动我国基础教育国际化发展的要求

1. 基础教育面临全球化与逆全球化并行的新挑战

经济全球化是第二次世界大战以来,特别是20世纪90年代以来世界经济发展的重要趋势。经济全球化是政治、经济、高新技术发展的产物,社会现已发展为以科技革命和信息技术发展为先导,涵盖生产全球化、贸易全球化、金融全球化、投资全球化及区域性经济合作全球化等多个领域的经济分

---

① 中华人民共和国中央人民政府. 中华人民共和国国民经济和社会发展第十四个五年规划和2035年远景目标纲要 [EB/OL]. (2021-03-13) [2022-01-27]. http://www.gov.cn/xinwen/2021-03/13/content_5592681.htm.

工合作，世界经济变成一个整体。经济全球化增加了人们全球交往的机会和意愿，改变了不同文化族群的观念，使生产要素的全球流动更加安全，使世界更加和平与稳定。但是，贸易保护主义不断升级、全球多边机制不振、各类区域性的贸易投资协定碎片化，美欧移民政策、投资与监管政策等朝着"反全球化"方向发展。英国脱欧、民粹主义泛起，在全球范围内合流形成了逆全球化和反全球化思潮①。尤其是新冠肺炎疫情的暴发令"反全球化"的民粹声浪空前强烈，席卷欧美的民粹主义认为需要封锁边境、强调民族主义，保护好本国公民。

教育全球化是一系列全球化进程对教育的影响。教育全球化进程中，如教育资源的全球流动、教育观念的全球化、教育内容和手段的全球化、教育文凭的全球化等都使得基础教育避无可避，即便逆全球化趋势有可能进一步加剧横亘在国家间的"文明的冲突"，使阻碍国际教育交流合作的因素增多，使全球化流动遭到阻滞甚至倒退，但基础教育国际化的趋势在所难免，逃避不是办法，唯有主动出击，更加审慎地找寻发展之路。

2. 新一轮科技革命和产业变革的深入发展需要国际化人才

21世纪以来，全球科技创新进入空前密集活跃时期，新一轮科技革命和产业变革正在重构全球创新版图，重塑全球经济结构。技术发展趋势主要表现为新一代信息技术、新能源、新材料和生物技术及它们之间的深度融合，这使得产业间的边界日益模糊，信息化与工业化的深度融合、大规模集成和重组又不断推动新技术的迭代更新。科学技术前所未有地深刻影响着国家的前途命运，深刻影响着人民的生活福祉②。

随着全球化、科技发展步伐的加快，各国都希望将经济增长模式向各产业科技生产前沿移动，以占据全球价值链上技术和价值更高的优势位置。为此，教育系统必须做出相应的调整和准备：一方面需要更高效、更高质量地培养学生在未来社会中所需要的核心技能，以应对劳动市场中对高技能劳动

---

① 戴长征. 全球治理中全球化与逆全球化的较量 [J]. 国家治理, 2020 (23): 9-10.
② 求是网. 习近平总书记谈新一轮科技革命和产业变革 [EB/OL]. (2021-03-17) [2022-01-27]. http://www.qstheory.cn/zhuanqu/2021-03/17/c_1127220437.htm.

力的需求，推动以技能型科技进步为推动力的经济结构和生产方式的转型、变革与发展；另一方面继续发挥社会公平调节器的作用，整体提高人力资本回报率，促进各国实现内生型经济增长[①]。总体来看，新一轮科技革命和产业变革催生大量新产业、新业态、新模式，将给全球发展和人类生产生活带来翻天覆地的变化，将对我国传统教育方式产生颠覆性影响。国际经验表明，当一国的知识基础和技术能力越接近前沿，创新的复杂性和不确定性越高，越需要获取超过本国传统专长的知识基础和创新条件。要顺利实现从追赶向前沿引领的转型升级，迫切需要提升我国的开放创新能力，推动形成"走出去"和"引进来"深度融合的开放创新局面。未来教育尤其是基础教育发展必须以培养人才为根本目标，必须站在全球经济与科技发展趋势的高度，借鉴吸收国际成果，培养具备国际视野的人才。

二、我国在全球治理中的角色与地位对基础教育的新要求

错综复杂的国际格局与全球化进程的加速，促使各国、各经济体之间成为一荣俱荣、一损俱损的相互依存关系。世界事务越来越需要各国共同商量，建立国际机制、遵守国际规则、追求国际正义成为多数国家的共识，各国和各类国际组织日益凸显其在全球事务中的作用。中国倡导人类命运共同体意识，提出要在追求本国利益的同时兼顾他国的合理关切。构建全球人类命运共同体不仅是我国实现两个百年目标、实现中华民族伟大复兴的重要途径，也是我国承担与综合国力和国际地位相匹配的大国责任和领导力、以中国的新发展为世界提供新机遇的重要体现。作为现行国际体系的参与者、建设者、贡献者，中国以"共商、共建、共享"作为自身的全球治理理念，对全球治理体系和能力现代化进行探索与实践，力求解决治理成果失效、治理手段失灵、治理方向偏差等问题[②]，将我们的全球治理观、新安全观、新发

---

① 赵玉双. 新一轮科技和产业变革与教育应对 [EB/OL]. (2021-02-08) [2022-01-27]. https://theory.gmw.cn/2021-02/08/content_34607236.htm.
② 新华网. 中国首次明确提出全球治理理念 [EB/OL]. (2015-10-14) [2022-01-27]. http://www.xinhuanet.com/world/2015-10/14/c_1116824064.htm.

展观、全球化观等一系列新理念、新主张传播出去，让世界听到中国声音，传播中国智慧和中国方案①。

推动构建人类命运共同体，要求基础教育首先要以粤港澳大湾区建设为契机，推进两岸三地基础教育交流与合作，促进师生的国家认同与民族认同，推动形成与"一国两制"相适应的教育体系，促进港澳融入国家高质量教育体系；其次要加强中小学国际理解教育，帮助学生树立人类命运共同体意识，培养德智体美劳全面发展且具有国际视野的新时代青少年；最后还要主动服务国家对外开放战略，深度融入共建"一带一路"，通过促进基础教育领域的人文交流、增进民心相通友好互鉴，与有关国家和地区构建更加紧密的教育共同体。

三、教育需求给基础教育国际化带来的机遇与挑战

1. 民众教育需求变化带来的机遇与挑战

随着对外开放步伐的迈进，中国逐步融入全球化进程，现今已经成为世界第二大经济体、第一大工业国、第一大货物贸易国、第一大外汇储备国，成为世界经济增长的主要稳定器和动力源。中国国际地位持续提升，在国际事务中的影响力不断增大，对国际化人才的需求也持续增长。与此同时，民众对国际化教育的需求也在持续增长。一方面，出国留学需求持续存在，但受制于逆全球化、新冠肺炎疫情、目的国留学政策调整和社会环境变化等因素的影响，留学不确定性明显增加，出国接受国际教育的需求受到客观条件的抑制。另一方面，为适应未来发展和竞争，即便不出国留学，学生也需要在国内教育体系下提高国际化素养，具备全球胜任力。但目前基础教育阶段的国际化探索与实践还很不充分，欠发达地区和薄弱学校还不具备实践基础教育国际化的条件，不能很好地满足新时代人民群众日益增长的对美好生活的期盼、对高品质生活的追求，以及对体验多样化、特色化、个性化的物质生活、精神生活和接受优质教育的需求，满足民众对优质基础教育的需求刻

---

① 张莉. 加强国际传播建设，提升全球治理中的中国国际话语权 [EB/OL]. (2021-06-09) [2022-01-27]. https://theory.gmw.cn/2021-06/09/content_34910538.htm.

不容缓。

2. 教育改革带来的机遇与挑战

新时代新形势下改革开放和社会主义现代化建设、促进人的全面发展和社会全面进步对教育和学习提出了新的更高的要求。党的十八届三中全会以来，党中央对深化教育领域的综合改革做出了一系列战略部署。通过全面深化教育领域的综合改革，育人方式、办学模式、管理体制、保障机制的改革得以系统地推进，中国特色社会主义教育制度体系的主体框架基本确立，一些长期制约教育事业发展的体制机制障碍被破解，一大批基层改革创新的经验做法不断涌现，教育面貌正在发生格局性变化[①]。在教育国际化方面，各地也积极探索与实践。如2019年成都与教育部签约成为全国首个中外人文交流教育实验区，力求贯彻落实好党中央、国务院关于加强和改进中外人文交流工作的重大要求，落实好全国教育大会关于加快和扩大教育对外开放的精神[②]，充分发挥基础教育人文交流的育人功能，培养学生的中国情怀、国际视野、世界胸怀、人文素养和跨文化交流沟通能力、语言应用能力等。但是，需要看到的是，基础教育国际化与本土化如何结合、世界公民教育与国家认同的关系如何处理、基础教育如何培养国际化人才、国际课程与国家课程如何实施等的理论与实践、宏观与微观等的问题还需要不断厘清与实践，还需要通过教育自身的改革加以突破与完善。

---

① 人民网. 办好人民满意的教育 [EB/OL]. (2020-11-11) [2022-01-27]. http://edu.people.com.cn/n1/2020/1111/c1006-31926202.html.

② 中国青年网. 成都成为全国首个中外人文交流教育实验区 [EB/OL]. (2019-05-28) [2022-01-27]. https://df.youth.cn/yczq/201905/t20190528_11966752.htm.

第三节
中国基础教育国际化发展的趋势

加快和扩大新时代教育对外开放是新时代教育发展的需要，也是国家建设的需要。教育对外开放是培养造就更多优秀人才，实现"两个一百年"奋斗目标，实现中华民族伟大复兴的中国梦的主要力量。教育对外开放是文化传播的主阵地，是不同国家、不同文化的人们进行文明对话和理解的交汇地。教育对外开放也是构建人类命运共同体的重要桥梁。中国基础教育将继续探索国际化发展之路，为世界教育发展贡献中国智慧和中国方案，为我国深度、全面地参与全球教育治理打下基础。

一、注重基础教育国际化发展有关规则的建立、完善和运用

新时期中国对外开放是更深层次的开放（也称第三次开放），不仅仅是解决传统上投资贸易的数量和质量问题、技术升级和创新问题，且是重在国际话语权和规则制定权的竞争；规则制定权的竞争是国际竞争的核心，是国家实现可持续发展的需要[①]。IB 课程、AP 课程等各类国际课程在我国的引进，中小学校申请外国学校的认证、国际学校分校的设立等均是外国规则或国际规则在我国的推广与实施。中国只有建立、完善和推广自己的规则体系，才能更好地参与国际竞争，争取国际话语权。

1. 建立统一的政府主导和非政府主导相结合的国内标准

影响教育的要素包括教育者、受教育者和教育内容、教育手段、教育途径、教育环境等诸方面。基础教育国际化发展也就是上述各要素在国际进行

---

① 郑永年. 大变局中的机遇：全球新挑战与中国的未来 [M]. 北京：中信出版社，2021.

分配、流动与共享的过程，如基础教育阶段外籍教师的聘用、低龄化的留学生、国际课程的推广、互联网教育的实现等都促进了基础教育的国际化发展。目前，我国基础教育主要还是引进其他国家的教育资源，而较少向外国推广我国的教育资源与要素，主要原因在于我国基础教育的各要素尚没有建立完善的可供推广的统一标准，且国内各地已形成的一些标准也还没有得到充分认可和使用。为此，首先要将国内各地不同的关于基础教育国际化的相关规则统一起来。如教育部基础教育课程教材发展中心开发了在华国际学校（含外籍人员子女学校）和民办学校评估认证标准（NCCT），杭州、成都和广州等城市教育局也开发了面向中小学校的教育国际化窗口学校（示范校）创建标准，中国教育学会外语教学专业委员会面向外国语学校也开发了相应的评估标准，这些不同的标准实际上都指向了学校的国际化建设，完全可以统一起来作为学校国际化的建设指南、评估标准，也可以作为我国向海外开设国际学校的标准加以推广。当然，规则或标准的制定可以依据管理权限采取政府和非政府主导相结合的方式，如美国的学校认证是地方教育部门和学术团体共同组织的，德国海外学校的管理、加拿大马尼托巴省海外附属学校的管理则主要由政府主导。我国目前除对外籍人员子女学校有规范的管理外，对其他类别的国际学校（或具有国际化元素的学校）的管理整体上还很松散，有关认证也多是学校自主行为的选择，缺乏更高级别的规范管理。因此，在基础教育国际化发展较好的区域，特别是在一些实验区，有必要将规则和标准的建立与实施作为推进的重点，为标准的推广应用进行先期的研究试验，不断改进和完善有关规则或标准。

2. 梳理和重新识别现有规则，并进行改革和重建

我国基础教育要实施"引进来"和"走出去"相结合的道路，新时期是"走出去"的重要阶段。怎么"走出去"、如何"走出去"是首先要解决的问题。现在我国中小学校引进了一批国际课程、建设了一批国际学校，与国际教育"对接"起来，有利于就读学生升读国外的大学。但国际课程、国际学校反映的是西方的利益，而不是我国的利益。我国对于这些国际课程推广的基础、原则、适用性等少有研究和探索，没有真正去挖掘其中的规则为己所用。为此，需要对现有基础教育国际化的规则进行梳理和重新识别，不

能全盘接受，也不能因为有消极影响就拒之门外，正确的做法是用更完善的规则推动基础教育的改革。此外，我国基础教育也有自身的特色和优势，也可以为他国所使用和借鉴，如上海数学教育走向英国、澳洲就是一个很好的例证。随着中国影响力遍布世界，越来越多的国家开始学习汉语，全球掀起了一股汉语学习热。我国要将市场优势转为规则优势，依据课程管理理论，制定中小学数学课程、汉语课程向国际推广的国际标准、路径与策略，主动使中国基础教育走向世界。

二、注重加强与多元主体的基础教育的国际交流与合作

当前，参与全球教育治理的主体大体上包括主权国家及其政府机构、政府间国际组织（如联合国、世界银行和世界贸易组织等世界性国际组织，欧盟和非盟等地区性国际组织）、国际非政府组织（即非政府间协议组织，如教育超越国界组织和全球教育运动联盟）和其他参与全球教育事务的组织和机构（如跨国公司、智库和大众媒体）[1]。其中，政府间国际组织和国际非政府组织的影响力越来越大，如联合国教科文组织截至2020年已有成员国193个，在欧洲、美洲、亚洲、非洲等多个国家和地区建立起涉及从学前教育到中学后教育的多个第一类、第二类机构，与373个非政府国际组织、24个基金会及类似机构建立起正式合作伙伴关系[2]。多年来，我国政府层面积极参与了联合国教科文组织、世界银行、经合组织的有关活动，推进了我国基础教育的建设。随着全球教育治理更为深入、更加理性、更加和谐与更加有效地推进，我国需要主动加强与全球教育治理各主体间的联系，扩大和深化国际交流与合作，丰富基础教育国际化的内容与形式，对世界产生更加积极的影响。

---

① 孙进，燕环. 全球教育治理——概念·主体·机制 [J]. 比较教育研究，2020，42（2）：39 – 47.
② 联合国教科文组织. 非政府组织 [EB/OL]. [2022 – 01 – 26]. https://zh.unesco.org/partnerships/non-governmental-organizations.

1. 加强双边基础教育交流与合作

基础教育的管理权限主要在地方。我国各地特别是东部发达地区多与世界不同国家的不同城市、地区纷纷建立了国际友好城市关系。加强国际友城间的基础教育合作与交流能够促进民心相通、友谊相连,为友城的经济、社会发展营造良好的外部环境。目前,国际友城间的交流合作程度不一,有的进行得比较充分,有的基本处于休眠状态,有的主要集中在高等教育阶段。为发挥国际友城的作用,我国各城市未来还需要进一步深化国际友城间的内涵交流,针对基础教育的各要素进行充分的沟通、学习与借鉴,形成更具代表性、更有影响力的品牌活动。

2. 积极参与政府间国际组织的合作

教科文组织在全球教育治理中发挥着枢纽作用和引领作用。作为成员国之一,中国还需要以更加主动、更加积极的态度和行为参与到该组织的相关活动之中。如教科文组织联盟学校网络(ASPnet)由 182 个国家的 11 500 多所成员学校组成,在 2020 年 9 月至 2021 年 2 月期间,组织了来自世界各地的 2500 多名学校领导、教师、学生及家长,围绕教育如何促进可持续发展(ESD)和全球公民意识(GCED)共同思考未来的教育。我国仅有 10 所中学是成员学校,日本却有 1143 所成员学校(含学前班、中小学校、教师培训机构和职业技术机构等)[①],约占成员学校总数的十分之一。不参与就无法真正与世界各国发生联系,就无法就世界大多数国家共同关心的议题发表自己的见解,就没有发言权,更遑论占有话语权。为此,我国需要加快步伐,更广泛、更深入地参与到国际组织倡导的各项活动之中,活跃国际教育氛围,历练思想与能力,锻造国际化人才。

三、注重改善基础教育国际化发展环境

当前,关于基础教育国际化的争议颇多,如公立学校的国际化是否符合公平、伦理和社会正义;收费国际学生人数的增加可能导致财政不公正和教

[①] 联合国教科文组织. 教科文组织联盟学校网络[EB/OL]. [2022-01-27]. https://aspnet.unesco.org/en-us/Pages/Schools%20by%20country.aspx.

育不平等；国际化过程中谁将承担社会责任、为谁承担、目的如何；等等。此外，基础教育建立标准与问责已经成为多数国家提升基础教育质量的主要手段之一，特别是随着 PISA、TIMSS、TALIS 等国际教与学成就调查的实施，基于学生学业成就的大数据调查越来越受到教育研究者、管理者、实践者和政策制定者的重视。这些国际调查强调竞争、排名、择校和绩效等，窄化了学校教学内容，造成教学机械、程式化和贫瘠化，教学缺乏探索和勇气以及出现了教育的道德真空地带[①]。由于全球视野、国际理解教育、跨文化教育等理念并非国际测评的核心范畴，管理者、实践者趋利避害在所难免，再加上缺乏充分的社会政策、资金和理解，使得这些要素纳入正规基础教育系统变得困难，甚至被认为增加了师生的额外负担，极大程度上阻碍了基础教育国际化的发展进程。为此，未来基础教育国际化需要营造良好的发展环境。

1. 拓宽基础教育国际化的实现途径

基础教育国际化的探索是教育要素和资源的全方位探索，涉及国际化的政策制度、国际化的教育质量标准、教师的国际化素养、课程内容的国际化、学生培养知识能力的国际化标准以及教学模式、教学方法和手段的国际化等多个方面。我国教育行政部门、中小学校应结合自身实际情况，在上述领域扩大国际交流与合作，借鉴世界先进教育成果为己所用，同时也应注意总结提炼本土教育特色和优势向国际推广，讲好中国故事。

2. 切实扩大学校办学自主权，激发办学活力

政府通过立法、政策等途径进行国际化发展的宏观指导，有的还将之作为衡量一所学校发展水平的重要尺度。但在实践层面，中小学校是国际交流与合作的主体，受到人力、财力和外部管理与评价等诸多制约。为此，应该明晰政府、学校的权责边界，处理好政府办学主体责任和学校办学主体地位之间的关系，尽量做到既规范学校的办学行为，又应放尽放，让学校在遵循学科教学基本要求的基础上能够自主安排教学计划、自主运用教学方式、自主组织研训活动、自主实施教学评价；让学校能够根据办学实际需要自主使

---

① 祝刚. 全球教育改革中也有一种"病毒"在传播——PISA 时代的全球教育治理及其反思 [J]. 上海教育，2020（12）：44-45.

用经费,自主聘用教师,激发学校推进国际化进程的动力和活力。

3. 培养并提高教师的国际化素养

教育国际化对学生适应全球合作与竞争的能力提出了新要求,同时也对教师素养提出了新挑战。学校课程与教学的融合发展、国际交流合作和校园国际化建设均有赖于教师国际化素养的提升。为此,不论是教师的职前教育培养还是在职学习培训,均应该增加有关国际理解教育、跨文化教育、全球教育可持续发展、世界公民意识等方面的知识和能力的学习培训,使教师获得关于全球化和本土化、全球竞争与合作的概念、意识、责任感和行动力,成为具有国际视野、通晓国际规则、能够参与国际事务和国际竞争且业务精湛的高素质教师,为发展具有中国特色、世界水平的现代化教育做出贡献。

教育公平和教育质量是基础教育追求的主线,基础教育国际化发展的目标就是围绕人才培养的核心任务,不断吸收学习国际先进的教育经验,追赶世界先进水平并最终超越。总体来说,政府和整个社会要着力创设适合国际化人才成长的良好的经济、文化、制度和政策环境,为基础教育至高等教育乃至继续教育的国际化人才培养提供系统性支撑和保障。

参考文献

[1] 赵健. 东西相遇中的基础教育——关于国际化的辨思[J]. 世界教育信息, 2015, 28(1): 43-44.

[2] 李成明, 张磊, 王晓阳. 对国际化人才培养过程中若干问题的思考[J]. 中国高等教育, 2013(6): 18-20.

[3] 陈尚宝. 对话与融合: 基础教育国际化的认识与实践——首届"中外卓越校长南山对话"综述[J]. 中小学管理, 2011(8): 28-30.

[4] 周满生. 对基础教育国际化的理性思考和路径探讨[J]. 中小学管理, 2017(5): 5-8.

[5] 刘薇禛, 刘子琛, 李阳. 改革开放四十年中国教育国际化进程的亲历者——访中国教育发展战略学会副会长、国家教育发展研究中心研究员周满生[J]. 留学, 2019(2): 38-41.

[6] 本刊编辑部. 高端对话——教育国际化、信息化促进创新人才培养(上)[J]. 世界教育信息, 2013(8): 61-67.

[7] 张天劲. 高位推进区域基础教育国际化[J]. 中国西部, 2013(15): 46-49.

[8] 王从连. 高中教育国际化的实践与思考[J]. 素质教育大参考, 2014(13): 9-12.

[9] 董松寿. 高中教育国际化区域推进的现状、问题与对策[J]. 世界教育信息, 2014(4): 43-45.

[10] 王懋功. 构建教育国际化新格局[J]. 上海教育, 2003(4A): 41.

[11] 黄翎啁. 构建可持续的中英基础教育伙伴关系[J]. 世界教育信息, 2014, 27(6): 43-46.

[12] 李树花. 关于基础教育国际化的思考[J]. 天津市教科院学报, 2010(5): 38-39.

[13] 周南照. 关于教育国际化的政策思考[J]//中国教育国际化研讨会. 教育部教育发展研究中心, 2015.

[14] 邱立中. 国际化、区域化与本土化: 全球教育改革多元化趋势——"第五届世界比较教育论坛"综述[J]. 宁波职业技术学院学报, 2014: 18(6): 1-4.

[15] 赵萱, 宋海云, 赵亮. 国际视野 本土行动 中外融合 学会共存——上海市两所学校外籍学生管理的个案研究[J]. 现代教育科学(高教研究), 2010(10): 34, 124-125.

[16] 佚名. 宏观与微观并重 理论与实操结合 "深圳教育论坛·教育国际化与基础教育改革"千人大会成功举办[J]. 中学政治教学参考, 2011, 429（Z2）: 131.

[17] 佚名. 话题: 基础教育国际化, 我们准备好了吗[J]. 人民教育, 2014（10）: 16.

[18] 考察团. 基础教育国际化: 教育多元化的必然选择——SABIS国际教育机构考察报告[J]. 教育发展研究, 2006（10）: 82-87.

[19] 覃云云. 基础教育国际化背景下多元化办学的实践探索——东西方国际教育多元化办学专家研讨会综述[J]. 世界教育信息, 2011（5）: 75-76.

[20] 任友群. 基础教育国际化的反思与师范大学的责任[J]. 世界教育信息, 2014（2）: 35-39.

[21] 周满生. 基础教育国际化的若干思考[J]. 教育研究, 2013（1）: 65-68.

[22] 周满生. 基础教育国际化的思考与实践探索[J]. 世界教育信息, 2014, 27（2）: 11-17.

[23] 周满生. 坚持改革开放推动基础教育的国际交流与合作[J]. 世界教育信息, 2018, 31（24）: 17-19, 28.

[24] 项贤明. 基础教育国际化的应有之义[N]. 光明日报, 2015-07-14.

[25] 杨旭. 基础教育国际化发展的实践成果与路径探索[J]. 辽宁教育, 2021（4）: 2.

[26] 李惠胤. 基础教育国际化和国际教育的范式研究——深圳宝安外国语学校中加合作项目之探索[J]. 南方论刊, 2018（4）: 87-90.

[27] 左罡. 基础教育国际化进程中存在的误解、问题和解决方案[J]. 世界教育信息, 2014, 27（9）: 58-60.

[28] 赵萱. 基础教育国际化进程中混班就读外籍学生的教育图景[D]. 上海: 华东师范大学, 2012.

[29] 吴颖惠. 基础教育国际化开启中小学综合教育改革之门[J]. 世界教育信息, 2014（9）: 54-59.

[30] 高瑜. 基础教育国际化实践方向探明[J]. 教育理论与实践, 2015, 35（17）: 9-11.

[31] 靳国庆. 基础教育国际化为孩子铸就初心[J]. 教育艺术（6）: 2.

[32] 王凯. 基础教育国际化须防窄化和异化[J]. 教书育人, 2017（5）: 1.

[33] 陈路平. 基础教育国际化研究综述[J]. 新校园（中旬）, 2018（5）9: 10.

[34] 倪闽景. 基础教育国际化要迎接挑战[J]. 上海教育, 2011（6）: 42.

[35] 周满生. 基础教育如何国际化[J]. 师资建设, 2016（1）: 61.

[36] 叶莎莎. 基础教育如何走出"国际范儿"[J]. 云南教育: 视界, 2014 (23): 12-15.

[37] 刘康宁. 基础教育现代理念的国际化视角探析[J]. 云南财贸学院学报（社会科学版），2003 (6): 113-114.

[38] 熊建辉, 陈敏. 加强国际合作引进优质资源 提升教育国际化水平——中法留学教育论坛暨国际教育交流与合作会议综述[J]. 世界教育信息, 2010 (7): 20-25.

[39] 金莺莲. 教育的国际化与本土化: 教学变革与教师发展——"联合国教科文组织华东师范大学教师教育教席联席学校网络第五届论坛"综述[J]. 中小学管理, 2011 (12): 11-13.

[40] 张红. 教育的国际化与未来学校发展[J]. 天津市教科院学报, 2006 (3): 81-84.

[41] 蒋亦璐. 教育对外开放与比较教育的时代使命——中国教育学会比较教育分会第十八届年会综述[J]. 世界教育信息, 2017, 30 (3): 7-11.

[42] 董祥智. 教育国际化[J]. 湖北教育: 政务宣传, 2002 (2): 46.

[43] 周满生. 教育国际化: 概念、特征与趋势[J]. 世界教育信息, 2013, 26 (13): 12-16.

[44] 佚名. 教育国际化: 机遇还是挑战？[J]. 亚太教育, 2015 (2): 12.

[45] 胡荣堃. 教育国际化的理解与实践——对北京市普通高中校长的调查研究[J]. 北京教育学院学报, 2016, 30 (6): 70-74.

[46] 林静. 教育国际化的目标审视与探讨——北京乐成教育研究院"提升学生的全球竞争力"教育论坛采撷[J]. 中国教师, 2013 (21): 8-11.

[47] 黄丽娟. 教育国际化的内涵及在我国的发展路径[J]. 中小学校长, 2018 (2): 70-71.

[48] 朱兴德. 教育国际化及其未来走向[J]. 世界教育信息, 2014, 27 (17): 60-67.

[49] 朱兴德. 教育国际化及其最新发展[J]. 中国高等教育, 2014 (11): 60-63.

[50] 刘旭彩, 程耀忠. 教育国际化进程中的国际学校及其对双语教育的启示[J]. 教育与职业, 2011 (30): 176-177.

[51] 王静, 任建华. 教育国际化经营模式及意义研究[J]. 煤炭高等教育, 2012, 30 (1): 22-24.

[52] 刘金洲, 张蕊, 李亚明. 教育国际化趋势下我国高中国际办学研究[J]. 教育教学论坛, 2013 (35): 268-270.

[53] 沈健. 教育国际化视野下的学校领导力建设[J]. 江苏教育研究, 2009 (2): 4-6.

[54] 李艳, 伍思翰, 郭成. 教育国际化视野下双语教育的实践和反思[J]. 现代中小学教育, 2012 (5): 1-3.

[55] 杨志成. 教育国际化是品牌学校的必然追求 [J]. 北京教育（普教版），2013（7）：27-29.

[56] 本刊编辑部. 教育国际化与 STEM 课程 [J]. 上海教育，2012（11）：1.

[57] 熊冠恒. 教育国际化与教育自觉 [J]. 深圳信息职业技术学院学报，2013（2）：21-25.

[58] 张成刚. 教育国际化之路还有多远？[J]. 亚太教育，2018（1）：4-6.

[59] 佚名. 教育如何国际化：中美校长思想大碰撞 [J]. 亚太教育，2015（2）：15-16.

[60] 何颖. 教育体制改革促进与规约下的中国基础教育国际化 [J]. 教学与管理（中学版），2012（7）：3-5.

[61] 周满生. 课程建设与改革：基础教育国际化的关键 [J]. 课程教材教学研究（中教研究），2014（Z1）：83.

[62] 张璐. 跨文化教育：中国基础教育国际化的现实战略 [J] // 第十三届上海国际课程论坛，2015.

[63] 本刊编辑部. 立德树人 内涵发展 努力建设基础教育课程教学综合改革示范实验区——教育部基础教育课程教材发展中心实验区工作综述 [J]. 基础教育课程，2013（5）：7-8.

[64] 毕娟. 论教育国际化的必然性与对策 [J]. 辽宁教育研究，2005（4）：40-41.

[65] 周南照. 论教育国际化的多元内涵、战略意义与实施途径 [J]. 世界教育信息，2011（5）：11-19.

[66] 程红兵. 漫谈"教育国际化吗"[J]. 未来教育家，2015（7）：66-67.

[67] 钱铁锋. 漫谈基础教育的国际化 [J]. 华夏教师，2014（3）：15-18.

[68] 周满生. 面对国际化的角逐与交融 [J]. 辽宁教育，2015（3X）：26-27.

[69] 张力玮，熊建辉，陈敏. 民办学校国际化方略——专访汇佳教育机构总裁、董事长王志泽 [J]. 世界教育信息，2012（13）：5-10，33.

[70] 田青地. 浅谈高中教育国际化发展的困境与突破 [J]. 世界教育信息，2015：33（6）：2.

[71] 曾令格. 浅谈基础教育与教育国际化 [J]. 教育：教学科研（下旬），2011（3）：50-51.

[72] 黄平琴. 浅谈中国基础教育改革 [J]. 教书育人：校长参考，2015（2）：71-73.

[73] 张天劲. 区域推动基础教育国际交流合作的路径选择与战略思考 [J] // 教育部教育发展研究中心. 中国教育国际化研讨会论文集，2015.

[74] 尹后庆. 全球化时代，用国际视野去推进基础教育的改革与发展 [J]. 上海教育，

2014（9）：10.

[75] 王华丽. 全球化视野下的我国基础教育改革［J］. 科教文汇，2009（7）：38.

[76] 李薇. 全球教育改革：国际化·区域化·本土化——第五届世界比较教育论坛综述［J］. 世界教育信息，2015（11）：5-9.

[77] 刘彭芝. 融合中外教育精华 培养国际化创新人才——中国人民大学附属中学提高教育国际化水平的实践与思考［J］. 世界教育信息，2011（4）：37-39.

[78] 李雯. 如何理解教育国际化？［J］. 中小学管理，2011（9）：22-25.

[79] 周洁. 省级示范高中教育国际化的现状研究［J］. 基础教育研究，2016（9）：10-14.

[80] 张萌. 示范性高中办学国际化研究［D］. 上海：华东师范大学，2011.

[81] 周满生. 树立基础教育国际化的战略思维［J］. 教师教育学报，2014，1（2）：1-3.

[82] 钟秉林. 推进教育国际化，促进学校内涵建设［J］. 中国教育学刊，2014（9）：7.

[83] 柯志骋，王雅雪. 我国基础教育国际化的理性思辨——基于中国期刊网（CNKI）2001—2016年发表文献的比较研究［J］. 韶关学院学报，2017，38（11）：24-29.

[84] 赵书琪. 我国基础教育国际化研究的回顾与展望——基于2004—2014年CNKI期刊数据的分析［J］. 贵州师范学院学报，2015，31（12）：56-60.

[85] 荆孝民. 以国际化和信息化助推高品质学校建设——甘肃省2019"一带一路"中小学校长国际论坛综述［J］. 西北成人教育学院学报，2020（3）：103-106，112.

[86] 杜越. 以教育国际化战略提升中国国际竞争力［J］. 世界教育信息，2011（5）：9-10，19.

[87] 罗乔. 以课程改革推进基础教育国际化［J］. 成都中医药大学学报（教育科学版）2013（3）：103-104.

[88] 钱朝霞. 引领教育国际化提升教育产业链——基础教育国际化及国际化人才培养经验交流研讨会在杭召开［J］. 杭州（生活品质版），2013（4）：71.

[89] 谢凡. 迎接教育国际化新时代中国教育国际化论坛在京召开［J］. 教师，2011（15）：9.

[90] 陈敏，张力玮. 迎接中国基础教育国际化新时代——中国基础教育国际化分论坛与对话专场综述［J］. 世界教育信息，2011（5）：43-48.

[91] 傅林，高瑜. 再论基础教育国际化［J］. 四川师范大学学报（社会科学版），2014，41（2）：13-17.

[92] 张德辉. 在教育国际化背景下促学校特色发展［J］. 时代教育，2015，（4）：198.

[93] 王建忠. 着力教育综合改革推进教育国际化实验［J］// 教育部教育发展研究中心.

教育部教育发展研究中心，2015．

[94] 滕珺．中国比较教育视域下"教育国际化"研究的回顾与展望——基于《比较教育研究》1987—2014 年发表成果的内容分析［J］．比较教育研究，2015（5）：39-46．

[95] 李世清．中国高中教育如何与国际高等教育接轨［J］．世界教育信息，2014（12）：56-59．

[96] 刘彭芝．中国教育的国际化是立足于本土的国际化［J］．上海教育，2012（2）：11．

[97] 王元丰，李克平．中国教育改革的回顾与展望［J］．智库理论与实践，2016，1（6）：26-32．

[98] 庞孝瑾．中小学教育国际化的新取向——教学引领［J］．中国教师，2021（12）：9-12．

[99] 龚海平．准确理解教育国际化 坚定推进双语教育——中国基础教育双语教育发展 2019 年度研究报告［J］．江苏，2021（82）：9-15．

[100] 郭涵．自主，创新——探索教育国际化的必由之路［J］．未来教育家，2015（7）：71-73．

[101] 易红郡，曾令琴．近十年教育国际化研究综述——基于 2010—2019 年 CNKI 与 WOS 期刊文献的定量分析［J］．比较教育研究，2020，42（5）：44-52．

[102] 佚名．关注国际课程的准入、实施与管理［J］．上海教育科研，2013（8）：2．

[103] 龚作导．基础教育国际化背景下高中校本课程开发实践——以广州市南沙第一中学为例［J］．基础教育课程，2017（2）：60-64．

[104] 杨骞．基础教育国际化课程的创新实践与模型建构——以"枫叶课程"为例［J］．中小学教学研究，2019，221（5）：3-8．

[105] 杨明全．基础教育国际课程的认识误区与本土化抉择［J］．中国教育学刊，2018（1）：67-71．

[106] 张绍军，张传燧．基础教育课程改革的国际化与本土化［J］．教育科学研究，2014（3）：17-23．

[107] 沈军．课程搭台-项目助力-打造国际化的基础教育——以北京市八一中学为例［J］．世界教育信息，2014，27（18）：48-52．

[108] 杨骞．论国际课程本土化与本土课程国际化——兼谈国际课程引进的过去、现在与未来［J］．辽宁教育，2019（16）：36-40．

[109] 杨梦雅．浅析中学外语教学中的跨文化教育［J］．天津教育，2014（10）：47-48.

[110] 叶志强．数学教育国际化的特点及启示——基于"中国首届数学教育研究方法培训会"［J］．数学教育学报，2015（24）：102.

[111] 官兵．我国中学国际课程管理与实施的比较研究［D］．重庆：重庆师范大学，2014.

[112] 胡兰．国际学校的教师专业发展研究［D］．上海：华东师范大学，2009.

[113] 牛树林．基础教育国际化背景下河南教师专业发展的审视与反思［J］．现代职业教育，2017（29）：248-249.

[114] 王艳．基础教育国际化背景下教师专业发展策略［J］．现代中小学教育，2017（1）：66-69，74.

[115] 关璐佳．基础教育国际化背景下教师专业发展的审视与反思［J］．课程教育研究，2018（51）：191.

[116] 王艳．基础教育国际化背景下教师专业发展的审视与反思［J］．教育评论，2017（1）：106-110.

[117] 柯志骋．基础教育国际化背景下我国中学校长国际化领导力的模式浅析［J］．教育导刊（上半月），2018，629（3）：45-52.

[118] 王晓宁，浦小松．基础教育国际化视野中的教师国际素养测评研究［J］．基础教育，2017，14（5）：61-75.

[119] 吴军其，周思慧，任飞翔．教师教育国际化视野下的师范生海外研修项目现状、反思与推进策略［J］．现代教育科学，2020（6）：6.

[120] 冯永玲．教育国际化：我国师范教育面临的机遇与挑战［J］．盐城师范学院学报（人文社会科学版），2002，22（4）：142-144.

[121] 李俊英．教育国际化背景下的中学教师专业发展的几点认识［J］．中学生英语，2018（46）：61.

[122] 刘春明，程耀忠．教育国际化背景下基础教育双语师资培养实验研究——长春师范学院的实践［J］．2021（2011-6）：30-33.

[123] 陈婷婷．教育国际化背景下教师专业发展个案研究［D］．重庆：西南大学，2019.

[124] 黄芸．教育国际化背景下中学英语教师跨文化素养培养研究［D］．成都：四川师范大学，2017.

[125] 庄小凤．深化教育国际交流与合作 提升教师专业发展水平［J］．世界教育信息，2013（3）：7-10.

[126] 李文玉,代显华,付晓帆.《教育与教学研究》编委会会议暨"新时代教育:文化坚守与国际融合"国际教育论坛综述[J].教育与教学研究,2018,267(6):120-131,136.

[127] 苏洋,吕云震.全球教育改革:国际化·区域化·本土化——"第五届世界比较教育论坛"会议综述[J].比较教育研究,2014(12):103-106.

[128] 周莉.高中地理校本课程国际化的实践与探索——以《北京一〇一中学国际部高中地理探究补充教材》为例[J].中学地理教学参考,2014(10):10-12.

[129] 赖晗梅.国际理解教育应该是有"根"的教育——谈成都市东城根街小学教育国际化[J].世界教育信息,2012(14):42-44.

[130] 周继文.国际理解主义在基础教育中的运用[J].教师,2010(2):108.

[131] 吴颖惠.基础教育国际化视角下的国际理解教育[J].北京教育(普教版),2014(5):49-50.

[132] 罗美娜.基础教育课程国际化的比较研究——澳大利亚"亚洲战略"与我国"非洲战略"的思考[J].浙江师范大学学报(社会科学版),2016,41(5):103-108.

[133] 陈丰丹,许锋华.基于教育国际化背景的国外课程植入研究[J].教学月刊(中学版),2014(10):44-47.

[134] 程耀忠,刘春明.论教育国际化进程中双语教育的战略意义[J].世界教育信息,2012,25(6):54-55,64.

[135] 徐士强.面向境内学生的普通高中国际课程政策研究[D].上海:华东师范大学,2015.

[136] 李艳,张虹,伍思翰,等.浅论教育国际化视野下的双语教育[J].教育与教学研究,2012,26(5):36-39.

[137] 樊凯袁.试论新时期中国基础教育体育课程改革的"国际化"与"本土化"成因及影响[D].成都:四川师范大学,2015.

[138] 龙敬.双语教学视阈下的小学国际理解教育——以成都市为例[J].成功:教育,2013(22):142-143.

[139] 李碧静.我国基础教育科研国际化的路径探索——兼访近四年国内高等师范院校S刊高产学者[J].新教师,2017(5):11-13.

[140] 尹后庆.引进高中国际课程的价值判断和政策设计[J].世界教育信息,2014,27(2):18-24.

[141] 朱竹.在国际化课程中提升学生综合素养[J].北京教育(普教版),2020

(8)：1.

[142] 孙丽．注重母语、强化外语、探索教育国际化——"十二五"办学特色新思路[J]．新课程导学，2012（35）：5.

[143]《中国教育年鉴》编辑部．中国教育年鉴（1949—1981）[M]．北京：中国大百科全书出版社，1984.

[144] 全日制中学暂行工作条例（草案）[Z]．1963-3.

[145] 教育部．关于开办外国语学校的通知[Z]．1963-7-15.

[146] 新学说．国际化学校的发展概况[M]．北京：社会科学文献出版社，2017.

[147] 王辉耀，苗绿．国际学校在中国的发展[M]．北京：社会科学文献出版社，2014.

[148] 周玲，刘锦桐，王文姝．国际学生评估项目（PISA）在中国：认识与反思[M]．北京：社会科学文献出版社，2020.

[149] 林金辉．高中阶段中外合作办学的路子怎么走[J]．人民教育，2012（12）：7-9.

[150] 钱志龙．中国教育国际化现状及发展趋势[M]．北京：社会科学文献出版社，2019.

[151] 汪明，张姗姗．高中"国际班"的现状、问题与走向分析（2002—2015）[M]．北京：社会科学文献出版社，2015.

[152] 何浩．积极推动国际教育交流合作 提升四川对外开放水平[J]．世界教育信息，2014，27（2）：52.

[153] 杨孝如．江苏教育国际化的回顾与前瞻——专访江苏省教育厅副厅长丁晓昌[J]．江苏教育研究，2009，42（6）：22-23.

[154] 缘泉，赵锋文．教育国际化[J]．少先队活动，2011（1）：38.

[155] 赵锋．培养全球意识的公民 香港基础教育国际化掠影[J]．上海教育，2010（13）：24-27.

[156] 闫闯．台湾地区基础教育国际化的策略及启示[J]．世界教育信息，2012（17）：72-74.

[157] 李丽洁．我国基础教育国际化发展路径设计——对丹麦教育国际化的实践反思[J]．教学月刊（中学版），2011（10）：8-10.

[158] 熊冠恒．携手国际化，迈上新台阶——珠三角地区教育创新与发展的机会选择[J]．广东教育（综合版），2009（3）：11-12.

[159] 容中逵，刘要悟．民族化、本土化还是国际化、全球化——论当前我国基础教育

课程改革的参照系问题 [J]. 比较教育研究, 2005 (7): 19-24.

[160] 荆孝民. 跨文化教育视野下普通高中教育国际化研究 [D]. 兰州: 西北师范大学, 2016.

[161] 黄睿, 何雪琴. 从美国高中看我国中等教育国际化过程中的选修课管理 [J]. 教学管理与教育研究, 2018, 3 (11): 118-120.

[162] 孙珂. 英国21世纪教育国际化政策探析 [J]. 外国教育研究, 2015, 42 (11): 120-128.

[163] 张秋旭, 杨明全. 英国基础教育国际化初探: 实践策略与启示 [J]. 中国教师, 2018 (11): 113-117.

[164] 郑彩华. 英国中小学课程中的国际与全球维度及启示 [J]. 基础教育, 2012 (9): 77.

[165] 林加良. 英国推进教育国际化的做法 [J]. 广东教育 (综合版), 2012 (4): 62-63.

[166] 宋冰. 在香港看基础教育国际化 [J]. 未来教育家, 2013 (4): 58-59.

[167] 刁文芳. 小学教育国际化实践研究 [D]. 广州: 广州大学, 2018.

[168] 张红梅. 德国基础教育发展与改革的趋势 [J]. 世界教育信息, 2017, 30 (20): 58-64.

[169] 彭正梅. 德国教育学概观: 从启蒙运动到当代 [M]. 北京: 北京大学出版社, 2011.

[170] 姜思源, 韩仪菲. 德国教育体制及其启示 [J]. 吉林农业科技学院学报, 2019, 28 (1): 22-24.

[171] 刘鹏. 新加坡的教育国际化及对中国的影响 [J]. 东南亚研究, 2013 (3): 59-66.

[172] 徐颖. 浅析新加坡高等教育的国际化发展战略 [J]. 浙江师范大学学报 (社会科学版), 2003 (3).

[173] 徐志伟. 新加坡教育公共服务的特色及对我国的启示 [J]. 基础教育研究, 2011 (5): 53-55.

[174] 束定芳, 朱彦, 等. 基础教育阶段英语课程标准国别研究报告 [M]. 上海: 上海外语教育出版社, 2018.

[175] 柳水平. 试析新加坡教育政策的基本理念 [J]. 武汉市教育科学研究院学报, 2007 (2): 45-47.

[176] 何钰婧. 教育国际化的若干国家政策比较及其启示 [J]. 新西部, 2018 (29): 154, 168.

[177] 刘燕, 王辉. "一带一路"上的新加坡: 国家多语, 个人双语 [J]. 海外华文教育动态, 2016 (3): 2.

[178] 张民选. 新加坡案例: 拓展国际教育 建设世界校园 [J]. 高等教育研究, 2004, 25 (2): 89-93.

[179] 张玲. 浅析新加坡"环球校园"计划 [J]. 成都师范学院学报, 2011, 27 (10): 1-3.

[180] 陈雪芬, 蔡瑞琼. 为生活而学习: 新加坡基础教育改革新动向 [J]. 比较教育研究, 2021, 43 (5): 45-51.

[181] 薇薇恩·斯图尔特. 面向未来的世界级教育 [M]. 张煜, 李雨英子, 张浩然, 译. 杭州: 浙江人民出版社, 2017.

[182] 詹亚. 20世纪90年代以来的日本基础教育改革政策研究 [D]. 昆明: 云南师范大学, 2006.

[183] 臧佩红. 试论当代日本的教育国际化 [J]. 日本学刊, 2012 (1): 90-101.

[184] 伞峰. 日本教育改革的基本经验 [M]. 北京: 社会科学文献出版社, 2007.

[185] 张铁道, 张婷婷. 首都中小学教育国际交流与合作现状及特点 [J]. 北京教育 (普教版), 2012 (6): 54-55.

[186] 金春玉. 浅谈北京中小学教育国际化 [J]. 成功: 教育, 2011 (2): 224.

[187] 郑登文. 科学发展: 首都基础教育国际化的根本要求 [J]. 北京教育 (普教版) 2011 (12): 1.

[188] 曹跟林. 黄浦区推进教育国际化进程的实践与思考 [J]. 世界教育信息, 2014 (5): 46-50.

[189] 李军. 上海基础教育国际化发展的支持系统建设 [J]. 世界教育信息, 2014, 27 (10): 24-28.

[190] 傅禄建. 上海教育国际化路在何方 [J]. 上海教育, 2016 (36): 64.

[191] 李军. 经济发达地区基础教育国际化现状、问题与未来发展路径研究——以上海市P区为例 [J]. 当代教育科学, 2015 (10): 41-43.

[192] 孙城. 上海市闵行区专题研讨"国际理解教育" [J]. 上海教育科研, 2012 (9): 36.

[193] 杜俭. 拓宽视野构建平台注重过程着力内涵——上海市徐汇区基础教育国际化探索与实践 [J]. 世界教育信息, 2014 (2): 60-62, 76.

[194] 罗阳佳，徐星，吴敏. 寻路之旅——上海基础教育课程国际化的探索与思考［J］. 上海教育，2010（12）：17-22.

[195] 应琛，葛妍. 洋校"鲶鱼"搅动上海——唐盛昌谈上海国际化教育［J］. 新民周刊，2014（37）：38-41.

[196] 薛寒. 成都（锦江）教育国际课程中心挂牌［J］. 中国教育学刊，2010（10）：8.

[197] 佚名. 成都教育充分国际化三年行动计划（2012—2014年）［J］. 世界教育信息，2012（14）：9-10.

[198] 佚名. 成都教育扩大对外开放 推进教育国际化工作方案［J］. 世界教育信息，2012（14）：7-8.

[199] 闵菲. 成都市基础教育国际化现状分析及对策研究［D］. 成都：四川师范大学，2011.

[200] 佚名. 成都市区（市）县推进教育国际化工作评价指标体系（试行）［J］. 世界教育信息，2012（14）：9-11.

[201] 龙春雨，尤竹青，何慧，等. 全面筑牢教育现代化的"武侯样本"——成都市武侯区推进"学有良教"深度追踪［J］. 中国西部，2013（21）：44-48.

[202] 陈兵. 武侯区域教育国际化的实践与探索［J］. 世界教育信息，2014，27（6）：57-59，63.

[203] 王丽英. 以国际化视野创山城教育新格局——访四川省成都市成华区教育局局长李香贵［J］. 基础教育参考，2011（2）：8-9.

[204] 牛树林. 纵深推进河南省基础教育国际化的理性思考［J］. 教育现代化，2017（51）：132-133.

[205] 潘冬云. "学校教育国际化实验"的探究与实践［J］. 河南教育（基教版）（上），2013（9）：13.

[206] 杨启光，陈明选. 关于无锡中小学教育国际化特色发展的思考［J］. 江苏教育研究，2010（10）：24-26.

[207] 郑彩华. 国际理解教育：天津基础教育的战略选择［J］. 天津市教科院学报，2012（2）：8-11.

[208] 熊芬. 教育国际化：昆明教育发展的必由之路［J］. 教育教学论坛，2020（38）：55-56.

[209] 彭彦怀. 昆明市高中阶段教育国际化发展现状与对策研究［D］. 昆明：云南师范大学，2013.

[210] 赵成发. 辽宁省教育国际化对接自贸区建设研究 [J]. 才智, 2020 (18): 211.

[211] 张传民. 论青岛市教育国际化发展战略 [D]. 济南: 山东师范大学, 2006.

[212] 刘大革. 区域基础教育国际化置辩——以广州市南沙区基础教育国际化示范实验区项目设计为例 [J]. 全球教育展望, 2013 (10): 68-75.

[213] 徐晓燕. 苏州工业园区中小学国际理解教育的实践研究 [D]. 苏州: 苏州大学, 2010.

[214] 贾欣岚, 张健青. 提高天津市教育国际化水平研究 [J] // 天津市社会科学界学术年会文集, 2011.

[215] 李丽洁. 天津市义务教育国际化发展路径研究 [J] // 新规划·新视野·新发展——天津市社会科学界第七届学术年会优秀论文集天津学术文库(中), 2011.

[216] 赵建华, 陈国明. 宁波基础教育国际化的现状及提升路径 [J]. 宁波教育学院学报, 2016 (5): 105-108.

[217] 刘根平. 对标国际打造教育的"南山质量"——深圳市南山区域推进教育国际化的实践与思考 [J]. 世界教育信息, 2014, 27 (2): 59-62.

[218] 叶文梓. 深圳基础教育国际化的发展战略和实践探索 [J]. 世界教育信息, 2014 (5): 51-56.

[219] 李春红. 基础教育国际化学校发展历程及特点探析——基于深圳的实证研究 [J]. 世界教育信息, 2017 (10): 48-53.

[220] 颜辉. 深圳教育国际化与现代化国际化先进城市建设 [J]. 教育导刊, 2012, 485 (3): 18-21.

[221] 彭杏月. 中美基础教育国际化论坛在青岛举办"加州学校"落户青岛 [J]. 留学, 2016 (8): 22.

[222] 杜新秀. 京沪基础教育国际化发展经验及其对广州的启示 [J]. 教育导刊, 2016 (11): 88-93.

[223] 朱凯. 北京市八一中学基础教育国际化的实践研究 [J]. 世界教育信息, 2014, 27 (2): 63-66.

[224] 郭伟, 朱婷婷. 建设一流水准的国际化外国语学校——访北京市北外附属外国语学校校长林卫民 [J]. 世界教育信息, 2015, 28 (20): 59-64.

[225] 李杰. 广西普通高中国际班发展现状调查研究 [J]. 中学教学参考, 2015 (18): 1-4.

[226] 胡国胜. 广州市英东中学基础教育国际化实践与探索 [J]. 课程教育研究,

2017: 29.

[227] 李卫东. 普通高中国际化、多元化人才培养体系的探索与实践——以广东省华附南海实验高中为例[J]. 西部素质教育, 2018, 4 (21): 18-19.

[228] 王志泽, 钱丽霞. 汇佳教育国际化进程与启示[J]. 世界教育信息, 2012, 25 (2): 71-74.

[229] 佚名. 基础教育国际化的探路者——记南京外国语学校仙林分校中学部[J]. 中学政治教学参考, 2015 (12): 4.

[230] 平怀林. 立足本土·放眼世界: 一所普通中学的教育国际化之路[J]. 中小学管理, 2018, 326 (1): 49-51.

[231] 刘飞. 面向教育国际化的"芳草课程"[J]. 北京教育(普教版), 2014 (6): 49.

[232] 周文良. 全人培养促发展多元开放立特色——川大附中教育国际化的探索之路[J]. 世界教育信息, 2014, 27 (2): 67-69.

[233] 汤佳宏. 基础教育国际化的先行经验[J]. 未来教育家, 2015 (7): 76-78.

[234] 谢剑萍. 基础教育国际化的本土化模式探索——基于深圳某中学国际合作项目的思考[J]. 世界教育信息, 2017, 30 (11): 64-71.

[235] 杨惠君. 太湖高中学校特色建设的实践[J]. 江南论坛, 2010 (11): 59-60.

[236] 王涣文. 探索教育国际化的另一种可能[J]. 上海教育, 2020 (18): 36-37.

[237] 武和平. 用国际视野来把握和发展初中教育——江苏省无锡市东林中学教育国际化的实践与思考[J]. 江苏教育, 2015 (6): 47-50.

[238] 窦桂梅. 与世界同步: 清华附小跨文化国际理解教育研究项目探索[J]. 世界教育信息, 2014, 27 (18): 62-67.

[239] 郭勤学. 国际视野下新时代中学生的培养——以河南省郑州市第十一中学为例[J]. 基础教育参考, 2019 (19): 27-28.

[240] 杨骞. "中西教育结合"之哲学思考——以"枫叶教育"为例[J]. 辽宁教育, 2018 (6): 31-34.

[241] 周满生. 基础教育国际化的思考与实践探索[J]. 世界教育信息, 2014, 27 (2): 11-17, 44.

[242] 赵树峰. 中学教育国际化的探索与实践——以东北师大附中国际交流实践为例[J]. 东北师大学报(哲学社会科学版), 2017 (2): 142-146.

[243] 黄洁, 李若清. 邬晓莉: 做国际教育更要"见人"[EB/OL]. (2018-12-21) [2021-12-01]. https://www.sohu.com/a/473778671_380485.

[244] 郁离,吴博. 国际学校的国际范儿——访北京顺义国际学校校长任达瑞 [J]. 出国与就业: 出国专辑, 2011 (9): 12-19.

[245] 杨红卫. 上海市长征中学教育国际化现状与走向研究 [D]. 苏州: 苏州大学, 2009.

[246] 陈以怡. 关于广州发展基础教育国际化的几点认识 [J]. 中国校外教育, 2017 (29): 6, 9.

[247] 马毅飞,谭可. 美国国际教育政策的战略走向——基于《美国教育部 2012—2016 国际战略》的分析 [J]. 现代教育管理, 2015 (6): 62-66.

[248] 覃云云,倪之维. 教育国际化区域推进方略与学校实践探索——中国教育国际化论坛上海浦东专题研讨会成功召开 [J]. 世界教育信息, 2012, 25 (9): 81.

[249] 张铁道,张婷婷. 首都中小学教育国际交流与合作现状及特点 [J]. 北京教育 (普教版), 2012 (6): 54-55.

[250] 张照松,韩高波. NCCT 评估认证: 提升民办学校国际化办学水平 [J]. 中小学管理, 2011 (12): 18-19.

[251] 唐盛昌. 学校教育国际化探索: 借鉴改革与衔接对话——对上海中学教育国际化探索的理性思考 [J]. 中小学管理, 2011 (12): 7-10.

[252] 祝怀新,WU ELAINE. "角逐卓越": 美国奥巴马政府中小学教育改革新动向 [J]. 外国中小学教育, 2011 (2): 1-5, 10.

[253] 张传民. 论青岛市教育国际化发展战略 [D]. 济南: 山东师范大学, 2006.

[254] 张蓉. 二战后国际学校发展历程及当前面临主要问题分析 [M]. 福州: 福建教育出版社, 2016.

[255] 计莹斐. 美国基础教育全球胜任力培养研究 [D]. 上海: 华东师范大学, 2019.

[256] 彭正梅,邓莉. 培养具有全球胜任力的美国人——基于 21 世纪美国四大教育强国战略的考察 [J]. 比较教育研究, 2018, 40 (7): 11-19.

[257] 钟周,张传杰. 立足本地、参与全球: 全球胜任力美国国家教育战略探析 [J]. 清华大学教育研究, 2018, 39 (2): 60-68.

[258] 徐秋云. 美国全球公民教育发展历程、内容及实施途径 [J]. 焦作师范高等专科学校学报, 2018, 34 (1): 54-58, 71.

[259] 张沿沿,赵丽,张舒予. 美国"全球胜任力"教师教育课程体系及其启示 [J]. 比较教育研究, 2017, 39 (10): 90-96.

[260] 周靓宇. 美国中学社会科教育中的全球联系主题研究 [D]. 上海: 上海师范大

学，2017．

[261] 马克·塔克．全球视野下的美国教育改革［J］．大学（研究版），2016（6）：22-25．

[262] 肖川．美国全球教育的启示（中）［J］．基础教育课程，2015（24）：1．

[263] 肖川．美国全球教育的启示（上）［J］．基础教育课程，2015（22）：1．

[264] 聂迎娉，傅安洲．全球意识：美国公民教育课程探析［J］．湖北社会科学，2014（5）：176-180．

[265] 孔锴．美国当代公民教育的基本理念：责任、参与、全球意识［J］．外国教育研究，2011，38（7）：72-77．

[266] 翟艳芳．全球教育的理念与实践［D］．武汉：华中科技大学，2010．

[267] 肖川．美国全球教育若干问题简述［J］．比较教育研究，2000（S1）：48-51．

[268] 肖川，赵继政．全球教育在美国［J］．高等师范教育研究，1994（3）：73-76，31．

[269] 洪子锐．全球教育课在美国［J］．外国中小学教育，1990（3）：25-26．

[270] 庄依众．美国"全球观"教育一瞥［J］．国际展望，1987（24）：7．

[271] 汉语成为美国中小学第四大外语课程［J］．教学管理与教育研究，2017，2（11）：125．

[272] 刘美兰．美国"关键语言"教育战略研究［D］．杭州：浙江大学，2014．

[273] 侯威．美国中小学的国际教育［J］．外国教育研究，2006（8）：6-9．

[274] 毛颖．美国语言教育政策发展研究［D］．武汉：华中师范大学，2017．

[275] 张玉娴，伍绍杨，彭正梅．勇于开放：IB为何会在美国公立学校中获得快速发展［J］．外国教育研究，2021，48（6）：93-112．

[276] 张玉娴．全球化与本土化的辩证：美国IB项目研究［D］．上海：华东师范大学，2021．

[277] 马梦菲．美国对外教育援助模式研究［D］．上海：上海师范大学，2021．

[278] 潘洪美．美国海外国际学校质量保障体系研究［D］．上海：上海师范大学，2021．

[279] 仇燕霞，闫温乐．美国和平队在国际教育中的角色担当［J］．上海教育，2021（8）：50-51．

[280] 张珣．美国促进学生流动的起源、做法及其启示［J］．教育观察，2020，9（33）：130-133，137．

[281] 刘亮亮．二战后美国联邦教育项目管理发展研究［D］．保定：河北大学，2020．

[282] 安亚伦,刘宝存. 新世纪以来美国接收国际学生的策略、成效与挑战[J]. 复旦教育论坛, 2019, 17 (3): 96-103.

[283] 韩云霞. PISA 的世界经验与美国世界一流教育体系的创建——《没有时间浪费》报告述评[J]. 郑州师范教育, 2018, 7 (1): 41-46.

[284] 邝艳湘. 二战后美国国际教育交流及其政治效应探析[J]. 公共外交季刊, 2016 (3): 99-105, 128.

[285] 李艳红. 美国关键语言教育政策的战略演变[D]. 北京:北京外国语大学, 2015.

[286] 秦悦. 美国国际教育协会发布最新门户开放报告[J]. 世界教育信息, 2014, 27 (23): 78-79.

[287] 熊梅,刘志豪,多田孝志. 日本国际理解教育的框架体系与未来课题[J]. 外国教育研究, 2019, 46 (10): 115-128.

[288] 段世飞. 联合国教科文组织参与全球教育治理的组织网络与对策思考[J]. 外国中小学教育, 2019 (1): 1-9.

[289] 孙樱. 中日初中英语教材中国际理解教育内容的比较研究[D]. 上海:华东师范大学, 2017.

[290] 李协京. 日本国际理解教育的发展历程及相关政策[J]//纪念《教育史研究》创刊二十周年论文集(17)——外国教育政策与制度改革史研究, 2009: 644-648.

[291] 展瑞祥. 日本中小学国际理解教育的经验、不足及启示[J]. 教学与管理, 2009 (7): 78-80.

[292] 卜剑锋. 日本国际理解教育的发展及理论之考察[J]. 湖北广播电视大学学报, 2008 (4): 39-40.

[293] 熊梅,王敏. 国际理解教育:联合国教科文组织倡导之回顾与展望[J]. 外国教育研究, 2018, 45 (12): 112-122.

[294] 郑彩华. 联合国教科文组织与国际理解教育发展[J]. 外国中小学教育, 2013 (2): 13-20.

[295] 文部科学省. 今、求められる力を高める総合的な学習の時間の展開(小学校編)[EB/OL]. (2021-07-29)[2022-01-07]. https://www.mext.go.jp/a_menu/shotou/sougou/20210729-mxt_kouhou02_1.pdf.

[296] 杨宜勇,党思琪,杨泽坤. 德国基础教育何以保持活力和竞争力[J]. 中国党政

干部论坛，2019（7）：90-93.

[297] 王薇. 德国中小学生能力培养研究及其启示[J]. 教学与管理，2018（13）：80-83.

[298] 江海燕. 德国教育现代化的历程和特点[J]. 广东社会科学，2018（2）：75-79.

[299] 黄崇岭. 德国巴伐利亚州基础教育阶段的精英培养计划[J]. 世界教育信息，2018，31（2）：39-40.

[300] 张红梅. 德国基础教育发展与改革的趋势[J]. 世界教育信息，2017，30（20）：58-64.

[301] 胡进. 德国基础教育质量提升研究及启示——基于德国教育质量发展研究所的成立背景和研究任务的分析[J]. 世界教育信息，2017，30（18）：48-50.

[302] 李志涛. PISA测试推动下的德国教育政策改革：措施、经验、借鉴[J]. 外国中小学教育，2017（6）：1-8.

[303] 王苏雅. 德国基础教育改革：替代传统型中小学[J]. 课程. 教材. 教法，2016，36（1）：109.

[304] 孙进. 德国促进基础教育均衡发展的政策分析[J]. 教育发展研究，2012，32（7）：68-73.

[305] 周丽华. 德国基础教育的改革理念与行动策略——解读德国教育论坛"十二条教改建议"[J]. 比较教育研究，2003（12）：6-10，37.

[306] 谢绍熹，等. 广东省推进基础教育现代化策略与路径探索[M]. 广州：广东高等教育出版社，2018：158.

[307] 罗伟其，王创，汤贞敏. 广东教育"创强争先建高地"纪实[M]. 广州：广东高等教育出版社，2017.

[308] 吕春莉，丁新旗，曲艳丽. 高等旅游教育发展研究及人才培养[M]. 济南：山东人民出版社，2017.

[309] 滕珺. 国际组织需要什么样的人——联合国系统人才标准及中国教育对策研究[M]. 上海：上海教育出版社，2018.

[310] 许可峰，胡漂. 我国多元文化教育理论本土化之路回顾[J]. 当代教育与文化，2019，11（3）：14-23.

[311] 张布和. 美国多元文化教育观的演变特点及启示[J]. 民族高等教育研究，2013，（1）：15-20.

[312] 胡玉萍. 美国多元文化教育的理论困境与转向[J]. 北京行政学院学报，2012（4）：97-101.

[313] 姚冬琳,李国. 民族多元至全球多元:美国多元文化教育的转向[J]. 教育学术月刊,2011(11):17-19,32.

[314] 杜钢. 美国:民族国家多元文化教育向全球多元文化教育的转向[J]. 教育学术月刊,2010(1):88-92.

[315] 龙藜. 美国多元文化教育研究的演变及启示[J]. 民族教育研究,2007(4):116-119.

[316] 柴宝勇,朱其剑. 超越与反思:当代西方多元文化主义的教育观述评[J]. 理论与改革,2007(4):156-160.

[317] 杨梓艺. 人类命运共同体视域下沃勒斯坦世界体系理论研究[D]. 无锡:江南大学,2020.

[318] 克里斯托弗·蔡斯-邓恩,叶劲如. 评陶施的《全球化与发展:经典"依附"理论与当代世界的关联》[J]. 国际社会科学杂志(中文版),2019,36(3):85-86.

[319] 张佳. 试论詹姆逊文化全球化理论[J]. 山东社会科学,2015(11):160-165,170.

[320] 曹文宏. 依附理论视野中的全球化——对萨米尔·阿明的全球化理论的新理解[J]. 东南学术,2015(5):45-49.

[321] 戴维·赫尔德,杨雪冬. 全球大变革——三种全球化理论的分析与比较[J]. 马克思主义与现实,2000(1):58-67.

[322] 张汝伦. 文化视域中的全球化理论——罗兰·罗伯逊的全球化理论简述[J]. 复旦学报(社会科学版),1996(6):23-26.

[323] VAVRUS F, PEKOL A. Critical internationalization: Moving from theory to practice[J]. Forum for International Research in Education, 2015, 2(2): 5-21.

[324] Magalhães J. Comparing and deciding: A historical note on education policy[J]. Journal of New Approaches in Educational Research, 2013, 2(2): 88-94.

[325] The Committee for Economic Development (USA). Education for global leadership: The importance of international studies and foreign language education for U.S. economic and national security[EB/OL]. [2022-07-08]. https://files.eric.ed.gov/fulltext/ED502295.pdf.

[326] U.S. Department of Education, Office of Postsecondary Education. Enhancing foreign language proficiency in the U.S.: Preliminary results of the national security language initiative[M]. Washington D.C., 2008.

[327] WILLIAM J C. Memorandum on international education policy [EB/OL]. (2000 – 04 – 24) [2022 – 07 – 08]. https：//www. gpo. gov/fdsys/pkg/CPD-2000 – 04 – 24/pdf/WCPD – 2000 – 04 – 24 – Pg878. pdf.

[328] U. S. Department of State and Education. International education week[EB/OL]. (2000 – 09 – 26) [2022 – 07 – 08]. http：//exchanges. state. gov/iep.

[329] Institute of International Education. Study abroad capacity [EB/OL]. (2007 – 03 – 20) [2022 – 07 – 08]. http：//www. iie. org//Tem – plate. cfm? Section = Study_ abroad_ white_ papers.

[330] White House. Friendship through education fact sheet, 2001. [EB/OL]. (2002 – 08 – 12) [2022 – 07 – 08]. http：//www. whitehouse. gov/ news/releases/2001/10/200110 25. html.

[331] C. MCCAULEY M W, HARRIS M E. Diversity workshops on campus：A survey of current practice at U. S. colleges and universities [J]. College Student Journal, 2000 (34)：100 – 114.

[332] MCCAULEY M W, PONTEROTTO J G, PEDERSEN P B. Preventing prejudice：A guide for counselors and educators [M]. Newbury Park, Calif.：Sage Publications, Inc., 1993.

[333] KATZ P A, ZALK S R. Modification of children's racial attitudes [J]. Developmental Psychology, 1978 (14)：447 – 461.

[334] WHAM M A, BARNHART J, COOK G. Enhancing multicultural awareness through the storybook reading experience [J]. Journal of Research and Development in Education, 1996 (30)：1 – 7.

[335] BANKS J A. Multicultural education：Its effects on students' racial and gender role orientation [J] //Handbook of research on multicultural education. New York：Macmillan, 1995：617 – 627.

[336] BIGLER R S. The use of multicultural curricula and materials to counter racism in children [J]. Journal of Social Issues, 1999 (55)：687 – 705.

[337] SCHOFIELD J W. Causes and consequences of the colorblind perspective [J] //Prejudice, discrimination, and racism. Orlando, Fla.：Academic Press, 1986：231 – 54.

[338] PLANT E A, DEVINE P G. Responses to other-imposed pro-black pressure：Acceptance or backlash? [J]. Journal of Experimental Social Psychology, 2001 (37)：486 – 501.

[339] SIA T L, LORD C G, BLESSUM K, et al. Is a rose always a rose? The role of social category exemplar change in attitude stability and attitude-behavior consistency [J]. Journal of Personality and Social Psychology, 1997 (72): 501 – 514.

[340] ZAJONC R B. Feeling and thinking: Preferences need no inferences [J]. American Psychologist, 1980 (35): 151 – 171.

[341] PETTIGREW T F. Intergroup contact Theory [J]. Annual Review of Psychology, 1998 (49): 65 – 85.

[342] KHMELKOV B T, HALLINAN M T. Organizational effects on race relations in schools [J]. Journal of Social Issues, 1999 (55): 627 – 645.

[343] LOVELACE V, SCHEINER S, DOLLBERG S, et al. Making a neighborhood the sesame street way: Developing a methodology to evaluate children's understanding of race [J]. Journal of Educational Television, 1994 (20): 69 – 77.

[344] RUDMAN L A, ASHMORE R D, GARY M L. Unlearning automatic biases: The malleability of implicit prejudice and stereotypes [J]. Journal of Personality and Social Psychology, 2001 (81): 856 – 868.

[345] WILSON T D, BREKKE N. Mental contamination and mental correction: Unwanted influences on judgments and evaluations [J]. Psychological Bulletin, 1994 (116): 117 – 142.

[346] WOLSKO C, PARK B, JUDD C M, et al. Framing interethnic ideology: Effects of multicultural and color-blind perspectives on judgments of groups and individuals [J]. Journal of Personality and Social Psychology, 2000 (78): 635 – 654.

[347] GENESEE F, GáNDARA P. Bilingual education programs: A cross-national perspective [J]. Journal of Social Issues, 1999 (55): 665 – 685.

[348] GEMNET. GEM's global communication and information network [EB/OL]. (2002 – 08 – 07) [2022 – 07 – 08]. http://www.gemngo.org/gemnet/right.html.